BABAJI

Kriya Yoga und die 18 Siddhas

Marshall Govindan

BABAJI

Kriya Yoga und die 18 Siddhas

HANS-NIETSCH-VERLAG

Titel der Originalausgabe: *Babaji and the 18 Siddha Kriya Yoga Tradition,*
erschienen bei
Babaji's Kriya Yoga and Publications, Quebec/Kanada

Translation Right arranged with
Babaji's Kriya Yoga and Publications, Inc.
196 Mountain Road, P.O. Box 90
Eastman, Quebec – Canada J0E 1P0
www.babajiskriyayoga.net – info@babajiskriyayoga.net

5. Auflage, Juli 2024

Übersetzung: Sabine Kallwellis
Lektorat: Norbert Claßen, Martina Klose
Titelillustration: Clermont Malenfant
Satz: Hans-Jürgen Maurer
Druck: Dimograf Sp z o.o., Bielsko-Biała/Polen

Hans-Nietsch-Verlag
Industriestraße 20
D-64380 Roßdorf

www.nietsch.de
info@nietsch.de

ISBN 978-3-939570-69-1

Dieses Buch ist

Babaji Nagaraj

gewidmet.

Danksagung

Ich möchte Kriya Babaji Nagaraj für die Anregung zu diesem Buch und seine Führung auf jeder Stufe seiner Fertigstellung danken. Yogi S. A. A. Ramaiah, M. A. (Sc.), M. D. (Hon.), möchte ich ebenfalls meinen Dank für die vielen Jahre des Trainings im *Kriya Yoga Siddhantham* und seinen unschätzbaren Beitrag zur Sammlung und Erhaltung der Schriften der achtzehn Siddhas aussprechen.

Dank gebührt außerdem:

- Dr. phil. Deshbandhu Sikka für seine Hilfe bei der Überarbeitung des Manuskripts und seinc vielen Kommentare und Vorschläge;
- Professor Dr. phil. C. E. Nehru von der Universität New York für seine Anmerkungen zur geologischen Geschichte Südindiens und zum urzeitlichen Kontinent Gondwanaland;
- E. Ayyappa aus Bellflower, Kalifornien, USA, für die Durchsicht des Manuskripts und sein Vorwort;
- T. R. Thulasiram vom *Sri Aurobindo Ashram* für seine Hilfe bei den Nachforschungen, die ich angestellt habe über eine Verbindung zwischen Ramalinga, Thirumoolar und Aurobindo;
- Barbara Miller für die großartigen Illustrationen für dieses Buch;
- dem *Sri Aurobindo Ashram* in Pondicherry für die Erlaubnis, das Foto von Sri Aurobindo zu verwenden;
- Ghansyam Das Gupta aus Hardwar, Uttar Pradesh, Indien; S. Natarajan aus Madras; Tamil Nadu, Indien; Vijay Prakash Lal und Professor Rajinder Kumar Jain von der Jawaharlal-Nehru-Universität in Neu-Delhi, Indien, die mir im Juli 1990 bei meinen Nachforschungen in Indien behilflich waren;

- Johanne Beaudoin für den Entwurf und das Layout der amerikanischen Buchausgabe;
- Robert Lajoie, Jean-Pierre Begin, Dr. med. Vasavan Nair und Francis P. Cimachowitz aus Montreal, Kanada, für die Durchsicht des Manuskripts und ihre nützlichen Vorschläge;
- Sabine Kallwellis für die ausgezeichnete Übersetzung ins Deutsche.

Das Material zu diesem Buch stammt aus verschiedenen Quellen und wurde über zwei Jahrzehnte hinweg gesammelt. Wenn irgend möglich wurde der Versuch unternommen, auf die entsprechenden Quellen zu verweisen.

Wenn der Leser aus diesem Buch persönlichen Gewinn zieht, gebührt der Dank allein Babaji. Für mögliche Fehler und Auslassungen bin ich verantwortlich.

Marshall Govindan

Anmerkung zur Schreibweise tamilischer Wörter

In Anlehnung an das Tamilische Lexikon, Universität Madras 1984, Seite 18, verlangt die korrekte Umschreibung der tamilischen Schriftzeichen, dass tamilische Wörter wie *Siddhar, Asanam, Shiva* und *Babaji* als *Cittar, Acanam, Civa* und *Papaji* geschrieben werden. Um eine allgemeine Verständlichkeit dieses Buches zu gewährleisten, haben wir uns jedoch entschieden, an der zuerst genannten Schreibweise festzuhalten, da nur diese unter den Yoga-Schülern außerhalb Tamil Nadus in Südindien geläufig ist.

INHALT

Vorwort

von *E. Ayyappa*

Babaji – Kriya Yoga und die 18 Siddhas berichtet von den unsterblichen Siddhas und ihrem bedeutendsten Vertreter, Kriya Babaji. Marshall Govindan verbindet sein umfangreiches Wissen auf leichte und ausgewogene Weise mit den spirituellen Einsichten, die er in vielen Jahren der Praxis des *Kriya Yoga* gewann. Das Buch enthält viele weise Worte der alten und stets gegenwärtigen Siddhas (höchsten Meister des Yoga), die direkt zu unserer Seele sprechen. Es ist die genaueste und verständlichste Darstellung der frühen Kriya-Yoga-Tradition, die je veröffentlicht wurde.

Es ist angebracht, zunächst kurz den Hintergrund des Autors zu schildern, damit der Leser einen ersten Einblick in die heutige Arbeit des *Sathguru* Kriya Babaji gewinnt.

Govindan und ich wurden beide vor mehr als zwei Jahrzehnten als *Guru Bais* (Bruder-Schüler) eines bedeutenden Schülers von Babaji, Yogiar S. A. A. Ramaiah (Tamil Nadu, Indien), in den *Kriya Yoga* eingeweiht. Yogiars außergewöhnliches Verhältnis zu dem unsterblichen Meister im Himalaya mag auf bereits in diesem Vorwort spürbar werden. Er hat in seinem Leben und seiner Arbeit immer eine tiefe Verbundenheit mit der Siddha-Tradition gezeigt, was ihm unter Freunden zu Recht den Namen „Vivekananda des Südens" eingetragen hat. Yogiar schulte Govindan und all seine *Chelas* (Schüler, Jünger) mit einer unvergleichlichen Mischung aus Liebe und Disziplin, wie sie nur selten zu finden ist. Sri Yukteswar, Yoganandas Guru, oder Naropa, Milarepas Guru, können am besten mit ihm verglichen werden, da sie ein ähnlich tiefes Training vermittelten. Nur wenige ertrugen die außergewöhnliche Energie seiner Gegenwart. Die Egozentrischen, die Oberflächlichen und die Unentschlossenen flohen so schnell aus seinem Aschram, wie sie gekommen waren. Yogiar bewirkte bereits mit einem Wort, einem Blick oder einer unmerklichen Geste erstaunliche Verwandlungen in Herz, Verstand und Gemüt seiner *Chelas*. Er durchschaute seine Schüler bis auf den Grund ihrer Seele und verscheuchte viele der „Gespenster", die sich dort eingenistet hatten. Viele Lehrer bieten praktische Techniken für ein spirituelles Wachstum, doch nur wenige haben die Weisheit und Tiefe, solch subtile Ego-Bindungen aufzudecken und sie quasi „chirurgisch" zu entfernen.

Das Jahr 1973 verlebten Govindan und ich zusammen im *Kriya Yoga Ashram* in Kanadukathan, Tamil Nadu, oftmals gemeinsam in *Tapas* (intensiver Yoga-Praxis) und *Mowna Yoga* (Beobachtung innerer und äußerer Stille) vertieft. Nur der Koch des *Aschrams* unterbrach unsere Versenkung zweimal am Tag. In dieser Zeit innerer Suche fanden wir ineinander ein Spiegelbild des großen Meisters Babaji, das mit den Jahren des *Sadhana* (yogischer Praxis) weiter gewachsen ist.

Govindan ist immer ein außergewöhnlicher Vermittler göttlicher Energien, Ideen und auch materieller und finanzieller Hilfe gewesen, wie etwa beim Bau und Aufbau von Tempeln und Yoga-Zentren in Indien und im Westen. Meister Babaji und Yogiar Ramaiah übertrugen Govindan und mir eine gewaltige heilige Aufgabe – die Errichtung eines wunderschönen Granit-Schreins in Babajis Geburtsort Porto Novo, Indien. Mit der Hilfe von Dr. Karan Sigh, Yogiar Ramaiah und Babaji wurde dieses Projekt erfolgreich abgeschlossen. In dem Rahmen, in dem Babaji es erlaubte, wurden Szenen aus seiner Jugend in das steinerne Dach gemeißelt.

Auf gemeinsamen Pilgerreisen, in Seminaren und in zahllosen Karma-Yoga-Projekten (Yoga des selbstlosen Dienstes) genossen Govindan und ich in den folgenden Jahren des Lehrens und Lernens die Gesellschaft des anderen, während wir mit vereinten Kräften den Boden des Lebens mit dem Kriya-Pflug wendeten und unsere allmähliche Wandlung von Leichtmatrosen zu mutigen Navigatoren des spirituellen Schiffs beobachteten.

1988 empfing Govindan den inneren Ruf, anderen in ihren spirituellen Bemühungen zu helfen und sie zum Bewusstsein ihrer direkten Verbindung mit Babaji zu führen. 1989 erhielt ich einen ähnlichen Ruf von Babaji.

Menschen, die *Babajis Kriya Yoga* praktizieren, sind sich bewusst, dass der große Kriya-Meister – obschon er unerkannt durch den Himalaya zieht – doch für all jene, die die Kriya-Schlüssel tragen, innerlich und äußerlich erreichbar ist, unabhängig davon, ob sie sich in Kathmandu, Nepal, oder irgendwo in Ohio in den USA befinden. Philosophen und Akademiker verbrachten ganze Leben haarspalterischer Hirngymnastik damit, über den Sinn des Lebens nachzudenken, doch wer *Kriya Yoga* praktiziert, durchbricht all diese mentalen Barrieren, um sich direkt im Licht des *Darshan* des großen Meisters aus dem Himalaya zu sonnen. Die volle Bedeutung der Worte der Siddhas kann nur mithilfe dieser Kriya-Schlüssel verstanden werden.

Der große *Mantra Siddha*, Rama Devar, hat es allen direkt ins Gesicht gesagt: „Warum habt ihr euch immer noch nicht ergeben? Es sind die fünf Befriedigungen, die die Shakti euch geben muss!"

Darum sollten wir uns dem inneren Kriya-Licht ergeben und Babajis dynamischen Yoga üben, um die göttliche Freude physisch, vital, mental, intellektuell und spirituell zu erfahren. Glaubt an eure göttliche Natur und taucht in sie ein! Bücher mögen den Geist anregen und Priester und Geistliche können Möglichkeiten aufzeigen, doch wie Khalil Gibran richtig sagt: „Allein und ohne sein Nest muss der Adler die Sonne durchfliegen." Das Kriya-Licht scheint nicht bloß, um Form und Struktur zu transzendieren, sondern auch, um sie zu transformieren. Akzeptiert die Verantwortung für euer eigenes spirituelles Leben und das anderer. Schaut nicht passiv zu, wenn ihr Zeugen zögerlichen Wachstums oder spiritueller Untätigkeit werdet. Das hat nichts mit dem wahren Zeugenbewusstsein zu tun. Werdet zum dynamisch-aktiven Partner der Transformation eures eigenen Wesens. Die Taoisten sagen: „Auch die längste Reise beginnt mit einem Schritt." Wenn ihr Gott liebt, so seid beruhigt, denn Babaji sagt: „Macht einen Schritt in meine Richtung und ich werde zehn in eure tun, meine geliebten Söhne und Töchter."

Die Wahrheit ist, dass die Gussform dieses Buches durch Jahrzehnte der Aufopferung und Liebe entstand. Möge es als Katalysator dienen, aufrichtige Gemüter und ernsthafte Suchende in Richtung des „globalen Senders", in den Einflussbereich von Babaji zu ziehen. Möge das Licht durch die Seiten dieses Buches die ganze Welt erleuchten!

Om Tath Sath Aum!

Kali Loka Kriya Yoga Ashram
Green Valley Lake, Kalifornien
29. September 1990

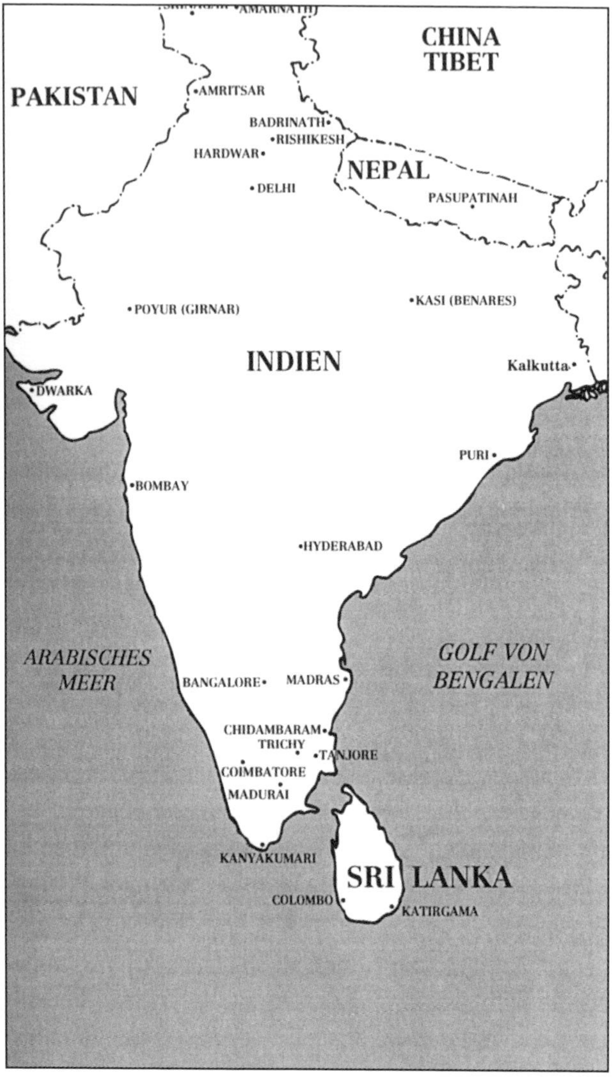

Abbildung 1: Karte des heutigen Indiens und Sri Lankas, einschließlich der mit den Siddhas in Verbindung gebrachten Orte
Angefertigt nach einer Karte aus *India: A Travel Survival Kit*. Lonley Planet Publications, P.O. Box 88, Victoria, 3241, Australien

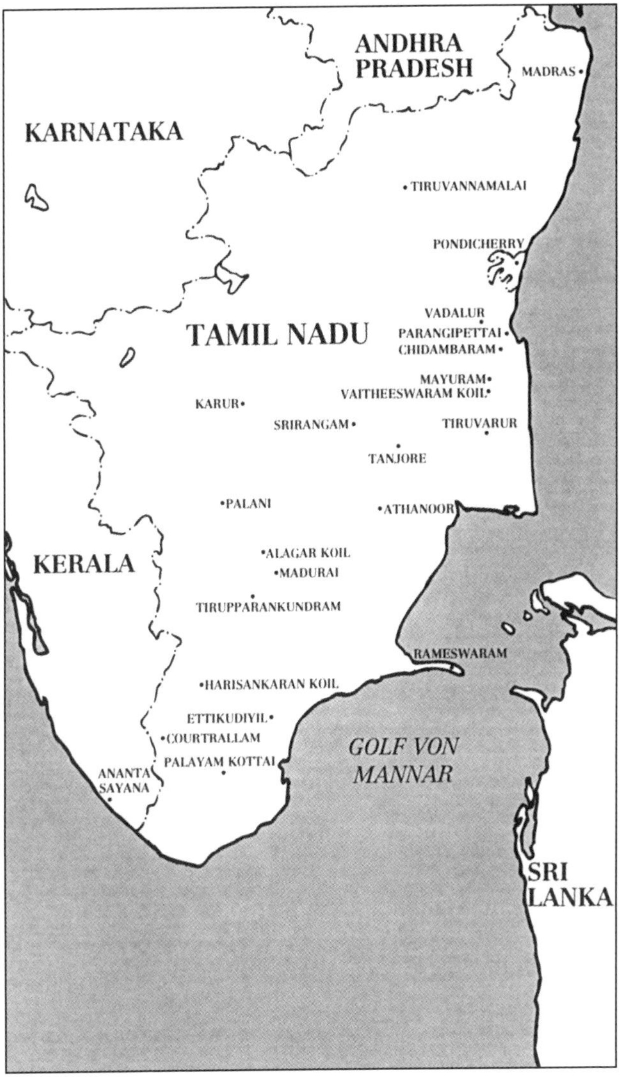

Abbildung 2: Karte Südindiens. Eingezeichnet sind die Orte, die mit Babaji und den achtzehn Siddhas in Verbindung gebracht werden. Angefertigt nach einer Karte aus *India: A Travel Survival Kit*. Lonley Planet Publications, P.O. Box 88, Victoria, 3241, Australien

Einleitung

Wer ist Babaji?

Babaji ist ein großer Yoga-Meister, der bis zum heutigen Tag im Himalaya lebt und auch als „Kriya Babaji Nagaraj", „Mahavatar Babaji" oder „Shiva Baba" bekannt ist. Im Alter von sechzehn Jahren besiegte er den Tod und erreichte den höchsten Zustand der Erleuchtung. Seit jenem Tag ist sein Körper nicht mehr gealtert. Adi Shankaracharya (788–820) beschreibt seinen Guru Babaji in einem bekannten Gedicht: „Siehe, unter dem Feigenbaum sitzen die alternden Schüler um ihren jugendlichen Lehrer! Das ist wirklich seltsam! Er unterrichtet sie durch sein Schweigen, das in sich selbst genügt, all ihre Zweifel aufzulösen." (Sri Ramakrishna Math, 1969, Seite 25 f.)

Vor mehr als fünfundsechzig Jahren beschrieben die Theosophen Charles Webster Leadbeater und Annie Besant ein außergewöhnliches Wesen, das niemand anderer als Babaji sein kann:

„Dort stand er, der ‚Jüngling von sechzehn Sommern'. Sanata Kumara, der ‚Ewig-Unschuldige-Jüngling', der neue Herrscher der Erde, kommt in sein Königreich. Seine Schüler, die drei Kumaras, sind mit ihm, seine Helfer um ihn; dreißig mächtige Wesen sind dort, groß über alle Maßen, gleichwohl in geordneter Reihe, gehüllt in herrliche Körper, die sie durch Kriyashakti geschaffen haben. Die erste geheime Hierarchie, Äste des einen, wachsenden Banyan-Baumes, die Wiege künftiger Adepten, das Zentrum allen okkulten Lebens." (Leadbeater, 1969, Seite 299)

Beginnend mit Paramahansa Yoganandas *Autobiographie eines Yogi* (1946) haben mehrere Bücher den großen spirituellen Meister Babaji erwähnt, der seit Jahrhunderten im Himalaya lebt und gelegentlich einigen wenigen Glücklichen erscheint. Sri Yukteswar, Yoganandas Guru, sagte, Babaji habe etwas so Großartiges erreicht, dass es unbegreiflich sei und bleiben müsse (Yogananda, 1969, Seite 305). Yogananda bezeichnete Babaji als *Maha Avatara* oder „großen Avatar" (Yogananda, 1969, Seite 305 f.). *Avatara* ist ein Wort aus dem Sanskrit und heißt so viel wie „Verkörperung des Gottbewusstseins in menschlicher Gestalt". Ebenso charakterisierte er Siddhas als Wesen, die den Tod bezwungen haben. Er bezog sich auf Agastyar als einen *Avatar* Südindiens, einen Wundertäter, der seit vorchristlicher Zeit lebt und über den in tamilischer Sprache zahlreiche Schriften existieren (Seite 305 f.). Agastyar gehört zur „Tradition der achtzehn Siddhas", die unter der tamilischen Bevölkerung Südindiens berühmt ist.

Einige Schriftsteller haben gesagt, Babaji habe verschiedene Formen angenommen. Baba Hari Dass erkannte ihn in Hariakhan Baba, der im späten 19. bis ins frühe 20. Jahrhundert in Ranikhet, Uttar Pradesh, Indien gelebt hat (Hari Dass, 1975). Leonard Orr (1980 und 1983) erkannte ihn in einem Jüngling, der um 1970 in der Nähe von Ranikhet erschien. Dieser wurde bis zu seinem plötzlichen Tod im Jahr 1983 von vielen Suchenden aus dem Westen aufgesucht. Swami Satyeswarananda (1984) schrieb über seine ungewöhnlichen Begegnungen mit Babaji. All diese Bücher handeln von fantastischen Begebenheiten, die Babaji, den jeweiligen Autor und andere betreffen. Die Lektüre solcher Berichte hinterlässt beim Leser oft nur ungläubiges Staunen. Bestenfalls haben diese Bücher viele zur Yoga-Praxis inspiriert. Da sie jedoch weder die alten Traditionen und den Zusammenhang, aus dem Babaji seinen *Kriya Yoga* ableitete, noch die Strenge dieser Disziplin verstanden, gaben viele Suchende nach einiger Zeit wieder auf, da ihre Erfahrungen nicht an die von diesen Autoren beschriebenen Erlebnisse heranreichten.

Diese Autoren haben weder Einzelheiten aus Babajis Leben geschildert noch darüber berichtet, wie er Erleuchtung und Unsterblichkeit erlangte. Und, noch wichtiger, keiner dieser Autoren war je in der Lage, einen glaubhaften Grund anzugeben, warum Babaji seine Unsterblichkeit beibehält und was dies für unser aller Leben bedeutet.

Wer sind die 18 Siddhas?

Die *Shiva Puranas* sind voll von Geschichten, die beschreiben, wie Shiva (der Name Gottes in einer der Hauptrichtungen des Hinduismus) seit Anbeginn der Zeit in Meditation versunken auf der Spitze des Berges Kailash in Tibet sitzt. Er wird von den Yogis als Gott und von allen anderen Göttern als oberster Herrscher verehrt. Die Geschichte der Siddha-Tradition beginnt vor Millionen von Jahren damit, dass Shiva seine Gemahlin oder *Shakti,* Parvati Devi, in einer riesigen Höhle bei Amarnath im Kaschmir-Himalaya in das *Kriya Kundalini Pranayama* (die wissenschaftliche Methode zur Bemeisterung des Atems) einweiht (Raimaiah, 1968, Seite 108). Später weihte Shiva auch andere auf diesem Berg ein, so auch Siddha Agastyar und die Siddhas Nandi Devar und Thirumoolar. Agastyar war derjenige, der später Babaji in die Tradition einweihte.

Der südindischen Überlieferung nach gab es insgesamt achtzehn Siddhas, die Perfektion erreichten, was ihren spirituellen, ihren intellektuellen, ihren mentalen, ihren vitalen und ihren physischen Körper einschloss. Die Namen dieser achtzehn Siddhas lauten unterschiedlich in den verschiedenen Quellen, aber es ist sehr wahrscheinlich, dass die auf den folgenden Seiten aufgeführten dazugehören (Ramaiah, 1968, Seite 2 f.; Pillai, 1979, Seite 342–349). Daneben sind auch die Orte, an denen sie der Überlieferung nach den Zustand der Perfektion, bekannt als *Soruba Samadhi,* erreichten, sowie ihre Gurus, ihre Schüler und ihre wichtigsten Beiträge aufgezählt. Was die mit den achtzehn Siddhas in Verbindung gebrachten Orte anbelangt, siehe auch Abbildung 1, „Karte des heutigen Indiens und Sri Lankas“, und Abb. 2, „Karte Südindiens“ (Seite 14 f.).

Abgesehen von diesen achtzehn, gemeinhin auch als die *Pattinettu* (Achtzehn) *Siddhas* bekannt, gibt es noch eine Anzahl anderer, die in verschiedenen Quellen genannt werden. Dazu gehören unter anderem Konkeyar, Punnakeesar, Pulastiyar, Poonaikannar, Pulipani, Kalangi, Alugani, Agapaiyer, Theraiyar, Roma Rishi und Avvai.

Nach der Vereinigung oder dem *Yoga* mit Gott oder der höchsten Realität auf spiritueller Ebene, ähnlich der Auflösung einer Salzfigur im Ozean, erfuhren die tamilischen *Yoga Siddhas* eine wachsende Veränderung ihrer intellektuellen, ihrer mentalen, ihrer vitalen und schließlich auch ihrer physischen Körper.*

Mit ihrer vollständigen Verwirklichung haben sie die göttliche Transformation ihres gesamten menschlichen Wesens offenbart. Während das von ihnen Erreichte den menschlichen Verstand übersteigt, verschafft eine vergleichende Studie ihres Lebens und ihrer Schriften wertvolle Einsichten in das menschliche Potenzial.

---

* Dem Yoga zufolge besteht das menschliche Wesen aus mehreren konzentrischen Körpern oder aus fein- bis grobstofflichen Hüllen von Energie-Bewusstsein. Dies sind 1. der *physische* Körper: der materielle, sichtbare Teil des menschlichen Wesens, einschließlich des Körperbewusstseins auf zellulärer Ebene, das ohne unseren Willen oder sogar gegen diesen arbeitet; es ist aus dem Unbewussten als dem Teil, der dem höchsten Überbewussten entgegengesetzt ist, aufgestiegen; 2. der *vitale* Körper: die Grundlage des Lebens, die aus Verlangen, Empfindungen, Gefühlen, Leidenschaften, Tatkraft, Besessenheit und anderen verwandten Instinkten wie Wut, Angst, Habgier, Lust, Trauer, Freude, Hass, Widerwillen, Stolz, Vorlieben und Abneigungen usw. besteht; 3. der *mentale* Körper *(Manas):* das Wahrnehmende; der Teil, der mit Erkenntnis zu tun hat; Sinneswahrnehmungen, die gedankliche Reaktion auf Reize, das Aussenden geistiger Kräfte für die Ausführung einer Idee, den Ausdruck von Ideen durch Sprache usw.; 4. der *intellektuelle* Körper *(Buddhi):* die Ratio; der Verstand, der analysiert, verknüpft und Ideen aus Zeichen, Daten und gesammelten Informationen konstruiert; der Verstand ist eine untergeordnete Kraft des Überbewussten, die sich als getrennt wahrnimmt und tatsächlich die Verbundenheit und Einheit von allem vergisst, doch in der Lage ist, durch die Erleuchtung aus dem Supramentalen (Wahrheitsbewusstsein) zur ursprünglichen Einheit zurückzukehren; 5. der *spirituelle* Körper: das ewige, wahre Wesen oder Selbst eines jeden Individuums; das spirituelle Bewusstsein, durch das wir in das Bewusstsein unseres Selbst, der Seele, des Göttlichen eintreten und das es uns ermöglicht, alle Dinge in ihrem wahren Wesen und das Spiel der Kräfte und Erscheinungen als von der wahren Realität ausgehend zu erkennen. (Aurobindo, 1978, Seite 10, 55–91, 147 f., 160, 177, 198)

Die Errungenschaften der achtzehn Siddhas und Babajis waren Folge der Gnade Gottes (die Siddhas nannten sie Shiva, Muruga, Vishnu oder Shakti) und der *Kriyas* oder Techniken, die sie nutzten, um ihre Körper auf den Aufstieg des Göttlichen vorzubereiten. In ihrer Gesamtheit sind diese als *Kriya Yoga Siddhantham* bekannt, was so viel heißt wie „die praktischen Yoga-Techniken, welche die endgültige Perfektion in der Gottes- oder Wahrheitsverwirklichung herbeiführen".

Auf den folgenden Seiten wird die Geschichte Babaji Nagarajs und der achtzehn Siddhas erzählt. Sie ist für den modernen Menschen von Bedeutung, da sie von einer Möglichkeit der Selbsttransformation spricht, die jedem durch das Üben einer Reihe von Techniken, bekannt als *Kriya Yoga,* zugänglich ist.

Des Weiteren fordert sie uns auf, auf unserer Suche nach spiritueller Erleuchtung oder Selbstverwirklichung der Welt nicht den Rücken zu kehren, wie es so viele religiöse Sekten, asketische Traditionen und selbst einige sogenannte „New Age"-Gruppen tun, sondern uns ihrer göttlichen Transformation zu widmen. Jeder der achtzehn Siddhas hat bedeutsame Beiträge zu Wissenschaft, Medizin, Literatur, Yoga und Philosophie geleistet. Sie arbeiten unerkannt hinter den Kulissen, inspirieren und helfen den Suchenden in allen Bestrebungen. Mit dieser Arbeit verhelfen sie der Menschheit zu einem höheren universellen Bewusstsein.

Ihre gemeinschaftliche Arbeit wurde von Annie Besant Anfang des 20. Jahrhunderts in ihrem Buch *H. P. Blavatsky und die Meister der Weisheit* ausdrucksvoll beschrieben:

„Sie helfen dem Fortschritt der Menschheit auf zahllosen Wegen. Aus der höchsten Sphäre senden sie Licht und Leben auf die ganze Welt, das empfangen und aufgenommen werden kann. Wie die physische Welt durch das Leben Gottes lebt, was durch die Sonne symbolisiert wird, verbinden sich die Meister mit den Religionen und benutzen sie als Auffangbecken, in das sie ihre spirituelle Energie gießen, damit sie durch das gerecht bestimmte ‚Maß der Gnade' an die Gläubigen jeder Religion verteilt wird. Dann folgt das große intellektuelle

Werk, in dem die Meister Gedankenformen aussenden, die von genialen Menschen aufgefangen, verarbeitet und an die Welt weitergegeben werden. Auf dieser Ebene kommunizieren sie auch mit ihren Schülern und teilen ihnen so mit, an welche Aufgaben sie sich machen sollen. Dann folgt die Arbeit auf der niederen geistigen Ebene, die Aussendung von Gedankenformen, die den Geist eines jeden beeinflussen und ihn zu sinnvollen Taten in dieser Welt führen, sowie die Unterweisung jener, die in der himmlischen Welt leben. Dann die Aktivitäten in der Zwischenwelt, die Unterstützung der sogenannten ‚Toten', die generelle Ausrichtung und Aufsicht der Unterweisung von Novizen und die Entsendung von Beistand für die zahllosen Fälle von Hilfsbedürftigkeit. In der physischen Welt die Beobachtung der Tendenzen aller Ereignisse, die Berichtigung und Neutralisierung – soweit es das Gesetz erlaubt – von negativen Strömungen, der ständige Ausgleich der Kräfte, die für und gegen die Evolution arbeiten, die Stärkung des Guten, die Schwächung des Bösen. In Verbindung mit den Führern aller Nationen leiten sie die spirituellen Kräfte, wie jene unser Geschick auf materieller Ebene lenken." (Leadbeater, 1969, Seite 213)

Die 18 Yoga Siddhas

Name	**Ort des Samadhi**	**Guru**	**Jünger**	**Beiträge**
Nandi Devar	Kasi (Benares)	Shiva	Thirumoolar, Patanjali, Dakshinamoorthy, Roma Rishi, Sattamuni	Medizin, *Kaya Kalpa,* Alchemie
Agastyar	Ananthasayana	Shiva	Boganathar, Babaji, Thiruvalluvar, Macchamuni	Medizin, *Kaya Kalpa*, tamilische Grammatik, Yoga
Thirumoolar	Chidambaram	Nandi	-	Yoga, Philosophie
Boganathar	Palani	Agastyar	Babaji, Konkanavar, Karuvoorar, Idai Kadar,	Yoga, *Kaya Kalpa*, Medizin, Alchemie, Naturwissenschaften, Philosophie
Konkanavar	Tirupati	Boganathar	557	25 bekannte Werke zu Medizin, Yoga, Philosophie, Religion
Macchamuni (Matysendranath)	Thiruparrunkundaram	Agastyar, Punnakeesar, Pasundar	Goraknath	10 bekannte Werke zum *Hatha Yoga*, zum *Tantra Yoga* und zu anderen Praktiken
Goraknath	Poyur (Girnar)	Dattatreya (Vishnu), Macchamuni, Allama Prabu	Nagarjuna	*Avadhuta Gita* und 13 andere Werke, Orden der Askese, Medizin, Alchemie, *Hatha Yoga Pradipika*
Sattamuni	Sriraagam	Nandi, Dakshinamurthy	Sundaranandar, Paambatti	46 bekannte Werke zu Medizin, Alchemie

Name	Ort des Samadhi	Guru	Jünger	Beiträge
Sundaranandar	Kudal (Madurai)	Sattamuni, Konkanavar	-	24 bekannte Werke: Medizin, Philosophie
Rama Devar (Jakob)	Alagar, Malai	Pulastiyar, Karuvoorar	-	24 bekannte Werke: *Mantra Shastra,* Medizin
Kudambai	Mayavaram	Alukkani Siddha (Jünger von Idai Kadar)	-	Siddha-Philosophie
Karuvoorar	Karuvai (Karur)	Boganathar	Idai Kadar	Bau des Tanjore-Tempels, Medizin
Idai Kadar	Thiruvannamalai	Boganathar, Karuvoorar	Kudambai, Alikkani	zwei bekannte Werke zum *Kaya Kalpa*
Kamalamuni	Aarur (Thiruvarum)	-	-	zwei bekannte Werke zu Medizin und Philosophie
Valmiki	Ettikudi	Narada	-	zeichnete das epische Werk *Ramayana* auf
Patanjali	Rameswaram	Nandi	-	die klassischen *Yoga Sutras*
Dhanvanthri	Vaideeswara Kovil	-	-	Medizin, Alchemie, *Kaya Kalpa,* 22 bekannte Werke
Paambatti	Harisankaran, Kovil	Sattamuni	-	Siddha-Philosophie

(Pillai, Seite 348–69; Velan, Seite 206 f.; Mokashi-Punekar, Seite 17 f., 40, 51 f., 182; Ghurye, Seite 132)

Wie dieses Buch entstand

Den Leser wird interessieren, wie dieses Buch entstanden ist. Der Autor hat das Material für diese Arbeit während der vergangenen zwei Jahrzehnte gesammelt, nachdem er im Los Angeles der Fünfziger- und Sechzigerjahre das erste Mal durch die *Self Realization Fellowship (SRF)* in Kontakt mit Babaji kam.

Im Jahr 1969 hatte er mehrere spirituelle Erlebnisse, die die Richtung seines Lebens nachhaltig änderten. Während der Probezeit, die gewöhnlich der Bewerbung um Aufnahme in den klösterlichen Orden der *SFR* folgt, hatte er das Glück, Yogi Ramaiah, einem unmittelbaren Schüler von Babaji, zu begegnen. Dies ereignete sich im Februar 1970 in Washington D. C. Zu jener Zeit war der Autor ein Abschlusskandidat (Student im 8. Semester) der *Georgetown University's School of Foreign Service.*

Kurz darauf wurde er von Yogi Ramaiah in *Kriya Yoga* eingeweiht und trat in dessen neu gegründetes *Kriya Yoga Center* in der Nähe von Los Angeles ein. Später wurde er von Yogi Ramaiah in die fortgeschrittenen Techniken des *Kriya Yoga* eingeweiht und hat diese beinahe zwei Jahrzehnte lang intensiv praktiziert.

Der Autor blieb von 1970 bis Ende 1988 mit dem *International Babaji Yoga Sangam* und Yogi Ramaiah verbunden und konnte Babajis Werk als Mitglied verschiedener Kriya-Yoga-Zentren dienen. Dies schließt mehr als drei Jahre Arbeit in Indien ein, in denen der Autor die ganze Größe der tamilischen Shiva-Yoga-Siddhantha-Tradition zu schätzen lernte. Er half bei der Gründung und Entwicklung mehrerer Kriya-Yoga-Zentren: Los Angeles, Imperial und Calexico, Kalifornien; Yuma, Arizona; Chicago, Washington D. C.; Baltimore, Maryland; New York, Montreal, London; Kanadukathan, Madras; Porto Novo, Athanoor (Indien); Colombo, Jaffna und Katirgama (Sri Lanka); Kuala Lumpur und Sydney. In den Jahren 1985 und 1986 verwaltete er den Bau der Schule und der Klinik des Sangam in Südindien. 1987 organisierte er Babajis 34. Parlament der Weltreligionen in Montreal, an dem mehr als tausend Menschen teilnahmen. Während dieser Zeit hat der Autor Babajis Führung auf jeder Stufe erfahren. Er lernte zunehmend, seine Botschaften zu empfangen und sein Werkzeug zu sein. Seine Hingabe vertiefte sich mit den vielen spirituellen Erlebnissen, die er über die Jahre der Entsagung und der Praxis des *Kriya Yoga* erfuhr.

Am 2. Januar 1984 teilte Yogi Ramaiah dem Autor die Bedingungen mit, die er erfüllen müsse, um andere in die fortgeschrittenen Techniken des *Kriya Yoga* einweihen zu dürfen. Nachdem er sie bei einer Meditation am Weihnachtstag 1988 erfüllt hatte, beauftragte Babaji selbst den Autor, den Sangam zu verlassen, um unter seiner Führung andere Menschen in den *Kriya Yoga* einzuweihen. Dieser Auftrag wurde in der folgenden Woche in einer Reihe von Meditationserlebnissen bestätigt.

Im Frühjahr 1989 wurde der Autor von Babaji inspiriert, dieses Buch zu schreiben, um das kostbare Material zum Thema, das er in zwei Jahrzehnten gesammelt hatte, mit der Welt zu teilen. Seit dieser Zeit hat der Autor durch Babajis Gnade mehr als fünfzehntausend Schüler in mehr als zwanzig Ländern in den *Kriya Yoga* eingeweiht. Er hat in dieser Zeit auch viele spirituelle Seminare abgehalten und eine Pilgerreise nach Indien unternommen.

Ziele dieses Buches

Dieses Buch verfolgt zwei zentrale Ziele:

1. den Leser mit Babajis Leben und Mission sowie der Größe der Achtzehn-Siddhas-Tradition, aus der Babaji sein *Kriya Yoga* schöpfte, vertraut zu machen;
2. zu zeigen, wie kraftvoll die Kunst und Wissenschaft des *Kriya Yoga* als wahrer Generalschlüssel zur Selbstverwirklichung, zur individuellen und gesellschaftlichen Veränderung ist und wie die Lehren und Yoga-Praktiken dieser Tradition von Menschen in allen Lebenslagen angewendet werden können, um die Gesundheit zu erhalten und Glück und Wohlbefinden zu steigern.

Dem Leser soll gezeigt werden, dass die „unsterbliche" Philosophie Babajis und der achtzehn Siddhas nicht nur zu übermenschlichen individuellen Ergebnissen führte, sondern auch eine Kultur in Südindien schuf, die ungebrochen mehr als zehntausend Jahre überdauerte. Die Lebensgeschichten der Siddhas werden deutlich machen, wie sie ihre Philosophie in die Tat umgesetzt haben. Ein klares Verständnis davon, wie und warum sie in dieser Welt geblieben sind und in allen Bereichen zu ihrem Fortschritt beitragen, wird es dem Leser ermöglichen, eine gesunde Skepsis in echte Nachfolge zu verwandeln.

Die bemerkenswerte Weltsicht Babajis und der achtzehn Siddhas, ausgedrückt in Worten wie: „Alle Länder sind mein Heimatland, alle Rassen sind meine Familie" oder „Einheit in der Vielheit", sind weit entfernt von einem engen dogmatischen Standpunkt und in der heutigen Zeit für die ganze Menschheit wichtig. Besonders seit die revolutionären Errungenschaften moderner Kommunikationstechniken die Welt zu einem „globalen Dorf" gemacht haben. Diese Weltsicht kann zur stabilen Grundlage für die Formung eines neuen Weltgefüges (Govindan, 1990) werden.

Die Weltanschauung Babajis und der achtzehn Siddhas wird in einer Gesellschaft, die in einem selbstzerstörerischen Kreislauf feststeckt, dringend gebraucht. Seit dem 15. Jahrhundert, der Zeit der Renaissance, in der Wissenschaft und Religion zu unversöhnlichen Gegensätzen erklärt wurden, hat die Menschheit die Naturgesetze als etwas betrachtet, das zur Befriedigung materieller Bedürfnisse missbraucht werden kann. Die materialistische Kultur des Westens profitierte von der Ausbeutung solcher Werte westlicher Religionen wie etwa der Verheißung eines himmlischen Lebens nach dem Tode oder der protestantischen Arbeitsmoral. In jüngerer Zeit ist diese Ausbeutung auch in den östlichen Kulturen gediehen, wo Religionen die Verachtung der materiellen Welt propagieren und die Befreiung von der Notwendigkeit, in sie wiedergeboren zu werden, anstreben und so keinen wirksamen metaphysischen Gegensatz zu den selbstzerstörerischen Tendenzen darstellen. Weltkriege, Völkermorde (oftmals im Namen von Religion und Kultur), Umweltzerstörung, der biologische Verfall der menschlichen Rasse, der sich in Krebs, AIDS und anderen modernen Krankheiten und weitverbreiteten mentalen Leiden zeigt, die Korruption der Moral und soziale Unruhen sind die Früchte der Spaltung zwischen dem Materiellen und dem Spirituellen in der Psyche der Menschheit. Wenn die menschliche Rasse überleben soll, muss sie ihren „tödlichen" Anspruch an die Existenz durch ein neues Paradigma ersetzen: durch eine Lebensanschauung, die spirituelle und materielle Werte auf eine Art vereint, die dem wahren Potenzial der Menschheit wirklich gerecht wird. Babaji und die achtzehn Siddhas vertreten eine solche Anschauung, die, wie der Leser selbst sehen wird, sich auf die Kunst und die Wissenschaft des *Kriya Yoga* gründet.

Teil I

Babaji und die Siddhas

1

Geburt und Kindheit von Babaji Nagaraj

Babaji Nagarajs Geburt*

Gegen Ende seines Lebens im 5. Jahrhundert v. Chr. sagte Gautama Buddha voraus, dass seine Lehren innerhalb von fünfhundert Jahren nach seinem Verlassen des sterblichen Körpers verändert und vergessen sein würden. Er sagte auch, dass seine Lehren in achthundert Jahren von jemandem wiederentdeckt und bewahrt werden würden, dessen Name mit dem Wort *Naga* in Verbindung gebracht werde. Bei *Naga* denkt man gewöhnlich an den großen buddhistischen Reformator Nagarjuna, der achthundert Jahre später erschien. Es ist allerdings ebenso bekannt, dass Gautama Buddha aus Gründen, die mit seinem nächsten Erscheinen als der Maitreya oder Weltlehrer zusammenhängen, tatsächlich die Geburt eines Kindes prophezeit hat, das

---

* Diesen Bericht über Babaji Nagarajs Geburt und seine folgende Entwicklung zu der heute als „Babaji" bekannten göttlichen Person empfingen seine direkten Jünger Yogi S. A. A. Ramaiah und V. T. Neelakantan von ihm selbst (Ramaiah, 1953). Aus diesem Bericht ermittelte Yogi S. A. A. Ramaiah den exakten Standort der Hütte, die Nagarajs Eltern auf einem dreieckigen Grundstück errichtet hatten und in der er geboren worden war.Das Grundstück befindet sich heute in der Nähe des Zollhauses in Parangipettai. Yogi Ramaiah kaufte 1973, unterstützt von Dr. Karan Singh, dem damaligen Minister für zivile Luftfahrt (und früheren Botschafter Indiens in den Vereinigten Staaten von Amerika), dem Autor und Edmund Ayyappa, einem Schüler von Yogi Ramaiah, dieses Grundstück für die *Kriya Babaji Sangah* von der indischen Regierung. Zur Erinnerung an die Geburt Babajis wurde 1975 auf diesem Platz ein wunderschöner Granitschrein errichtet.

den Namen Nagaraj erhalten und schließlich zu dem großen, heute als „Babaji“ bekannten *Siddha Yogi* erblühen sollte (Leadbeater, 1969, Seite 274, 279).

Am 30. November des Jahres 203 n. Chr. wurde in einem kleinen Dorf, dem heutigen Parangipettai[*] in Tamil Nadu ein Kind geboren. Dieses Kind wurde von seinen Eltern Nagaraj genannt. *Nagaraj* bedeutet „König der Schlangen“, zur Ehre der großen, ursprünglichen Kraft *Kundalini Shakti*. Steinbilder solcher aufgerichteten Schlangen, gewöhnlich unter ausladenden Banyan-Bäumen, werden in jedem Dorf in Tamil Nadu verehrt.

Die Geburt des Kindes fiel mit dem Aufstieg *(Nakshatra)* des Sternes Rohini zusammen, der im Sternzeichen *Wadala Gotra* (Blutgruppe) stand. Es ist derselbe Stern, unter dem Krishna, der Avatar oder die Inkarnation Gottes, am 20. Juli 3228 v. Chr. geboren wurde (Sathya Sai Baba, 1977, Seite 90). Die Geburt ereignete sich während der Feier von *Kartai Deepam*, dem Fest des Lichts. Es findet immer im tamilischen Monat Kartikai in der Nacht zum Neumond statt und feiert den Sieg der Kräfte des Lichts über die Mächte der Dunkelheit. Die Tamilen feiern den Sieg ihrer Gottheit Muruga über die Dämonen, die die Welt zu unterwerfen drohten. Muruga, Sohn Shivas, ist die beliebteste Gottheit der tamilischen Siddhas. Im nördlichen Indien wird das Fest am Jahrestag der Rückkehr von Rama nach Ayodhya gefeiert und auch hier begeht man es zur Erinnerung an den Sieg der Mächte des Guten über das Böse. Der Zeitpunkt der Geburt konnte also von dem, der später zur Größe beider, Krishnas und Murugas, aufsteigen sollte, nicht besser gewählt sein.

---

[*] *Parangipettai* bedeutet „Ort der Fremden“. Die Portugiesen nannten es *Porto Novo*. Sie kontrollierten es vom Beginn des 16. Jahrhunderts bis zum Anfang des 18. Jahrhunderts, als sie von den Briten in einer großen Seeschlacht besiegt wurden. Der größte Teil seiner Einwohner ist heute muslimisch. Sein Hafen, ein wichtiges Handelszentrum für viele ausländische Händler, die auf ihrer Suche nach Kräutern, Gewürzen und Seide hierherkamen, war seit Urzeiten bekannt.

Vater und Mutter des Kindes waren Nachfahren Nambudri-Brahmanen, deren Familien vor Hunderten von Jahren von der Malabar-Küste, heute im Staat Kerala, in dieses Küstendorf und Handelszentrum gezogen waren. Die Kaste der Nambudri-Brahmanen ist für ihre Hinwendung zu Priester- und Lehrämtern bekannt. Die Priester des berühmten Himalaya-Tempels Badrinath stammen seit Gründung des Tempels von Adi Shankaracharya (788–820 n. Chr.) aus eben dieser Brahmanen-Kaste (Fonia, 1987, Seite 115 ff.). Im Schatten dieses Tempels wuchs das Kind Nagaraj zu dem großen Siddha heran, der heute als „Babaji" bekannt ist. Wie im Folgenden zu erkennen ist, besaß Nagaraj eine große Kapazität für Gelehrsamkeit und Dienstbarkeit.

Nagarajs Vater war Priester des ersten Tempels *(Koil)* im Dorfe, der Shiva geweiht war. Irgendwann wurde das Bildnis im Allerheiligsten, ein *Shivalingam*, durch ein Abbild des Gottes Muruga, auch als „Kumaraswami" bekannt, ersetzt. Der Wechsel der Götter könnte in der Zeit erfolgt sein, in der der Ort von Muslimen oder Portugiesen erobert wurde, die für die Zerstörung vieler Hindu-Tempel in Indien und Sri Lanka verantwortlich waren. Der Tempel existiert noch heute und wird „Kumaraswami Devasthanam" genannt.

Nagaraj, Sohn des Hauptpriesters des Dorfes, muss in jungen Jahren sehr stark durch die religiösen Praktiken seiner Eltern und durch die öffentlichen Zeremonien und Feiern, die zum Tempelleben gehörten, geprägt worden sein. Jede Handlung im täglichen Leben eines frommen Brahmanen-Priesters, ob Baden, Kochen, Studieren oder das Leiten von Zeremonien, ist mit spirituellen Praktiken verbunden. Die Wirkung, die diese Handlungen in seiner Kindheit auf Nagaraj gehabt haben müssen, kann man sich leicht vorstellen, wenn man das Haus von Manigurukal, dem jetzigen Priester dieses Tempels in Parangipettai, besucht. Manigurukal ist von sanftem, kindlichem Wesen und hat eine äußerst melodische Stimme. Wenn er die Mantras und die *Thevaram*-Hymnen zu Ehren Murugas in einer seit Tausenden von Jahren unveränderten Umgebung singt, offenbart er die Kultur, in der Nagaraj wurzelte und zum Siddha erblühte.

Eine Region großer Heiligkeit

Parangipettai liegt nur siebzehn Kilometer von einem der größten Pilgerorte Südindiens entfernt, dem riesigen Tempel von Chidambaram, in dem das unvergleichliche Bildnis Shivas als Nataraja, als kosmischer Tänzer, zu finden ist. Das Bildnis Natarajas befindet sich unter einem Dach, das von 21.600 Kacheln aus massivem Gold bedeckt ist; sie stehen für die durchschnittlichen 21.600 Atemzüge, die ein gesunder Menschen täglich macht. Die Kacheln werden von 72.000 goldenen Nägeln gehalten, welche den 72.000 *Nadis* (Energiekanälen) des menschlichen Körpers entsprechen. Dieser uralte Tempel bedeckt eine Fläche von etwa fünfzig Morgen. Er ist von Mauern umgeben, die an jeder Seite fast einen Kilometer lang sind. Sie umschließen vier große Türme, die fast sechzig Meter hoch und von in Granit gehauenen Figuren von Göttern und Siddhas bedeckt sind. Chidambaram ist überall von smaragdgrünen Reisfeldern und Palmen umgeben. Vor Tausenden von Jahren erlangte Thirumoolar hier *Soruba Samadhi.* Sein transformatives Erlebnis und die Ergebenheit von Millionen von Pilgern hat Chidambaran mit spirituellen Schwingungen aufgeladen, die es zu einem der großen spirituellen Dynamos der Welt machen. Zweifelsohne half es dabei, die spirituellen Sehnsüchte des jungen Nagaraj während Pilgerfahrten mit seiner Familie nach Chidambaram anzuregen. Bis zum heutigen Tag ermutigt Chidambaram alle spirituellen Anwärter zur Selbstverwirklichung.

Der Zwischenfall mit der Jackfruit

Babaji Nagaraj hat nur wenige Einzelheiten aus seiner Jugend enthüllt, vermutlich nur jene, die er für prägend hielt und die vielleicht lehrreich für seine Schüler sein konnten. Dies schließt die Beschreibung eines Vorfalls ein, bei dem eine große Jackfruit eine Rolle spielt, die Nagarajs Mutter erworben hatte, als er ungefähr vier Jahre alt war. Die

Jackfruit wächst in tropischen Regionen Südasiens und ist köstlich süß. Reif hat sie etwa die Größe einer ausgewachsenen Wassermelone. Sie enthält viele dicke, saftige Samenkerne von goldener Farbe, ihr Geschmack erinnert an Honig. Sie ist nur wenige Wochen im Jahr erhältlich und eine seltene Köstlichkeit für Kinder. Nagarajs Mutter hatte sie für eine Familienfeier aufgehoben. Es war die Lieblingsfrucht des jungen Nagaraj. Als seine Mutter nicht zu Hause war, verzehrte Nagaraj die ganze Jackfruit mit großem Genuss. Seine Mutter sah bei ihrer Rückkehr die Überreste der Frucht und wurde so wütend, dass sie ihm einen Lappen in den Mund stopfte, an dem er fast erstickt wäre. Nagaraj vergab seiner Mutter und dankte Gott für diese Lektion, die dazu führte, dass er seine Mutter bedingungslos, ohne Illusionen oder Anhaftung, zu lieben begann.

Entführung und Wanderjahre

Nagaraj war fünf Jahre alt, als er eines Tages links neben dem Eingangstor des Parangipettai-Shiva-Tempelhofes stand und die zu einer religiösen Zeremonie versammelte Menge beobachtete. Ein Fremder packte ihn plötzlich am Arm und nahm ihn mit. Der Entführer war ein Händler aus Belutschistan, das heute zu Pakistan gehört. Die schönen, Gesichtszüge Nagarajs hatten diesen Schurken angezogen, der in dem Jungen Profit witterte. Unbemerkt von allen im Dorf, entführte er Nagaraj auf einem Segelboot mehr als tausend Meilen die Küste hinauf nach Norden, bis sie einen Hafen nahe dem heutigen Kalkutta erreichten. Dort verkaufte der Händler Nagaraj als Sklaven an einen reichen Mann. Der neue Besitzer war ein freundlicher Mann, der ihm bald darauf die Freiheit schenkte. Wie es oft der Fall ist, war das scheinbare Unglück ein Segen, denn Nagaraj wurde so auch von seinen Pflichten und Beschränkungen als Erbe eines Brahmanen befreit.

In Indien haben seit alters viele Menschen Heim und Familie entsagt und den Schwur geleistet, ihr Leben dem Streben nach Selbstverwirklichung zu widmen. Sie werden *Sannyasins* oder *Sadhus* genannt. Um ihren Status außerhalb der Gesellschaft zu verdeutlichen, tragen sie gewöhnlich ockerfarbene Kleidung. In fast allen Fällen verbringen sie ihre Tage, indem sie von Ort zu Ort wandern und Pilgerstätten besuchen. Sie schlafen nachts in Tempeln oder in den Häusern spirituell orientierter Menschen, die es als großen Segen empfinden, ihnen etwas zu essen zu geben und ihre Gesellschaft zu genießen. Die *Sannyasins* teilen ihr Wissen mit ihren Gastgebern und inspirieren sie dazu, sich Gott zuzuwenden. Viele *Sannyasins* werden sehr vertraut mit den heiligen Schriften, und durch Meditation beginnen sie, die geschriebenen Wahrheiten zu realisieren und auszudrücken. Einige von ihnen ziehen sich in Wälder, Höhlen oder an andere geweihte Plätze zurück. Sie erlangen spirituelle Erleuchtung durch asketische Übungen, durch Yoga und durch das Studium der Schriften. Einige der größten dieser *Sannyasins* ziehen entsagende Jünger an und geben bestimmte Regeln und Übungen an sie weiter. Die Gruppen solcher Jünger sind lose in mehreren Orden organisiert, von denen es einige bereits seit Hunderten und Tausenden von Jahren gibt.

Abbildung 3: Der Kandasamy-Tempel in Parangipettai:
Hier wurde Babaji im Alter von fünf Jahren entführt.

Nach der Trennung von seinem freundlichen Förderer schloss sich Nagaraj einer kleinen Gruppe wandernder *Sannyasins* an. Er fühlte sich von ihren strahlenden Gesichtern und ihrer Liebe zu Gott angezogen. Während der nächsten Jahre wanderte er mit verschiedenen *Sannyasins* von Ort zu Ort und studierte die heiligen Schriften Indiens – die *Veden*, die *Upanishaden*, die Epen *Mahabharata* und *Ramayana* und die *Bhagavad Gita*. Sein Ruf als Gelehrter wuchs. Er wurde oft eingeladen, mit anderen *Pandits* und Führern verschiedener metaphysischer Schulen zu disputieren. In dieser Zeit gab es viele miteinander wetteifernde Schulen, denn es herrschte eine große Freiheit des Selbstausdrucks. Nagaraj debattierte gewöhnlich mit verschiedenen Gelehrten über die Natur der Seele und das Wesen der Realität. Er vermochte Streitfragen mit einer Gelehrsamkeit zu klären, die für einen so jungen Menschen mehr als erstaunlich war.

2

Babajis Suche nach Selbstverwirklichung

Nagaraj spürte, dass seine Gelehrsamkeit ihn der Selbstverwirklichung, dem bleibenden Glück und der Fülle nicht näherbringen würde. Er wurde zunehmend unzufrieden. Er fühlte sich wie einer, der immer wieder vor einer Mauer in die Luft springt, um einen Blick auf den wundervollen Garten auf der anderen Seite zu erhaschen. Langsam begann er zu verstehen, dass nur eine dauerhafte Veränderung des Bewusstseins seine Suche nach Erfüllung abschließen konnte. Sein Ruhm als Gelehrter wurde zur Ablenkung. Die metaphysischen Dispute brachten ihn der Erleuchtung keinen Schritt näher. Worte können die Wahrheit nicht greifen. Sie können bestenfalls den Weg dorthin weisen – doch um das Ziel zu erreichen, ist es notwendig, über Worte und Interpretationen hinauszugehen. Bis zu diesem Zeitpunkt hatte er keinen Führer und keine Methode gefunden, die ihm halfen, sein Ziel zu erreichen.

Pilgerreise nach Katirgama

In jener Zeit unternahm er mit gerade einmal elf Jahren eine lange, beschwerliche Reise zu Fuß und mit dem Boot zum heiligen Schrein von Katirgama an der Südspitze von Sri Lanka. Er reiste in Begleitung einer Gruppe gelehrter Asketen aus Benares.

Die Insel Sri Lanka erstreckt sich über mehr als siebenhundert Kilometer. So dauerte Babajis Reise nach Katirgama viele Monate. Beinahe achthundert Jahre zuvor hatte Gautama Buddha eine ähnliche Pilgerreise zum Schrein von Muruga in Katirgama unternommen. Seit jener Zeit ist es für tamilische Hindus und singhalesische Buddhisten der meistverehrte Platz Sri Lankas. Die Tempel im Katirgama-Tempelkomplex werden von hinduistischen und buddhistischen Priestern geleitet. Angehörige beider Religionsgruppen beten in allen Tempeln frei zusammen. In jüngerer Zeit wurde dort auch eine Moschee errichtet. Bis heute ist Katirgama ein Beispiel religiösen Einklangs. Es verkörpert die universelle Lehre der Siddhas: „Einheit in der Vielheit".

Der Katirgama-Tempel

In dem von Siddha Boganathar gegründeten Haupttempel in Katirgama findet man im Gegensatz zu allen anderen Tempeln kein gemeißeltes Gottesbildnis. Stattdessen hat Boganathar ein mystisches *Yantra* (geometrisches Muster) dorthin gesetzt, das in eine goldene Platte geritzt ist und durch seine Form und seine Mantrasilben eine Kristallisierung der großen Gottheit Muruga verkörpert. Bis heute ist die Yantra-Platte dem Blick der Öffentlichkeit verborgen. Nur die Priester des Tempels dürfen sie sehen. Einmal im Jahr wird das *Yantra* während einer Feier, die stets Ende Juli stattfindet, in einer Prozession auf dem Rücken eines Elefanten, begleitet von den Priestern und einer großen Schar von Anhängern, herumgetragen. Die mystische Kraft des *Yantra* wurde von Siddha Boganathar zum Wohle aller, die Hilfe von Muruga suchen, hineingegeben (Ramaiah, 1982, Band 3, Seite 36). Über die Jahrhunderte hinweg war Katirgama Schauplatz zahlloser Wunder.

Der Tempel liegt tief in einem Wald neben dem kleinen Fluss Manicka Ganga. Vom Anbeginn der Zeit haben Heilige, Weise und Siddhas in diesem Wald Askese geübt und heute ist die Atmosphäre mit spirituellen Schwingungen aufgeladen.

Katirgama war auch Schauplatz für Murugas Werbung um die sterbliche Prinzessin Valli, ein Vedda-Mädchen (die Ureinwohner Ceylons werden *Veddas* genannt). Kartikeya traf sie in Katirgama und heiratete sie dort. Die Überlieferung besagt, dass Kartikeya oder Muruga seitdem noch immer dort lebt. Katiragama ist ein *Apabhramsa* bzw. eine abgewandelte Form von Kartikeyagrama (das Dorf von Kartikeya).

Babaji und Boganathar in Katirgama

Nagaraj traf Siddha Boganathar in Katirgama und wurde, als er dessen Größe erkannte, sein Schüler. Sechs Monate lang saß er mit ihm unter einem ausladenden Banyan-Baum.* In dieser Zeit übte Nagaraj intensiv *Yoga Sadhana* (Yoga-Praktiken), insbesondere verschiedene *Dhyana Kriyas* (Meditationstechniken), in die ihn Boganathar einweihte. Die *Tapas* (intensive Yoga-Übungen) wurden lange Zeit ohne Pause geübt, ursprünglich vierundzwanzig Stunden, später einige Tage und sogar Wochen – bis zu achtundvierzig Tage – lang. In dieser Zeit beobachtete Boganathar ihn und weihte ihn stufenweise in die fortgeschrittenen *Kriyas* ein. Mit der Vertiefung seiner Meditationserlebnisse wurde Wahrheit, die er als Gelehrter studiert und debattiert hatte, zum ersten Mal zur Wirklichkeit. Die verschiedenen Meditations-Kriyas befreiten seinen Geist von den Begrenzungen des Verstandes, was seinem Bewusstsein erlaubte, sich auszudehnen und seine Identität mit der ungeteilten, absoluten Realität zu erfahren.

In den frühen Stadien der Verbindung mit Gott *(Sarvikalpa Samadhi)* verschmolz sein Bewusstsein mit dem kosmischen Geist; seine Lebenskraft verließ den physischen Körper und ließ ihn kalt und wie tot zurück. Die Samadhi-Erfahrungen vertieften sich in den Monaten

* Der Autor unternahm mehrere Pilgerfahrten an den heiligen Ort, an dem Babaji Askese unter dem großen Banyan-Baum übte. Unglücklicherweise sägte vor etwa zwanzig Jahren ein Mann diesen Baum ab. Wenige Tage später wurde er verrückt und erhängte sich. 1985 wurde an dieser Stelle, die sich in der Nähe des Tempels von Thaivani Amman, dem Partner Murugas, im Tempelkomplex von Katirgama befindet, ein kleiner Schrein errichtet. Der Thaivani-Tempelpriester vollzieht täglich Opferzeremonien in diesem Babaji geweihten Schrein.

Abbildung 4: Babaji und Boganathar

mit Boganathar allmählich. Sie erreichten ihren Höhepunkt in einer Vision von Kumaraswami (Muruga) in seiner Form als ewig Jugendlicher. Ihm wurde bewusst, dass er nun das Bewusstsein des Gottes Muruga* verkörperte. Unter Boganathars Führung analysierte er die zehn Systeme der indischen Philosophie gründlich und begann, die volle Bedeutung des *Siddhantham* zu verstehen und zu schätzen.

Suche nach Einweihung durch Agastyar in Courtrallam

In früher Zeit erkannten Siddhas wie Thirumoolar, Agastyar, Boganathar und Roma Rishi, dass ihre Fähigkeit, das Göttliche zu erleben und zu manifestieren, nicht auf die spirituelle Ebene der Existenz begrenzt war. Das Göttliche könnte und würde weiter in die niedrigeren Ebenen der Existenz herabsteigen: in die intellektuellen, die mentalen, die vitalen und die physischen Körper. Bei diesem Herabsteigen verwandelt das Göttliche sie von begrenzten, unabhängigen und gewohnheitsmäßigen Funktionsweisen in völlig bewusste, die ein harmonischer Ausdruck der führenden Göttlichkeit sind. Solch ein Zustand ist schwer vorstellbar, da unser begrenzter Intellekt dazu neigt, die Realität, die mit einem Ozean vergleichbar ist, in Konzepte von der Größe einer Teetasse zu packen, und das Wahre mit seinen eigenen mentalen und intellektuellen Bildern zu verwechseln. Es ist so, als stände man vor einem Wolkenkratzer und stellte sich dabei vor, welchen Blick man vom obersten Stockwerk hat. Die Siddhas entdeckten, dass durch eine stufenweise Aufgabe ihres Seins, ihres Ego und ihres Lebens das Göttliche in einigen Ausnahmefällen herabsteigen und sie transformieren würde. Solch ein Verwandlungsprozess wurde durch die intensive Übung verschiedener *Kriyas*, zu denen *Hatha Yoga Asanas,*

* Eine ausführliche Studie über den Gott Muruga finden Sie in Fred W. Clotheys *The many faces of Murukan: the History and Meaning of a southem Indian God.*

Meditationen, Mantras und *Bhakti Yoga* gehören, aber insbesondere durch *Kriya Kundalini Pranayama* gefördert. Die Transformation wurde zu einem Wettlauf mit der Zeit, da der Katabolismus (Abbau von Zellen und Gewebe) den Anabolismus (Aufbau von Zellen) nach Vollendung des fünfundzwanzigsten Lebensjahres zu überholen beginnt. Bis zum Alter von fünfundzwanzig Jahren übersteigt der Anabolismus eines durchschnittlichen Menschen den Katabolismus. Damit der Anabolismus über dem Niveau des Katabolismus blieb und das Leben des physischen Körpers verlängert wurde, bis *Kundalini Pranayama* und die anderen Techniken die göttliche Verwandlung abschließen konnten, verwandten die Siddhas Kaya-Kalpa-Kräuter und nach speziellen Rezepten bereitete Mineralsalze.

Boganathar inspirierte seinen Schüler Babaji dazu, das Ziel des *Siddhantha Yoga* zu verfolgen und die Einweihung in *Kriya Kundalini Pranayama* durch den legendären Siddha Agastyar in Courtrallam in den Pothigai-Hügeln Tamil Nadus, dem heutigen Tinnevely District, zu suchen.

Babaji reiste zu Fuß nach Courtrallam und schwor bei seiner Ankunft am dortigen *Shakti Peetam*, einem der vierundsechzig Schreine Indiens, die Gott als der Göttlichen Mutter geweiht sind, an diesem Platz zu verweilen, bis Agastyar ihn in die Geheimnisse des Yoga einweihen würde.

Nachdem er sich in Meditationshaltung niedergelassen hatte, schloss er die Augen und begann zu beten. Er betete vier Tage lang, mit seinem ganzen Körper, seinem ganzen Herzen, mit seinem ganzen Verstand und mit seiner ganzen Seele. Er betete, dass Agastyar kommen und ihn einweihen möge. Einige Pilger, die die Größe seiner Suche erkannten, gaben ihm von Zeit zu Zeit Nahrung und Wasser. Trotz Regen, Insekten, Hitze und Staub war seine Entschlossenheit so groß, dass er sich selbst nicht erlaubte, den Platz zu verlassen. Wenn Zweifel aufkeimten, betete er mit noch mehr Eifer um Geduld. Wenn Erinnerungen aus seinem Leben, an seine Gelehrsamkeit und seinen Ruhm in ihm aufstiegen, so verglich er sie mit dem Staub, der ihn umgab. Nichts hatte irgendeine Bedeutung für ihn – nicht einmal der Tod. Er gab der Angst vor Leiden oder Tod keinen Raum. Seine Liebe zu Agastyar als Verkörperung des Göttlichen wuchs von Tag zu Tag und hielt so die Schatten der Verzweiflung, der Langeweile und des Verlangens nach Erleichterung in Schach. Sein physischer Körper wurde von Tag zu Tag schwächer und ausgezehrter. Babaji betrachtete seinen Körper als etwas, das ihm nicht gehörte. Er hatte sein Leben in Gottes Hände gelegt und wusste, dass Gott entweder seine Gebete, Agastyar zu sehen, erhören oder ihn sterben lassen würde. Es gab für ihn keinen Grund mehr, ohne die Einweihung von Agastyar weiterzuleben.

Am achtundvierzigsten Tag, als Babaji am Rande des Zusammenbruchs stand, wiederholte er mit großer Hingabe immer wieder den Namen „Agastyar". Plötzlich trat der berühmte Siddha aus dem nahen Wald und kam auf die Stelle zu, an der Babaji betend saß. Agastyars Herz war angesichts Nagarajs Liebe geschmolzen. Agastyar rief Nagaraj mit sanfter Stimme bei seinem Namen und umarmte ihn. Nachdem er ihm Wasser und Nahrung gegeben hatte, weihte Agastyar Nagaraj in die Geheimnisse von *Kriya Kundalini Pranayama* oder *Vasi Yogam,* wie es auch in den Schriften der Siddhas genannt wird, ein. Diese kraftvolle Atemtechnik ist die Quintessenz einiger der wichtigsten Lehren der tamilischen *Yoga Siddhas**.

Agastyar machte die strengen Bedingungen, unter denen es geübt werden muss, deutlich und erläuterte das Potenzial für die Erweckung der höheren Ebenen spirituellen Bewusstseins, spiritueller Erleuchtung und letztlich für die Transformation aller fünf Körper: des physischen, des vitalen, des geistigen, des intellektuellen und des spirituellen Kör-

---

* *Kundalini Yoga* umfasst das Erwecken der ursprünglichen Lebenskraft *Kundalini Shakti,* die am unteren Ende der Wirbelsäule im *Muladhara Chakra* in der Dammregion ruht, und ihre anschließende Kanalisierung durch die sechs höheren Chakren zum *Sahasrara Chakra* am Scheitelpunkt des Kopfes. Wenn dies geschieht, erfährt die Person kosmisches Bewusstsein und unbegrenzte Glückseligkeit.

Abbildung 5: Agastyar Kumbamuni weiht Babaji in Courtrallam in *Kundalini Pranayama* ein.

pers. Dann wies er Babaji an, nach Badrinath in die höheren Bereiche des Himalaya zu gehen und der größte Siddha zu werden, den die Welt je gesehen hat.

Soruba Samadhi in Badrinath

Badrinath liegt im Himalaya auf 3125 Metern Höhe, einige Kilometer südlich der tibetischen Grenze, wo sich die Flüsse Rishi Ganga und Alaknanda treffen. Die Gegend war einmal von wilden Beeren oder *Badri* bedeckt, woher sie ihren Namen hat. An zwei Seiten wachen die Nar- und Narayan-Bergketten und in der Ferne erhebt sich der Neelakanth-Gipfel mit einer Höhe von fast 6700 Metern. In der Nähe, am Ufer des türkisblauen Alaknanda, liegt eine Tapt Kund genannte heiße Quelle. Joshimath, die nächstgelegene Stadt, ist nach einem der vier berühmten Klöster *(Maths)* benannt, die von Adi Shankaracharya gegründet wurden, und liegt vierundzwanzig Kilometer südlich von Badrinath. Von Mitte Oktober bis Anfang Mai blockiert tiefer Schnee den Weg zwischen beiden Orten. Nur die mutigsten *Yogis* können das ganze Jahr hindurch in Badrinath leben. Badrinath ist jahrtausendelang durch die Einsiedeleien von Heiligen, *Yogis*, *Rishis* und Siddhas sowie durch die Präsenz eines großen Tempels, der Sri Badrinarayan (dem Gott Vishnu) gewidmet ist, gesegnet.

In den *Veden* finden sich Hinweise auf den Sri-Badrinarayan-Tempel, die besagen, dass er bereits vor Babajis Ankunft seit Tausenden von Jahren eine Pilgerstätte war. Durch die Gesandten des buddhistischen Kaisers Ashoka im 4. Jahrhundert v. Chr. mag es zum heiligen Ort für die Buddhisten geworden sein (Fonia, 1987, Seite 112). Es wurde im 9. Jahrhundert n. Chr. durch die Fürsprache Adi Shankaracharyas wieder den Hindus unterstellt. Das steinerne Bildnis von Sri Badrinarayan stellt eine jugendliche männliche Figur im Lotossitz dar, die eine bemerkenswerte Ähnlichkeit mit Babaji aufweist. Es wurde von Adi Shankaracharya aufgestellt, der es im nahen Fluss Alaknanda fand, nachdem er in einer Vision dorthin geführt worden war. In Anlehnung an die *Skanda Purana* sprach ein Akashvani zu Adi Shankaracharya, als er zum Astha Khand, einem geheiligten Platz für die Meditation, hinaufstieg: „Oh Shankar, die Sache, die du durch Meditation zu gewinnen suchst, kannst du durch die Wiederaufstellung der Statue Vishnus, die schlafend im Narad Kund liegt, gewinnen. Nutze die Gelegenheit und sei dafür gesegnet." Um diese göttliche Anweisung zu erfüllen, tauchte Adi Shankaracharya hinab in die Narad Kund und barg das Bildnis Vishnus. Narad Kund wird der Teil des Flusses genannt, der neben einem Felsblock direkt vor dem jetzigen Tempel verläuft. Dort stellte er sie auf und baute um sie herum einen Tempel im südindischen Stil. Spätere Begebenheiten deuten darauf hin, dass „Ashta Khand" Joshimath war, wo er dann das göttliche Licht erreichte, und dass dieses göttliche Licht der Akashvani selbst war (Fonia, 1987, Seite 112).

Seit jenem Tag vor ungefähr 5200 Jahren, an dem Krishna nach Aussage der *Srimad Bhagavatam* seinem Jünger Uddhava befahl, nach Badrinath zu gehen und sich in Ihn zu versenken, sind zahllose Menschen an diesen heiligen Ort gepilgert. Es ist der fromme Wunsch eines jeden religiösen Inders, wenigstens einmal im Leben eine Pilgerreise nach Badrinath zu unternehmen. Seit Urzeiten, auch als das Reisen im Himalaya mit größeren Gefahren und Schwierigkeiten verbunden war, haben Jahr um Jahr Tausende von Indern aus dem ganzen Land trotz hoher Kosten und persönlicher Risiken ihrem Gott Badrinarayan die Ehre erwiesen.

Die Pilger spüren, wie ihr schlechtes Karma und ihre dunklen Neigungen durch solche Besuche heiliger Plätze fortgewaschen werden. Sie erlangen *Moksha* (Befreiung) vom Rad des *Samsara* (dem Kreislauf von Leben und Tod). Ihr Glaube wird nach der Rückkehr von einer solchen Pilgerfahrt geprüft; wenn der Pilger von spirituellen Schwingungen erfüllt ist und ein reines Leben in Gerechtigkeit, Demut, Wahrheit, Liebe und Reinheit führen kann, dann ist er sicherlich befreit worden und die Pilgerreise hat ihren höchsten Zweck erfüllt. Auch wenn ihre Zahl klein ist, so sind einige Pilger doch in solch spirituelle

Höhen aufgestiegen (Singh, 1980, Seite 14 f., 18 ff.).

Babaji machte die lange Pilgerreise nach Badrinath und verbrachte dort „lange, einsame Monate“ mit der Praxis all der yogischen *Kriyas*, die er von seinen Gurus Agastyar und Boganathar gelernt hatte.

Nach achtzehn Monaten anstrengender yogischer Disziplin trat Nagaraj in den Zustand von *Soruba Samadhi* ein, in dem die Gottheit herabsteigt, sich mit den spirituellen, den intellektuellen, geistigen, den vitalen und den physischen Körpern verbindet und sie transformiert. Der physische Körper hält die Alterung an und erstrahlt in einem goldenen Glanz göttlicher Unzerstörbarkeit.

3

Babajis Mission

Wie weit ein Individuum *Soruba Samadhi* erlangt hat, zeigt, bis zu welchem Grad es sich dem göttlichen Willen ergeben hat, und erlaubt Ihm, herabzusteigen und die widerstrebende menschliche Natur auf allen Ebenen zu transformieren. Durch solch große Offenbarungen arbeitet Gott dann in Stille auf der physischen Ebene, um all denen zu helfen, die nach einem höheren Leben trachten. Als Babaji diesen Zustand erreicht hatte, machte er es sich zur Aufgabe, der leidenden Menschheit auf ihrer Suche nach Gottverwirklichung zu helfen. Gewöhnlich tat er dies anonym. Die Empfänger dieser Hilfe kennen generell deren Ursprung nicht. Babajis Mission schließt die Unterstützung von Propheten ein (Yogananda, 1969, Seite 306). Einigen wenigen großen Seelen, namentlich Adi Shankaracharya, Kabir, Lahiri Mahasaya, Yogi S. A. A. Ramaiah und V. T. Neelakantan, ist Babaji selbst erschienen und hat sie eingeweiht.

Er hat versprochen, in seinem physischen Körper zu bleiben und immer einigen Menschen in dieser Welt sichtbar zu sein (Yogananda, 1969, Seite 306).

Babaji erklärte Lahiri Mahasaya, dass Krishna *Kriya Yoga* an Arjuna weitergegeben habe und dass Patanjali und Jesus Christus es gekannt und es Johannes, Paulus und anderen Jüngern vermittelt hätten (Yogananda, 1969, Seite 244 f.).

Adi Shankaracharya (788–820)

Adi Shankaracharya wurde von Babaji in das *Kriya Kundalini Pranayama* und *Dhyana* eingeweiht. Dies erfuhren Babajis Schüler Lahiri Mahasaya und S. A. A. Ramaiah von ihm selbst. Paramahansa Yogananda weist ebenfalls darauf hin, dass Babaji Shankaracharya in *Kriya Yoga* einweihte (Yogananda, 1969, Seite 306). In einem Brief an Hemanta Kumar Sen vom 11. Januar 1952 schreibt Yogananda, dass Gobindapada (auch als Govinda Jati bekannt) der *Siksha Guru* und Babaji der *Diksha Guru* von Adi Shankaracharya war. An anderer Stelle hat Yogananda gesagt, dass er dies von seinem eigenen Guru, Sri Yukteswar, von Swami Kebalananda, Swami Keshabananda, Swami Pranabananda und anderen erfahren habe. Sie alle „sagten, dass Lahiri Mahasaya von Babaji als dem heimlichen, spirituellen *Yoga Guru* von Sri Shankaracharya sprach" (Sen, 1954, Seite 20).

Adi Shankaracharya hat große Reformen der religiösen Praktiken des Hinduismus bewirkt. Dies gelang ihm durch Schriften, Debatten, Pilgerfahrten und den Aufbau von vier Hauptklöstern *(Maths)* – in Sringeri im südlichen Indien, in Dwarka im Westen, in Puri im Osten und in Joshimath im Norden – und durch die Gründung einiger anderer Zentren.

Er brachte den Buddhismus und mehrere hinduistische Sekten in großen Teilen Indiens zum Verschwinden. Unmoralische Praktiken in den Tempeln wie die Opferung von Tieren hörten weitgehend auf. Die klare, rationale Art, in der er einer monistischen Philosophie Ausdruck verlieh, hat viele der intellektuellen Leistungen späterer hinduistischer Denker überhaupt erst möglich gemacht.

Adi Shankaracharya predigte, dass der Weg des *Sannyasin*, des zölibatär und asketisch lebenden Entsagenden, den wenigen vorbehalten sein solle, die dafür geschaffen seien, und dass das Leben als ein Haushälter, der seine Aufgaben treu und ohne Anhaftung erledigt, der ideale Weg zur Selbstverwirklichung für die große Mehrheit sei.

Kabir (1407–1518)

Im 15. Jahrhundert weihte Babaji den großen Heiligen und Poeten Kabir ein, der danach strebte, Harmonie zwischen den zerstrittenen Hindus und Muslimen zu schaffen (Yogananda, 1969, Seite 306, 349; Ramaiah, Februar 1954, Seite 3). Kabir predigte ein monistisches Gottesverständnis und lehnte die Verehrung von Abbildern ab. Seine Reformen werden als Reaktion auf die Herausforderung des Islam betrachtet. Er öffnete den Zugang zu seiner Sekte für Hindus (unabhängig von ihrer Kaste) und Muslime. Er forderte eine vegetarische Ernährung, die Vermeidung von Giftstoffen und eine asketische Lebensweise.

Er schärfte seinen Jüngern ein, keine Dienste oder Gaben anzunehmen, sondern sich selbst als Diener der anderen zu betrachten. Das *Sadhana* (yogische Übungen) seiner Schüler betonte die Meditation auf den *Nada* oder göttlichen Ton (Ghurye, Seite 189 f.).

Bhagodas, ein Schüler Kabirs, sammelte die Reden seines Lehrers. Diese Sammlung ist als „Bijaka“ bekannt und wird von den Kabirpanthis (den Anhängern Kabirs), die in Haushälter und Asketen unterteilt sind, als heilige Schrift verehrt.

Nach Kabirs Tod stritten Muslime und Hindus um seinen Leichnam, denn jede Gruppe wollte ihn nach ihren Gebräuchen bestatten. Als das Leichentuch von seinem Körper gehoben wurde, entdeckten sie, dass der Leichnam verschwunden und nur ein Blumenbett zurückgeblieben war. Diese Blumen wurden unter den beiden Gruppen verteilt.

Lahiri Mahasaya (1828–1895)

In der letzten Hälfte des 19. Jahrhunderts begann eine neue Phase in Babajis Mission. 1861 weihte er Lahiri Mahasaya in den *Kriya Yoga* ein und übertrug ihm die Aufgabe, ihn an ernsthafte Suchende weiterzugeben. Babaji bat ihn, als Haushälter zu leben, um all jenen, die nach Selbstverwirklichung streben, als Beispiel zu dienen. Später weihte Lahiri Mahasaya hundert Schüler in den *Kriya Yoga* ein.

Wenigstens vierzehn dieser Eingeweihten weihten wieder andere in den *Kriya Yoga* ein. Swami Satyeswaranandas *Lahiri Mahasaya, the Father of Kriya Yoga* verfolgt die Linie der Jünger der verschiedenen Zweige bis in unsere Zeit (Satyeswarananda, 1984, Seite 148–198). Babaji stand all diesen Jüngern zur Seite und hilft bis heute denen, die seine Unterstützung suchen. Laut Lahiri Mahasaya empfängt man durch das einfache, ehrfurchtsvolle Wiederholen von Babajis Namen einen spirituellen Segen.

Sri Yukteswar Giri Maharaj (1855–1936)

Sri Yukteswar, ein Schüler von Lahiri Mahasaya, der Babaji dreimal in Fleisch und Blut begegnete, sorgte durch seine Veröffentlichung *The Holy Science* (Die heilige Wissenschaft) und die Gründung einiger Sadhu-Sabah-Zentren, zu denen Aschrams in Puri und Serampore gehören, dafür, dass die Flamme des *Kriya Yoga* weiterhin brannte (Yukteswar, 1984). Wie von Babaji bestimmt, sandte Sri Yukteswar 1920 einen seiner Schüler, Paramahansa Yogananda, nach Amerika, der dort den *Kriya Yoga* lehren sollte (Yogananda, 1969, Seite 354).

Paramahansa Yogananda (1893–1952)

Paramahansa Yogananda spielte eine Pionierrolle bei der Einführung der auf dem Yoga basierenden mystischen Philosophien des Ostens in die westliche Welt. Er vermochte sie auf eine Art darzustellen, die es auch Christen ermöglichte, sie anzunehmen und in ihr Glaubenssystem zu integrieren. Seine *Autobiografie eines Yogi* hat Millionen inspiriert und wurde in viele Sprachen übersetzt. Er gründete die *Self Realization*

Fellowship mit Hauptsitz in Los Angeles und mehr als hundert Zentren auf der ganzen Welt sowie die *Yogoda Satsang Society of India* in Dakshineswar, West-Bengalen. Yogananda gründete 1917 die erste Yogoda-Schule in Ranchi, Bihar. Heute gibt es einundzwanzig solcher Schulen in ganz Indien, die für die Bildung der Jugend in körperlicher, moralischer, geistiger und spiritueller Hinsicht Sorge tragen. Allopathische und homöopathische Krankenhäuser, Hochschulen für Kunst, Wirtschaft und Medizin gehören ebenfalls zur Organisation.

Yogananda schulte über hunderttausend Menschen im *Kriya Yoga*, zu denen viele herausragende Persönlichkeiten seiner Zeit wie Mahatma Gandhi und der amerikanische Botaniker Luther Bank gehörten. Als er den *Mahasamadhi,* den bewussten Austritt eines Yogi aus dem Körper, erreichte, zeigte sein Körper eine göttliche Transformation. Selbst einundzwanzig Tage nach dem *Mahasamadhi* war er nicht verfallen und wurde schließlich in einer Krypta auf dem *Forrest Lawn Cemetery* in Los Angeles beigesetzt.

Mehr als dreihundert Mönche und Nonnen leben jetzt in den Klöstern der *Self Realization Fellowship* in Südkalifornien und führen seine Arbeit fort. Sie dienen den Anhängern durch Kirchendienste in den *SRF*-Tempeln und Studienzentren, durch Publikationen und Fernkurse.

Die von Yogananda gegründete und heute von Sri Daya Mata geführte *Self Realization Fellowship* und *Yogoda Satsanga of India* sind wohl die bekanntesten Quellen der Unterweisung in *Kriya Yoga* und *Yogoda* – die energetisierenden Techniken, die von Yogananda entwickelt wurden. Die anderen Linien von Babajis und Lahiri Mahasayas Jüngern, die sich hauptsächlich in Indien fortsetzen, sind zwar weniger bekannt, doch auch sie geben echte Unterweisung im *Kriya Yoga*. Zu ihnen gehört Swami Satyaswarananda aus San Diego in Kalifornien, ein Jünger von Swami Satyananda, der wiederum ein führender Jünger von Swami Sri Yukteswar war.

Yogi S. A. A. Ramaiah und V. T. Neelakantan

Es wird berichtet, dass Babaji 1942 entschied, einen neuen Zugang zu seinem *Kriya Yoga* und einen neuen Verbreitungsweg für seine Lehre zu entwickeln, und sich dabei zweier Seelen bediente, bei denen es sich um S. A. A. Ramaiah aus Madras und V. T. Neelakantan aus Kalkutta handelt (Ramaiah, Februar 1954, Seite 3).

Yogi S. A. A. Ramaiah (*1923)

S. A. A. Ramaiah ist der zweitgeborene Sohn von S. A. Annamalai Chettiar, einem der reichsten Geschäftsleute Südindiens, und von Thaivani Achi, einer tief spirituellen Frau, die eine Jüngerin des wandernden Heiligen und *Jivan Mukta* (eine lebende, befreite Person) Chelaswami war. S. A. A. Ramaiah absolvierte an der Universität in Madras ein Geologiestudium. Am Abend vor seiner Abreise nach Amerika, wo er weiterführende Studien betreiben wollte, wurde bei ihm Knochentuberkulose diagnostiziert. Die folgenden sechs Jahre verbrachte er in einem Gipsbett, um das Leiden zum Stillstand zu bringen. Während dieser Zeit wurde er von zwei berühmten Yogi-Heiligen, Prasananda Guru und Omkara *Swami*, unterrichtet und in die Meditation eingeweiht. Am 7. März 1952, dem Tag des *Mahasamadhi* von Paramahansa Yogananda, fand ein bemerkenswertes Treffen von Mowna Swami und S. A. A. Ramaiah in dessen Haus im San-Thome-Viertel von Madras statt. Mowna Swami war Schüler des großen Siddha Sai Baba von Shirdi, der von 1835 bis 1918 lebte (Sahukar, 1971, Seite 22). Bei diesem Treffen nannte Mowna Swami viele Einzelheiten aus Ramaiahs Leben bis zu jenem Tag und gab ihm einen speziellen Talisman und Anweisungen zur Herstellung eines ayurvedischen Heilmittels. Er sagte, dass Ramaiah innerhalb eines Monats genesen werde, wenn dieser seinen Rat befolge (Ramaiah, Februar 1954, Seite XII bis XVIII).

Babaji heilte S.A.A. Ramaiah kurz nach diesem Gespräch mit Mowna Swami von der Knochentuberkulose. Noch zwei weitere bemerkenswerte Begebenheiten, von denen S. A. A. Ramaiah dem Autor bei ihrem ersten Treffen im Jahre 1970 erzählte, spielten dabei eine Rolle. Die Erste war eine Vision, in der Shirdi Sai Baba, der Guru von Mowna Swami, ihm erschien. S. A. A. Ramaiah fragte ihn, ob er sein Guru sei. Shirdi Sai Baba antwortete, er sei nicht sein Guru, aber er wolle ihm seinen Guru zeigen*. Dann vermittelte er ihm eine Vision Babajis. Die zweite Begebenheit ergab sich, wie S. A. A. Ramaiah erzählte, in einer Stunde der Entmutigung und des Leidens an der sich verschlimmernden Knochentuberkulose. Er beschloss, durch das Anhalten seines Atems seinem Leben ein Ende zu setzen. Während er das versuchte, hörte er plötzlich eine sanfte Stimme sagen: „Mein Sohn, nimm dein Leben nicht. Gib es mir." Vor Überraschung nahm er einen tiefen Atemzug und beschloss, sich selbst Babaji zu ergeben, dessen Stimme er erkannt hatte. Am nächsten Morgen zeigten seine Beine bemerkenswerte Zeichen der Heilung. Zur Verblüffung der Ärzte und seiner Familie erfuhr er über die nächsten Tage eine vollständige und an ein Wunder grenzende Heilung.

In der Zeit seiner Genesung hatte S. A. A. Ramaiah die Vision eines hinkenden Babaji. Als er diesen nach dem Grund für sein Hinken fragte, sagte Babaji, dass er zeitweilig die Knochentuberkulose auf sich nehme, um so die Genesung seines Schülers zu veranlassen.

---

* Sai Baba von Shirdi war ein großer Yogi-Heiliger und Wundertäter, der von Hindus und Muslimen verehrt wurde. Sathya Sai Baba (1925 geboren) aus Puttaparthi, A. Pradesh, hat behauptet, er sei die Reinkarnation von Shirdi Sai Baba. Die zwei göttlichen Inkarnationen, Babaji und Sai Baba, haben zusammengearbeitet. Ein Jünger von Sathya Sai Baba, der Leiter des *Gufa Ashram* bei Badrinath, hat Babaji zitiert: „Ich bin mit allen drei Avatars von Shiva vertraut: Ich hatte Shirdi Sais *Darshan* und auch den des jetzigen *Avatars* Sri Sathya Sai. Ich kenne auch den zukünftigen *Avatar* Shivas in Form von Prem Sa." (Swami Maheshwarananda, 1989, Seite 51)

Babaji weihte S. A. A. Ramaiah 1955 in der Nähe von Badrinath im Himalaya persönlich in verschiedene Techniken des *Kriya Yoga* ein. Ramaiah praktizierte diese Techniken mit großem Ernst und ergab sich seinem *Sathguru.* Durch Babajis Gnade erblühte der ehemals „unheilbare" Tuberkulosepatient zum Yogi. Von 1958 bis 1961 studierte er Körpertherapie am *G. S. Medical College* in Bombay. Hier begann er, Methoden aus der Yoga-Therapie zur erfolgreichen Behandlung vieler funktioneller Leiden einzusetzen. Nach dem Studium eröffnete er eine Klinik in Madras, die Behinderten fast ein Jahrzehnt lang auf wohltätiger Basis diente.*

V. T. Neelakantan (1901–1983)

V. T. Neelakantan war ein berühmter Journalist und Absolvent der Universität in Madras. Er war mit Pandit Jawaharlal Nehru, Indiens erstem Premierminister, befreundet und ein vertrauter Schüler von Annie Besant von der *Theosophischen Gesellschaft.*

V. T. Neelakantan litt schrecklich an einer Vielzahl von Leiden, darunter Diabetes, Ruhr, Zellgewebsentzündung, Geschwüren an den Beinen und hohem Fieber. Babaji gab ihm mehrere Heilungssitzungen, die es ihm erlaubten, drei Bücher, die Babaji ihm diktierte, fertigzustellen. Mehrere Male war Babaji von seiner Hingabe tief bewegt. In einer dieser Situationen flossen Tränen der Freude aus den Augen des Meisters und fielen auf Neelakantans Füße. So gerührt war er von Neelakantans Haltung unter solch großen Schmerzen. Zu anderer Gelegenheit sagte Neelakantan, dass es ihm nach Vollendung der Bücher nichts mehr ausmache, ob er noch bis zu ihrer Veröffentlichung lebe. Dann schwankte er und brach zusammen. Babaji sprang von seinem

* Dr. med. Alfonso Caycedo, der Gründer der *Sophrology*, widmete ein Kapitel seines Buches *India of Yogis* Yogi Ramaiah und seiner Klinik.

Stuhl auf und fing Neelakantan auf. Dann küsste er Neelakantan auf die Stirn, wischte ihm die Tränen aus den Augen und sagte ihm, dass er für immer einundfünfzig Jahre alt bleiben werde, genau wie es dem Heiligen Markandeya von Shiva ermöglicht wurde, für immer sechzehn Jahre alt zu bleiben.

Erstes Treffen von S. A. A. Ramaiah und V. T. Neelakantan

S. A. A. Ramaiah hatte eine Anzeige für V. T. Neelakantans Buch *No. 9 Boag Road* gesehen. In der dritten Maiwoche des Jahres 1952 schickte er ihm einen Brief, in dem er ein Exemplar bestellte. Die Nachricht endete mit den Worten *Truly your Self,* was Neelakantans Aufmerksamkeit erregte und ihn bewegte, S. A. A. Ramaiah einige Wochen später zu besuchen. Zur Zeit ihres ersten Treffens, das Mitte Juni 1952 im Haus von S. A. A. Ramaiah stattfand, waren Ramaiah und Neelakantan neunundzwanzig und einundfünfzig Jahre alt (Ramaiah, 1952, Seite 3 f.). Dieses Treffen war der Gipfel der zehnjährigen Vorbereitung beider durch Babaji.

Der Aufbau des *Kriya Babaji Sangah*

Babaji beauftragte sie, den *Kriya Babaji Sangah* aufzubauen, eine Yoga-Gesellschaft, die sich der Lehre des *Kriya Yoga* und wohltätigen erzieherischen und spirituellen Aktivitäten widmet. Sie ließen diese Gesellschaft am 17. Oktober 1952 in Madras, Tamil Nadu, registrieren, gerade sieben Monate nach dem *Mahasamadhi* von Paramahansa Yogananda am 7. März 1952 in Los Angeles (Ramaiah, Februar 1954, Seite 3; Yogananda, 1969, Seite IV). Ihr offizieller Name wurde 1980, als der Autor ihr Generalsekretär war, in *Kriya Babaji Yoga Sangam (Reg.)* geändert.

Aktivitäten des Kriya Babaji Sangah

Veröffentlichungen durch den Sangah

Babaji diktierte V. T. Neelakantan drei Bücher: *The Voice of Babaji and Mysticism Unlocked, Babaji's Masterkey to All Ills* und *Death of Death,* die 1952 und 1953 vom *Kriya Babaji Sangah* in Madras veröffentlicht wurden (Neelakantan, 1952 a & b; Neelakantan, 1953). Auf Babajis Bitte schrieb S. A. A. Ramaiah die Vorworte, die interessante Gespräche zwischen Babaji und V. T. Neelakantan über das Schreiben und Veröffentlichen der Bücher sowie Begebenheiten aus den Leben von V. T. Neelakantan und S. A. A. Ramaiah zur besagten Zeit enthielten. Die dramatischste Begebenheit war, als Babaji sich V. T. Neelakantan am 26. Juli 1952 zum ersten Mal bei einer Gruppenmeditation im Haus von S. A. A. Ramaiah in seiner ganzen Gestalt zeigte. In den folgenden Monaten materialisierte Babaji sich fast täglich im Puja-Raum von V. T. Neelakantans Haus in der Surammal Lane 9 in Egmore in Madras und diktierte oder übertrug die meisten Texte der oben genannten Werke telepathisch. Diese befassten sich oft mit Themen, über die Neelakantan keinerlei Vorkenntnisse besaß. Es ist in diesen Gesprächen dokumentiert, dass Babaji S. A. A. Ramaiah als „mein Sohn" bezeichnete und V. T. Neelakantan als „mein Kind".

Auf Babajis Geheiß schrieb und veröffentlichte S. A. A. Ramaiah 1952 eine Biografie des großen Yoga-Meisters Omkara Swami mit dem Titel *A Blissful Saint (Paramahansa Omkara Swami).* Dieser hatte S. A. A. Ramaiah 1951 bei Fragen zu Yoga-Praktiken geholfen (Ramaiah, 1952). Das Vorwort zu diesem Buch verfasste V. T. Neelakantan. Babaji beauftragte beide mit der Veröffentlichung eines monatlichen Magazins, das *Kriya* hieß. Es erschien regelmäßig bis in die Sechzigerjahre hinein, als S. A. A. Ramaiah es wegen längerfristigen Aufgaben im Ausland nicht mehr herausgeben konnte. Auch seine Frau Solachi arbeitete in den frühen Jahren mit den beiden Gründern des *Kriya Babaji Sangah* zusammen. Durch reine Aufopferung gewann sie Babajis Gnade. Die Gründer arbeiteten bis zum Jahr 1967 zusammen, dann ging Yogi

Ramaiah ins Ausland – nach Australien und nach Amerika. Ihre Veröffentlichungen waren vergriffen, bis sie im Jahr 2003 unter dem Titel *The Voice of Babaji: A Trilogy on Kriya Yoga* bei *Babaji's Kriya Yoga Order of Acharyas* in Kanada wiederveröffentlicht wurden. Gegen 1955 gab V. T. Neelakantan die aktive Mitarbeit und Teilnahme an den Aktivitäten des *Sangah* auf, um sich Familienangelegenheiten und anderen Aufgaben zu widmen.

Yogi Ramaiah sammelte alte Palmblatt-Manuskripte der tamilischen Schriften der achtzehn Siddhas und bewahrte sie über fünfundzwanzig Jahre lang auf. 1968 veröffentlichte er *Songs of the 18 Yoga Siddhas,* das Auszüge aus den Schriften der achtzehn Siddhas enthält. In diesem Werk werden auch einige Einzelheiten über Babajis Gurus, Agastyar und Boganathar und ein Teil von Babajis Leben beschrieben. Die vollständigen Schriften Boganathars wurden 1979 und 1982 von Yogi Ramaiah herausgegeben.

Verbreitung von Babajis Lehren im Ausland

Yogi S. A. A. Ramaiah und seine Yogini-Frau Solachi brachten Babajis Lehren ins Ausland. 1956 machte Yogi Ramaiah den ersten von vielen Besuchen in Sri Lanka. Während der Sechzigerjahre unternahm er mehrere Reisen nach Malaysia und unterrichtete *Kriya Yoga* im ganzen Land. Solachi starb 1962 nach langer Krankheit.

1964 begann Yogi Ramaiah, Yoga intensiv in Australien und Neuseeland zu lehren und zu praktizieren. 1968 kam er in die Vereinigten Staaten. Seit dieser Zeit hat er die Lehren des *Kriya Yoga Siddhantham* durch die Gründung von mehr als fünfzig Yoga-Zentren in der ganzen Welt verbreitet. Die Zentren sind unter dem Namen *International Babaji Yoga Sangam* organisiert, der Hauptsitz befindet sich in Kanadukathan in Tamil Nadu. Yogi Ramaiah hat in der ganzen Welt zahlreiche Konferenzen über Yoga-Therapie bei Atemwegserkrankungen, Diabetes, Stress und Drogenabhängigkeit organisiert und Workshops gehalten. Mehrere Schreine wurden nach den Prinzipien der Siddhas in

Athanoor und Porto Novo in Tamil Nadu, in Richville, New York, in Washington D. C. und in Yuma, Arizona, in den USA errichtet. Diese Schreine schaffen mit ihren spirituellen Schwingungen die ideale Umgebung für intensive Yoga-Übungen.

Jährlich stattfindende Konferenzen

Inspiriert von Babaji, organisiert der *Kriya Babaji Yoga Sangam* seit 1954 eine jährliche internationale Konferenz, ein Parlament der Weltreligionen und des Yoga, um ein Forum für die Führer aller spirituellen Überlieferungen zu schaffen, auf dem sie ihre Lehren mit der Öffentlichkeit teilen können.

Yogi Ramaiah hat angedeutet, dass Babaji zukünftig eine öffentlichere Rolle spielen wird. Dies mag vielleicht mit dem hundertsten Parlament der Weltreligionen und des Yoga im Jahr 2053 geschehen.

Gründung eines medizinischen Kollegs und Yoga-Forschungszentrums

Der *Kriya Babaji Yoga Sangah* richtet nun ein medizinisches Kolleg, ein Krankenhaus und ein Forschungszentrum in der Nähe von Athanoor in Tamil Nadu ein. Unter Babajis geistiger Leitung wurden einige der medizinischen Behandlungsweisen der Siddhas erforscht und unter klinischen Bedingungen in dieser Einrichtung angewendet.

Babaji's Kriya Yoga of Acharyas Inc. – Forschung und Veröffentlichungen

Babaji forderte den Autor im Jahr 1997 auf, *Babaji's Kriya Yoga of Acharyas Inc.* zu gründen, einen Laienorden, dessen Lehrer *Babajis Kriya Yoga* in die ganze Welt hinaustragen sollen. Yogi Ramaiah hatte bereits 1986 vorausgesagt, dass der Autor einen solchen Orden gründen werde. Im Jahr 1998 wurde der Orden formal als wohltätige Bildungseinrichtung anerkannt, die in Kanada und in den USA nicht der Steuerpflicht unterliegt.

In Bangalore, Indien, wurde er im Januar 2001 ebenfalls als gemeinnützige Stiftung anerkannt. Die Aufgabe des Vereins ist es, die Lehren von *Babajis Kriya Yoga* in der ganzen Welt zu fördern und zu verbreiten, und zwar durch Vorträge, öffentliche Kurse, Seminare, Einweihungen und Retreats, die von ausgebildeten und autorisierten Lehrern *(Acharyas)* gegeben werden. Diese Lehrer sollen ein Leben nach den Regeln der Lehre führen; dies betrifft ihre persönliche yogische Praxis, ihr ethisches Handeln und den Austausch mit anderen.

Zweiundzwanzig *Acharyas* sind derzeit autorisiert zu lehren und der Autor bildet auch weiterhin Lehrer aus. Der Orden hielt in den letzen Jahren Hunderte von Seminaren zur Einweihung von Schülerinnen und Schülern in Europa – in Deutschland, in der Schweiz, in Frankreich, Italien, Spanien, England und Bulgarien; in anderen Ländern auf der Welt – in Argentinien, Japan, Indien, Estland, den Golf-Staaten, Brasilien, Australien und Sri Lanka, Singapur, Malaysia, Martinique, den Vereinigten Staaten, in Kanada und auf Martinique.

Der Orden finanziert und leitet ein großes Forschungsprogramm, das sich (mit der Unterstützung von Wissenschaftlern in Indien und Ärzten in den USA) mit den Schriften der tamilischen *Yoga Siddhas* und Forschungen über Yogatherapie befasst. Im Jahr 1999 veröffentlichte der Orden den Bericht über eine medizinische Untersuchung zum Thema „Die Wirkung von körperlichen Übungen und Yoga auf Diabetes".

Das Yoga-Siddha-Forschungszentrum wird seit dem Jahr 2000 anteilig von *Babaji's Kriya Yoga of Acharyas Inc.* in Kanada und dem *Yoga Research and Education Center* (Yoga Forschungs- und Schulungszentrum) in Santa Rosa, Kalifornien, finanziell unterstützt. Diese beiden Organisationen arbeiten derzeit gemeinsam an dem großen Yoga-Siddha-Projekt, dessen Gegenstand Tausende von Palmblatt-Schriften sind, die von den achtzehn tamilischen *Yoga Siddhas* verfasst wurden. Ein Team von Wissenschaftlern ist damit befasst, alle unveröffentlichten Texte der *Yoga Siddhas* ausfindig zu machen, sie dann zu konservieren, zu transkribieren, zu übersetzen und schließlich, mit Kommentaren versehen, zu veröffentlichen. Bis heute hat der Orden die folgenden Übersetzungen und Kommentare veröffentlicht: *The Yoga of Tamil Siddha of Bogananthar* (in zwei Bänden), *The Yoga of the 18 Siddhas: An Anthology* (eine Sammlung von ausgewählten Schriften der achtzehn Siddhas), *The Yoga of Siddha Avvai* und *The Yoga of Siddha Tirumular: Essays on the Tirumandiram*, in dem es um die wichtigsten Themen dieses klassischen Yoga- und Tantra-Werkes geht. Außerdem unterstützten die beiden oben genannten Organisationen die Vorbereitungen für eine Neuübersetzung und kommentierte Ausgabe des klassischen Werkes *Tirumandiram* in zehn Bänden. Hieran arbeitete ein sechsköpfiges Team von Wissenschaftlern unter der Leitung von Dr. T. N. Ganpathy. Die Ausgabe wurde im Januar 2010 fertiggestellt und ist bereits erhältlich.

Babaji's Kriya Yoga of Acharyas Inc. unterstützt seit 1999 das jährlich im Aschram in Quebec, Kanada, stattfindende internationale Treffen von Menschen, die in *Babajis Kriya Yoga* eingeweiht sind, finanziell. Die Teilnehmer kommen aus vielen verschiedenen Ländern überall auf der Welt.

Der Autor lehrt derzeit in vielen Ländern auf der Welt Yoga und betreut die Aschrams in Quebec, in Indien und in Europa. Er hat unter anderem ein neues Werk mit Kommentaren veröffentlicht, das den Titel *Die Kriya Yoga Sutras des Patanjali und der Siddhas* trägt. Zehn Jahre lang hat er gewissenhaft daran gearbeitet.

Zukünftige Arbeit

Babajis Mission beinhaltet, der Menschheit zu helfen, stufenweise Gott zu verwirklichen und durch die daraus resultierende universelle Vision der Liebe die Transformation dieser Erde in ein göttliches Paradies herbeizuführen. Sie manifestiert sich weiter in der Arbeit all jener, die sich ihm als Quelle ihrer Inspiration zuwenden, sowie in all jenen, die wahre Liebe in Gedanken, Worten oder Taten ausdrücken. Wo Liebe ist, da ist auch Babaji. Jeder kann eine Verwandlung in seinem Leben und seinem Wirkungskreis herbeiführen, wenn er lernt, mit Babaji zu kommunizieren und so die Myriaden von Problemen zu lösen, denen die Menschheit sich in vielen Bereichen gegenübersieht. Die Schwerpunkte in Babajis Mission sind *Sadhana* (der fünffältige Weg des *Kriya Yoga*, der in Kapitel 12, „Der Weg des Kriya Yoga", Seite 214 ff., beschrieben wird), die Aufgabe des Selbst und das Dienen. Ohne die Aufgabe des Ego-Bewusstseins gibt es keinen Raum für die universelle Vision der Liebe. Selbstloser Dienst, ohne Erwartung oder Bindung an die Früchte der Handlung, hilft, sich von der Illusion zu befreien, selbst der Handelnde zu sein, der falschen Vorstellung, in der das Ego sich vom Göttlichen getrennt fühlt. Alle, die danach streben, Babaji und seiner göttlichen Mission zu dienen, können dies am besten tun, indem sie sich diesen drei Pfeilern der Transformation verpflichten. In *Babajis Kriya Yoga* fließt ein Teil der Wohltaten automatisch denen zu, die Hilfe bei einem Kriya-Yoga-Praktizierenden suchen. Man wird, bildlich gesprochen, ein Sender, der die Inspiration und Liebe, die von der großen Sendestation *Gauri Shankar Peetam* im Himalaya kommt, in jede Sphäre der Aktivität weiterleitet.

4

Babajis Aschram: Gauri Shankar Peetam

Babajis Aschram bei Badrinath im Himalaya ist als *Gauri Shankar Peetam* bekannt. Er wurde von V. T. Neelakantan beschrieben (Ramaiah, Mai 1954, Seite 3–10). Demnach war es ihm zweimal in der letzten Oktoberhälfte 1953 vergönnt, einen Astralbesuch dorthin zu machen. Neelakantan bemerkte plötzlich, dass er seinen physischen Körper in Madras zurückgelassen und einen neuen Körper angenommen hatte, der neben Babaji in *Gauri Shankar Peetam* stand. Seine Beschreibung des Aschrams und dessen Aktivitäten werden im Folgenden wiedergegeben.

Der Aschram befindet sich nahe der Tempelstadt Badrinath in einem Tal, das an allen vier Seiten von senkrechten Steilhängen umschlossen ist und an dessen Grund eine Reihe von Höhlen liegt. Die größte Höhle gehört Babaji. In einer Ecke gegenüber seiner Höhle befinden sich zwei Wasserfälle. Die Bewohner des Aschrams, das waren zur Zeit des Besuches nur vierzehn Menschen, benutzen den größeren Wasserfall zum Baden, der kleinere spendete das Trinkwasser. Das Wasser bildet zwei Ströme, die sich am anderen Ende des Talkessels vereinen und durch eine tunnelartige Öffnung verschwinden. Obwohl es keine erkennbare Lichtquelle gibt, ist das Tal selbst in der Nacht gut beleuchtet. Eine geheimnisvolle Macht hält jeden Eindringling davon ab, sich dem Aschram auf weniger als eine Meile zu nähern. Auf diese Weise kann niemand ohne Babajis Erlaubnis den Aschram betreten.

Dem Bericht zufolge saßen die Bewohner vor Babajis Höhle im Kreis und nahmen ein Mahl ein. Mit Ausnahme von Babaji, dessen *Dhoti* (Lendentuch) hellrot war, waren alle weiß gekleidet. Während des Mittagessens sprachen sie in Hindi und Englisch miteinander. Ihre

Gesichter leuchteten und strahlten große Freude und großes Glück aus.

Zu den Bewohnern gehört auch Babajis Cousine väterlicherseits. Mataji Nagalakshmi Deviyar (auch bekannt als Annai). Sie trug einen weißen Baumwoll-Sari mit grüner Borte und eine lange rote Schärpe, die um ihren Hals geschlungen war. Nach Neelakantans Aussagen ist sie eine außergewöhnlich schöne Frau, etwas größer als ihr Bruder, mit heller Haut und von zarter Statur. Ihr Gesicht ist schmal, hat hohe Wangenknochen und ähnelt von vorn dem von Kashi, Paramahansa Yoganandas Schüler, und von der Seite dem von Neelakantans Frau.

Annai Nagalakshmi Deviyar ist für die Organisation des Aschrams verantwortlich und dient den Bewohnern in vielerlei Hinsicht. Sie überwacht die Zubereitung eines täglichen einfachen vegetarischen Mahls, das am Mittag aufgetragen wird. Sie kümmert sich mit besonderer Sorgfalt um eine große Tulasi-Pflanze, die auf der Spitze eines *Peetam* oder Schreines fast 1 Meter 20 hoch wächst. Sie ehrt täglich Tulasi Devi, eine große Jüngerin Krishnas. Tulasi Devi wurde von Krishna der Segen gewährt, ewig als heilige Tulasi-Pflanze in Seiner Gegenwart, in Seiner himmlischen Wohnung zu bleiben.

Annais Lieblingsbeschäftigung ist es, die Füße ihres Herrn in einer Zeremonie mit dem Namen *Pada Poosai* zu ehren. *Pada* heißt „Füße" und *Poosai* „mit Blumen verehren".* In dieser Zeremonie stellt sie Babajis Füße liebevoll auf eine silberne Platte und wäscht und salbt sie mit Sesamöl, Mungbohnen-Puder, Milch und anderen Essenzen. Danach schmückt sie seine Füße mit *Vibhuti* (Asche vom Mantra-Yagna-Feuer), *Kumkuma* (dem roten Puder der Zinnoberblüte) und einer Reihe von Blumen, die am Aschram wachsen.

---

* Die Verehrung der Füße Gottes ist intimer Ausdruck und Symbol für die Hingabe und das Streben. In der gesamten heiligen Literatur der Tamilen, so zum Beispiel in Thirumoolars *Thirumandiram,* findet man Hinweise auf diese Form der Verehrung. „Die Füße Gottes anfassen und hinaufsteigen" steht bildlich dafür, dass man durch Hingabe zu Gott und eigenes Streben die Selbstverwirklichung erreichen kann.

Unter den Bewohnern sind auch einige Männer mit langen, bis zum Nabel reichenden Bärten. Ein ehemaliger muslimischer Herrscher, der nach dem Angebot all seiner Reichtümer von Babaji abgelehnt worden war, bot sich selbst an und wurde als Jünger angenommen. Eine recht kräftige Frau aus dem Westen und ein Mädchen von ungefähr zehn Jahren sowie Swami Pranabananda, „der Heilige mit den zwei Körpern", befinden sich auch dort.

Dieser ist nun als „Amman Pranabananda" bekannt und ähnelt physisch sehr seiner letzten Inkarnation, nur dass er Haare und Bart wachsen ließ. Swami Pranabananda wurde von Yogananda beschrieben (Yogananda, 1969, Seite 22–28, 260, 350). Am Ende seiner vorherigen Inkarnation trat Swami Pranabananda vor den Augen seiner versammelten Schüler bewusst aus seinem physischen Körper aus, was als *Mahasamadhi* bekannt ist. Einige Jahre später wurde er wiedergeboren. Als junger Mann erinnerte er sich plötzlich an sein vorheriges Leben und seine Verbindung mit Babaji. Dann machte er sich auf dem Weg in den Himalaya, um seinen unsterblichen Guru zu suchen. Schließlich wurde er durch den Segen Babajis wieder mit ihm vereint. Nachdem er einige Jahre unter Führung Babajis intensiv *Kriya Yoga* geübt hatte, erreichte er den unsterblichen Zustand des *Soruba Samadhi.* Achtungsvoll wird er auch „Dadaji" oder „Amman Pranabananda" genannt und dient vielen Schülern als Quelle spiritueller Inspiration und Führung. Außerdem überwacht er die Pflege des Gartens des Aschrams.

Von Babajis Jüngern haben nur Annai und Amman den unsterblichen Zustand des *Soruba Samadhi* erlangt. Dies zeigt mehr als alles andere die Vollständigkeit ihrer Hingabe an Gott, das höchste Ziel des *Kriya Yoga*.

Nachdem sie die Begrenzungen des Ego-Bewusstseins überwunden haben, helfen sie heute allen, die ihre Unterstützung suchen. Insbesondere Annai hilft *Kriya Yoga Sadhaks* (eingeweihten Schülern des *Kriya Yoga*) während der mitternächtlichen Meditationsstunde, das Unbewusste vollständig durch die erste Meditationstechnik, die in der Einweihung in den *Kriya Dhyana Yoga* gelehrt wird, zu reinigen. Amman

Pranabananda hilft den *Kriya Yoga Sadhaks* als Meister der vierten Meditationstechnik, ihr großes Potenzial für intellektuelle Inspiration zu nutzen.

Viele Heilige und Weise haben Gott auf der spirituellen und mentalen Ebene realisiert. Doch nur sehr wenige sind in der Lage, eine absolute Hingabe an das Göttliche Bewusstsein auf der vitalen Ebene und in den Zellen des physischen Körpers herbeizuführen und so frei von Krankheit, Alter und Tod zu werden. Diese bleiben als letzte Bastion des begrenzenden Ego und des Unbewussten bestehen. Für alle *Kriya Yoga Sadhaks* und Jünger dienen Babaji, Annai und Amman als außerordentliche Beispiele der Hingabe des Selbst. Sie sind sprichwörtlich lebende Verkörperungen der Göttlichkeit.

Die Bewohner des *Aschrams* halten sich an eine tägliche Routine, in deren Mittelpunkt die Praxis des *Yoga Sadhana* steht, das *Asanas, Pranayama*, Meditationen, Mantras und *Bhakti Yoga* einschließt. Nach dem Bericht V. T. Neelakantans stehen alle um vier Uhr morgens auf. Nach einem Bad im großen Wasserfall folgt eine Stunde *Yoga Sadhana* mit Betonung auf *Pranayama*. Am Nachmittag verfolgt jeder Bewohner sein individuelles *Sadhana*, mit gelegentlichen Rücksprachen mit Babaji über die Verwendung der Techniken.

Babajis liebevolle Persönlichkeit, sein Sinn für Humor und sein universelles Mitgefühl machen ihn bei allen beliebt. Wenn man ein Wort wählen müsste, das ihn am besten beschreibt, so wäre es „Demut".

Nach Schilderungen anderer Zeugen sitzen die Bewohner am Abend im Kreis um ein großes Homa-Feuer vor Babajis Höhle und singen. Der beliebteste Gesang ist *Om Kriya Babaji Nama Aum. Om* und *Aum* bezeichnen den Grundton des Universums, wie er innerlich *(Om)* und äußerlich *(Aum)* wahrgenommen wird. *Nama,* abgeleitet von *Namaha,* heißt „Gruß". Es wird mit wechselnden Rhythmen und Melodien gesungen. Während der Guru-Purnima-Feiern Anfang Juli bieten alle Bewohner den Füßen Babajis Blumen dar. Der Aschram-„Mutter" Annai Nagalakshmi begegnen alle als der Verkörperung der göttlichen Mutter, der kosmischen Shakti, mit großer Ehrerbietung.

Mehrere Male hat Babaji von sich selbst als der absoluten Existenz, der Wahrheit und der Glückseligkeit gesprochen. Er hat sich selbst als die unpersönliche Persönlichkeit des Universums bezeichnet, die alles in einem und einer in allem und das unsterbliche, unendliche und ewige Selbst ist. Man sollte *Kriya Dhyana Yoga* (Meditation) lernen, um diese göttliche Persönlichkeit vollständig zu erfahren.

Kriya Yoga Sadhaks sollten verstehen, dass es *Gauri Shankar Peetam*, den „Himmel auf Erden", nicht nur im Himalaya gibt, sondern überall in den Herzen von Babajis Jüngern. Sein physischer Aschram bleibt unerreichbar, weil Babaji es vorzieht, in Stille und anonym in der Welt zu arbeiten und Tausenden Anhängern und Millionen Menschen zu helfen, ihre Seelen in ihrer eigenen Geschwindigkeit zu entwickeln. Wie eine gewaltige Sendestation schickt er uns allen seine Botschaft der universellen Liebe und des Friedens. Wie man selbst diese Botschaften empfangen und weitersenden kann, wird im letzten Kapitel beschrieben.

Abbildung 6: Babaji Nagaraj

Abbildung 7: Mataji Annai Nagalakshimi

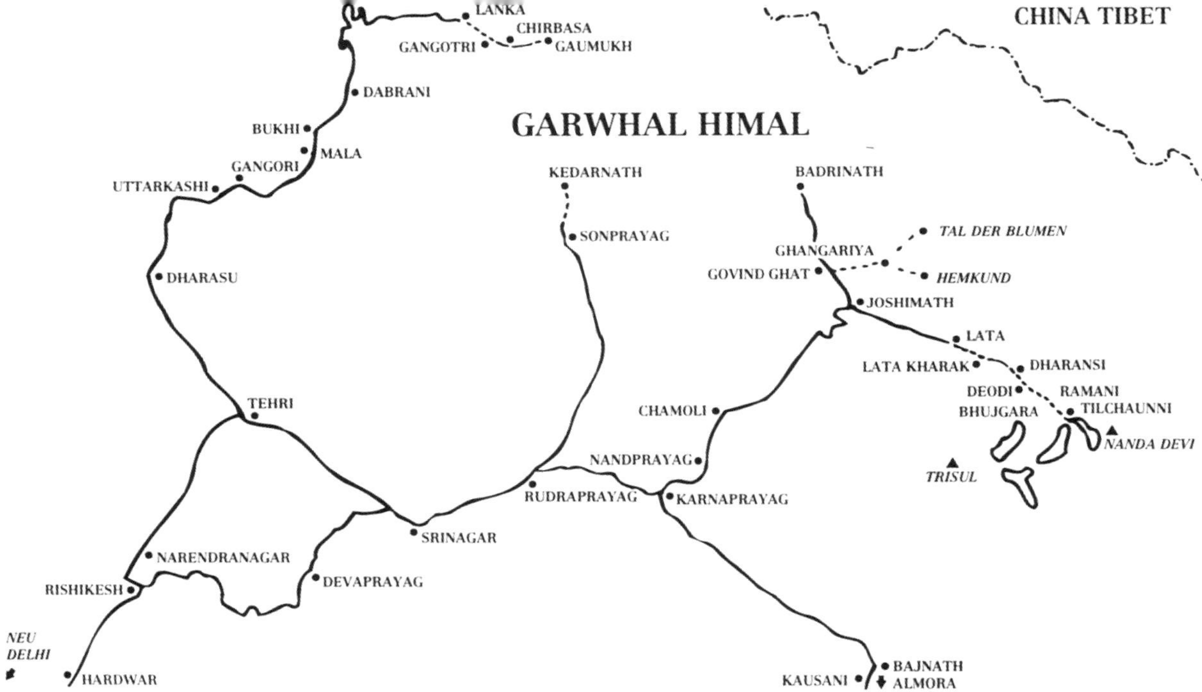

Abbildung 8: Karte der Garwhal-Region im indischen Himalaya, einschließlich Badrinath, wo Babaji heute lebt
Angefertigt nach einer Karte aus *India: A Travel Survival Kit*
Lonley Planet Publications, P.O. Box 88, Victoria, 3241, Australien

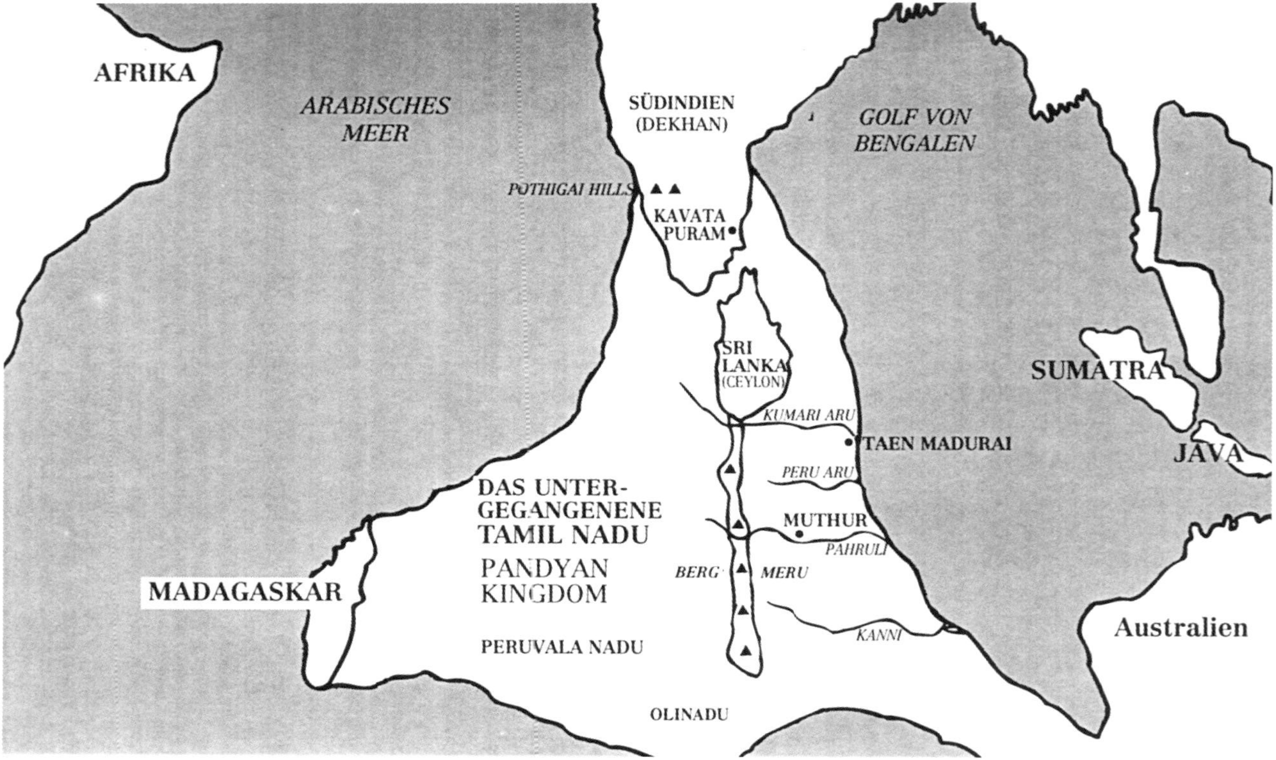

Abbildung 9: Karte von Indien um 30.000 v. Chr.
Angefertigt nach einer Karte aus *Ancient World,* N. Mahalingam, International Society for Investigation of ancient Civilisation, 101 Mount Road, Madras/Indien 50032

5

Die Tradition der 18 Siddhas

Die Tradition der achtzehn Siddhas, der höchsten Meister des Yoga, kann am besten verstanden und geschätzt werden, wenn man ihre Geschichte, ihre Lehren und Beiträge in den Bereichen des Yoga, der Medizin und anderer Wissenschaften wie Alchemie und Chemie betrachtet und die alten Schriften untersucht, die sie hinterlassen hat.

Die Geschichte der Tradition der 18 Siddhas

Die Geschichte der Siddhas muss erst geschrieben werden. Bis zur heutigen Zeit besteht sie aus einer losen Sammlung von Schriften auf Palmblättern, die von weißen Ameisen und Zerfall bedroht sind, oder aus schlecht gedruckten Ausgaben, die niemals überarbeitet wurden.[*]

Geschrieben in altem, kompliziertem und oft verworrenem Tamil, sind die Werke der Siddhas in Vergessenheit geraten.[**]

---

[*] Diese Ausgaben der Schriften der achtzehn Siddhas wurden von Zvelebil (1973, Seite 219) untersucht, sie enthalten eine 816-seitige Sammlung der Gedichte der Siddhas. Die erste wurde 1899 in zwei Bänden von Ramalinga Mudaliyar herausgegeben – *Siddhar Patakal* und *Periya nanak kovai* (Große Kette der Weisheit). 1956 wurde die zweite von Venukopalap Pillai als *Siddhar nanak korvai* (Die Kette der Weisheit der Siddhas) herausgegeben. Die dritte Auflage erschien 1968, herausgegeben von Aru Rananathan. Zvelebil tat die Schriften als volkstümliche Werke ab, denen Kommentare, Anmerkungen und Auslegungsvariationen fehlen.

[**] Zvelebil begründet, dass sie in Vergessenheit geraten waren, wie folgt (1973, Seite 219 ff., 227 f.): Die Texte der Siddhas seien von den Anhängern der

„Wann immer die Siddhas doppelsinnige Sprache benutzten, geschah es absichtlich; sie sind unverständlich, weil sie unverständlich sein wollten. Ihre unklare Sprache ist ein wichtiges Mittel, mit dem sie sich an einen normalen Zuhörer wie auch an einen Schüler mit größerem spirituellem Bewusstsein wenden, der zu einer tieferen mystischen Interpretation ihrer Verse fähig ist. ... Die Texte sind eine verschlossene mystische Schatztruhe, versiegelt mit dem Schloss der Ignoranz. Nur ein praktizierender *Siddha Yogi* ist in der Lage, die Gedichte zu entschlüsseln und ihre wahre Bedeutung zu enthüllen“ (Zvelebil, 1973, Seite 229). Dennoch sind sie überaus wertvoll, da sie den Schlüssel zu den grundlegenden Geheimnissen des Lebens bergen, sowohl, was Yoga anbelangt, als auch in Hinblick auf Medizin, Physiologie, Alchemie, Chemie, Botanik und Metaphysik. Laut Zvelebil ist zudem „eine Kenntnis der Werke der Siddhas absolut notwendig, um eine richtige Sicht der tamilischen Zivilisation, ihrer religiösen, sozialen und literarischen Geschichte zu gewinnen“ (1973, Seite 236). Indizien für die Geschichte der Siddha-Tradition stammen aus verschieden Bereichen, zu denen Legenden, Geologie, Archäologie, Stammbaumforschung, Paläobiologie, Astronomie, alte Literatur und Linguistik gehören.

In diesen Bereichen müssen noch viele Nachforschungen angestellt werden, bevor der geschichtliche Zeitrahmen der ältesten der achtzehn Siddhas definitiv bestimmt werden kann (Zvelebil, 1973, Seite 220 f.). Zu denen, die am frühesten gelebt haben, gehören Nandi, Agastyar, Thirumoolar und Boganathar. Durch historische Zeugnisse konnte bewiesen werden, dass die anderen zwischen dem 4. und dem 12. Jahrhundert n. Chr. gelebt haben.

Siddha-Bewegung als esoterische Lehren betrachtet worden, folglich gebe es fast keine Kommentare und man erhalte fast keine Ausgaben; und die orthodoxen Hindus aus Tamil Nadu hegten Vorurteile gegen sie, da die Siddhas das Kastensystem, die Brahmanen und die übertriebene Betonung der Tempelverehrung verspottet hätten.

Der verlorene Kontinent Kurnari Kandarn

Silappadikaran, eines der fünf gefeierten tamilischen Epen, im 1. Jahrhundert n. Chr. von Ilango Adigal verfasst, bezieht sich häufig auf einen ausgedehnten Landstrich namens „Kumari Nadu“ (heute von europäischen Gelehrten mit Lemuria oder Gondwanaland gleichgesetzt), der sich weit über das heutige Kanyakumari, die südlichste Spitze des modernen Indiens, hinaus erstreckte und nun unter dem Indischen Ozean liegt. Nach der *Silappadikaran* war das frühere Madurai (Taen Madurai) der Sitz des tamilischen Sangam war und Kavatapuram oder Muthoor die Hauptstadt des Königreichs Pandyan. Die tamilischen Kommentatoren Atiyarkunallar, Nachinarkkiniar und Ilampuranar erwähnen den Untergang der beiden Flüsse Kumari und Pahroli in Tamilkam. In der *Silappadikaran* heißt es, dass zwischen diesen beiden Flüssen siebenhundert *Kavadam* (etwa 1600 Kilometer) und die *Nadus* (Staaten) Thahga, Madurai, Munpalai, Pinpalai, Kunra, Kunakkarai und Kurumparai lagen, die selbst wiederum je sieben *Nadus* umfassten. In dem Land gab es Berge mit einer üppigen Flora und Fauna aus längst vergangenen Zeitaltern (Mahalingam, 1983, Seite 205) (Siehe Abbildung 9: „Karte von Indien um 30.000 v. Chr.“, Seite 72).

Der indische Subkontinent erstreckte sich von Kanya Kumari als ausgedehnter Kontinent, der im Westen Afrika und im Süden Australien berührte, über einen großen Teil des Pazifischen Ozeans. Von 30.000 v. Chr. bis 2700 v. Chr. traten Überschwemmungen und Erdrutsche als Folge von Erdbeben und Vulkanausbrüchen auf, die sich auf die Erdoberfläche und auf den Meeresgrund auswirkten. Als der Kontinent Lemuria im westlichen Teil zu sinken begann, zogen die Menschen nach Asien, nach Australien und in das Land im Pazifik. Die Lemurianer bevölkerten auch Nord- und Südamerika, das Niltal, wo sie die ägyptische Zivilisation begründeten, und den Kontinent Atlantis zwischen Nordamerika und Europa (Mahalingam, 1983, Seite 201; siehe Abbildung 9, „Karte von Indien um 30.000 v. Chr.“,

Seite 72*). Einer der bekanntesten Berge auf Lemuria war der Mani Malai, auf dem Edelsteine wie der Rubin geschürft wurden. Aus diesem Meru-Berg wurde viel Gold gefördert, was ein uraltes tamilisches Sprichwort hervorbrachte: *Meruvai cherntha kakamum ponnam* (Sogar die Krähe ist golden, wenn nahe dem Berg aus Gold). Es ist überliefert, dass der König von Pandyan chinesische Arbeiter beschäftigte, die, wenn sie in die Minen hinunterströmten, wie eine riesige Armee von Ameisen wirkten. Antike chinesische Chroniken bestätigen dies. Der Meru-Berg hatte neunundvierzig Gipfel. An seiner Seite flossen der Peru Aru und zwei andere Flüsse, der Kumari und der Pahroli (Mahalingam, 1983, Seite 205).

Sir T. W. Holderness schrieb in seiner Studie *People and Problems of India,* dass „die Halbinsel Indien – südlich der Vindhyan-Berge – sich geologisch von der Indus-Ganges-Ebene und dem Himalaya unterscheidet. Es ist der Überrest eines ehemaligen Kontinents, der sich durchgehend über den Raum des heutigen Indischen Ozeans bis Afrika erstreckte. Das Gestein der geformten Landmasse gehört zu dem ältesten der Welt." (Mahalingam, 1983, Seite 203 f.)

Geologische Beweise für die Existenz von Gondwanaland

Nach einer Theorie, die 1915 von dem deutschen Geologen Alfred Wegener [*Die Entstehung der Kontinente und Ozeane,* 4. Aufl. 1929] entwickelt und später von geophysikalischen Forschungen und anderen Projekten bestätigt wurde, waren die Kontinente Afrika, Australien, die Halbinsel Indien, Südamerika, Ceylon und die Antarktis einst miteinander verbunden wie die Teile eines Puzzles, doch trieben sie später auseinander, wie treibende Teller, von denen einige im Ozean versan-

* Siehe auch die Beschreibung des Kontinents Südindien, der vor Urzeiten unterging, in Sathya Sai Baba, 1977, Seite 86

ken (Strahler, 1972, Seite 303). So bestätigt die „Platten-Tektonik" moderner Geologie, was von frühen europäischen Indologen im 19. Jahrhundert als Mythos angesehen wurde.

Aus den umfassenden paläomagnetischen Daten über die Indien-Asien-Kollision (Kukal, Patrial et al., 1990) ergibt sich, dass das Absinken der Indischen unter die Eurasische Platte vor hundertzehn Millionen Jahren begann. Die Indische Platte bewegte sich in der Zeit von vor siebzig Millionen Jahren bis ungefähr vor vierzig Millionen Jahren mit einer Geschwindigkeit von 14,9 ±4,5 Zentimeter im Jahr nordwärts, bis sie sich auf die gegenwärtige Geschwindigkeit von 5,2 +0,8 Zentimeter im Jahr verlangsamte (Kukal, 1990, Seite 46).

Professor A. C. Seward von der Universität Cambridge erwähnt in seinem Buch *Plant Life Through the Ages,* dass fossile Funde ergeben hätten, dass die ersten Gefäßpflanzen während der devonischen Periode vor 405 bis 345 Millionen Jahren lebten. Professor Edward Vulliamy und seine Kollegen haben auf der Grundlage von Pflanzenfossilien sechs vorzeitliche Landformationen der Welt beschrieben, die während verschiedener geologischer Zeitalter in den letzten 405 Millionen Jahren existierten. Srinivasan (1986) machte deutlich, dass das Studium dieser Karten Südindien als einzigen Teil der Welt erweist, der durchgehend als Landmasse existierte. Alle anderen Länder sind teilweise oder vollständig für eine gewisse Zeit im Ozean versunken. Dies hat die Entwicklung einer Kultur von ungewöhnlichem Alter in Südindien ermöglicht.

Die oben aufgezählten Orte, die mit den achtzehn Siddhas in Verbindung gebracht werden, befinden sich alle in Südindien, insbesondere in Tamil Nadu. Die einzigen Ausnahmen sind Kasi (Benares) und Poyur (Girnar). Es ist kein Zufall, dass diese Gegend auch geologisch zu den ältesten Landmassen der Welt zählt und während der geologischen Zeitalter nie vom Ozean bedeckt wurde. In der Nähe der Stadt Madras, in Pallavaram, existieren einige der ältesten Gesteinsformationen der Welt. Die alte tamilische Literatur, verfasst von den Siddhas, spricht von der Bewegung der Kontinente und seismischer Aktivität

(Ramaiah, 1968, Seite 1–8). Als sich durch die Erosion der Vindhyan-Berge das Indus-Ganges-Meer füllte und sich der Trapp-Dekhan in der tamilischen Halbinsel formte, zog der Siddha Agastyar in die Pothigai-Berge, nördlich des heutigen Trivandrum. Die literarische und kulturelle Zivilisation der *Yoga Siddhas* wurde hier geboren und besteht ohne Unterbrechung bis zum heutigen Tag. Später wanderten Agastyar und die Tamilen in das heute als Indonesien und Kambodscha bekannte Gebiet aus. Dies wird von den archäologischen Funden in den Tempeln dieser Länder bestätigt. Auf Java kann man sogar einen riesigen uralten Tempel finden, der Agastyar geweiht ist. Der Tempel von Ankhor Vath in Kambodscha ist nach den Prinzipien angelegt, die in den Schriften der Siddhas gefunden werden. In der Siddha-Literatur gibt es auch Hinweise auf den großen urzeitlichen Kontinent, Kumari Kandam, der seinen Mittelpunkt an der Südspitze des heutigen Indiens hatte.

Archäologische Überreste der Industal-Kultur

Um den historischen und kulturellen Zusammenhang zu verstehen, aus dem sich das *Tamil Kriya Yoga Siddhantha* entwickelte, ist ein kurzer Überblick über die drawidische Kultur, die älteste der Welt, angebracht. Die beeindruckenden Überreste der Industal-Kultur in Mohenjo-Daro in Sindh und in Harappa im westlichen Pandschab zeigen uns das jüngste Bild von Indiens Vergangenheit. Sie wurden 1921 und 1922 von Sir John Marshall, dem damaligen Leiter der archäologischen Abteilung, ausgegraben.

Die Zivilisation war altertümlich, doch hochentwickelt und muss Tausende von Jahren benötigt haben, um diese Stufe zu erreichen. Historiker betrachten sie als eine Zivilisation vorvedischer Völker, die acht- bis zehntausend Jahre vor der christlichen Zeitrechnung existierte und als die drawidische bezeichnet wird. Jüngere Ausgrabungen bei Mehgarh in Pakistan unter der Leitung des französischen Archäologen Jean François Jarrige, des Direktors des Guimet-Museums in Paris, haben die Zeit der Harappa-Zivilisation auf ungefähr 8000 v.Chr. rückdatiert. Einige Stücke sind nach der C14-Datierung älter als zwölftausend Jahre. Ausgrabungen des nahe gelegenen Naushahro, ebenfalls in Belutschistan, zeigen das Wachstum urbaner Zentren an, die sich später zu großen Städten mit über achtzigtausend Einwohnern entwickelten. Diese Ausgrabungen bestätigen das immense Alter dieser Zivilisation, die bereits vor der mesopotamischen und 2500 Jahre vor der ägyptischen existierte. Zur Zeit seiner Blüte war Mohenjo-Daro die größte Stadt der Welt (Sinha, 1989, Seite 29–41). Diese Funde revolutionierten das Konzept der Geschichte Indiens.

Sir John Marshall berichtet: „Unter den vielen Offenbarungen, die Mohenjo-Daro und Harappa für uns bereithielten, war wahrscheinlich keine bemerkenswerter als die Entdeckung, dass der Saivismus eine Geschichte hat, die bis in das Chalkolithikum (Kupfersteinzeit, 8000 bis 3000 v.Chr.) oder vielleicht sogar weiter zurückreicht und somit den Platz des ältesten lebenden Glaubens in der Welt einnimmt."

Reverend H. Heras studierte die berühmten Harappa-Mohenjo-Daro-Siegel und schlussfolgerte im *Journal of Indian History,* Ausgabe XVI, Teil l: „Nach dem Studium der oberen 1800 Inschriften, die bisher von mir entschlüsselt wurden, ist es leicht vorstellbar, dass die Welle der Einwanderer der mediterranen Rasse, die von West nach Ost gegangen sein soll, nun endgültig als in der umgekehrten Richtung, das heißt von Ost nach West, erfolgt zu sein bestätigt wird. Die Entwicklung der Mohenjo-Daro-Schrift, die Religion dieser beiden Gebiete und die Ägyptens, die Titel der Könige, die Anzahl der zodiakalen Konstellationen beim protoindischen Volk und die relative Position dieser Konstellationen, der Wechsel von der proto-indischen [protoindischen] Konstellation der Harfe *(Yal)* zum Stier, was in Sumer geschehen sein mag, die von Berosus aufgezeichnete Überlieferung des antiken Volkes von Mesopotamien, die Parallelen zur biblischen Schöpfungsgeschichte (bezüglich sakraler Waschung, Opferung, Feuerzeremonien, monatlicher und regelmäßiger religiöser Feiern usw.), alles deutet auf dasselbe Ergebnis, dass die Wanderung der mediterranen Rasse in Indien begann und sich durch das südliche Mesopotamien und nördliche Afrika fortsetzte, sich über Kreta, Zypern, das griechische Festland, Italien und Spanien, über die Pyrenäen hinaus ausbreitete und Mitteleuropa und die britischen Inseln erreichte." (Mahalingam, 1983, Seite 113).

Heras sagt in seinen *Studies in Proto-Indo-Mediterranean culture:* „Die alten tamilischen und Kannanda-Schriften enthüllen die frühen Überlieferungen der Drawidianer. Der *Rigveda* selbst könnte insbesondere von den Zivilisationen der Städte des Indus-Tales beeinflusst worden sein."

„Die Harappa-Kultur entwickelte sich in dunkler Vorzeit (um 5000 v. Chr.) im Cauvery-Becken (Tamil Nadu, Südindien) und setzte sich entlang der Westküste nach Kathiawar Sindh und dem Pandschab fort, um sich dann, unterstützt von den gefürchteten Tamilen, weiter in den Nahen Osten und das Mittelmeergebiet auszubreiten." (Mahalingam, 1983, Seite 105)

„Trotz der bestehenden Streitfrage können wir bestätigen, dass nach vorherrschender Meinung der Gelehrten die Mohenjo-Daroianer Drawidianer waren." (Velan, 1963, Seite 22)

Pandit Jawaharlal Nehru sagte in seinem Buch *The Discovery of India,* dass „die arischen Wanderungen etwa eintausend Jahre nach dem Industal-Zeitalter stattgefunden haben sollen" und dass „die erste große kulturelle Zusammenfügung und Verschmelzung zwischen den ankommenden Ariern und den Drawidianern, die vermutlich die Vertreter der Industal-Kultur waren, erfolgte". Er kommt auch zu dem Schluss, dass „es möglich und sogar wahrscheinlich ist, dass ihre Kultur [Mohenjo-Daro] eine eingeborene Kultur war und ihre Ableger sogar in Südindien gefunden werden können und dass einige Gelehrte daher eine wesentliche Ähnlichkeit zwischen diesen Völkern und den drawidischen Rassen und der Kultur Südindiens entdecken" (zitiert in Velan, 1963, Seite 22).

Die kontinuierliche Tradition der Industal-Kultur kann auch in Südindien und besonders im Land der Tamilen beobachtet werden. Der Neem-Baum war der Mohenjo-Daro-Zivilisation heilig. In den

Annalen des alten Siddha-Systems der Medizin wird der *Neem* oder *Margosa* als erste medizinische Pflanze genannt. Sie wurde von den Tamilen seit Urzeiten als Mittel gegen Windpocken und andere Infektionskrankheiten verwendet. Margosa wird auch mit der Mutter-Göttin Kali und dem *Pipal(Bodhi)*-Baum als Wohnsitz des höchsten Shiva (des höchsten Gottes) in Verbindung gebracht. Jeder bekannte Tempel in Südindien hat einen heiligen Baum, zu dem gewöhnlich in Stein gehauene, ineinander verschlungene aufgerichtete Schlangen oder steinerne *Shivalingams* gehören (Velan, 1963, Seite 43).

Die älteste Zivilisation der Welt ist also eine Shiva-Yoga-Zivilisation, zuerst entwickelt von den Drawidianern Südindiens. Sie breitete sich später auf viele Gebiete einschließlich der Industal-Region aus, wie die *Shivalingams* und das berühmte Talisman-Siegel, das in den Ruinen von Mohenjo-Daro entdeckt wurde, zeigen (Zimmer, 1972, Seite 168). Es stellt die Figur eines *Yogi* dar, der in der Siddhasana-Yoga-Haltung sitzt und die Hände im *Jnana Yoga Mudra,* dem Symbol der Weisheit, hält, mit dem Dreizack, dem Symbol des Gottes Shiva, im Hintergrund. Er trägt das heilige Garn und ist von Tieren umgeben. Er stellt Shiva als *Pasupathi Nath*, als Herr der Tiere oder der individuellen Seelen, dar. Im Gegensatz zu den Kulturen Mesopotamiens, Griechenlands, Ägyptens, Roms und der Inkas lebt die der Saivite-Drawidianer in Südindien weiter. Dies ist größtenteils durch den Einfluss und die Inspiration der Siddhas erfolgt. Ihre Leistungen werden in den nächsten Kapiteln beschrieben.

Die tamilischen Sangams der Literatur

Eine vorzeitliche Akademie für tamilische Literatur, bekannt als der Sangam, existierte im vorchristlichen Zeitalter über eine bemerkenswert lange Zeit hinweg. Das grammatikalische Werk *Iraiyanar Agapporul Urai* aus dem 9. Jahrhundert n. Chr. schildert seine Geschichte. Die Könige von Pandiyan gründeten drei Sangams. Der Siddha

Agastyar war Haupt des ersten und des zweiten Sangam. Der erste überdauerte 4400 Jahre und hatte seinen Sitz in Daksina Madura, bis dieses vom Meer überschwemmt wurde. Der zweite Sangam mit Sitz in Kavatapuram bestand 3700 Jahre lang, bis es im Meer versank. Der letzte Sangam bestand über 1850 Jahre in Uttara Madura (der heutigen Stadt Madura). Es wird angenommen, dass er ungefähr 300 n. Chr. endete.

Die Verlegung der Hauptstadt von Pandiyan nach der Überschwemmung von Kavatapuram ist historisch bewiesen. Der Wechsel der Hauptstadt der Könige von Pandiyan wird von schriftlichen Hinweisen bestätigt und durch den römischen Schriftsteller Plinius den Älteren im 1. Jahrhundert erhärtet. Er bezieht sich auf den Umzug der Hauptstadt von Korkai nach Madurai. Auf den Zwischenfall, in dem das Meer 1500 Kilometer des Pandiyan-Gebietes verschluckte, gibt es einen Hinweis im *Silappadikaram* (1. Jahrhundert) bestätigt. Perasiriyar nennt dieses verlorene Territorium im Kommentar zum *Tholkappiyam* „Panainadu“.

Kavatapuram, der Sitz des zweiten Sangam, wird im *Ramayana* und im *Arthasastra* des Kautaliya erwähnt. Im *Ramayana* sagt Sugriva zum Affen-Kurier: „Kavata erreicht zu haben, den Königen von Pandiyan angemessen, reich an Gold, himmlisch und mit Perlen und Juwelen verziert, oh Vanaras! Suche Sita dort“ (Pillai, 1979, Seite 221 ff.). Das *Ramayana* spielt in der Zeit des *Treta Yuga*(-Zeitalters) (Kalyanasundaram, 1989, Seite 7, 11).

Es war Agastyar, der der tamilischen Sprache mit einer einfachen Grammatik, genannt *Agastyam,* Form verlieh. Das grammatikalische Werk Agastyars wurde von der Überschwemmung fortgespült, und so ist die frühste tamilische Literatur die *Tholkappiyam,* die zweite Grammatik, geschrieben von Agastyars Schüler Tholkappiyanar. Im *Kalaviyal* der *Tholkappiyam* finden wir einen Kommentar von Erayanar, der eine kurze Geschichte der zwei früheren Sangams, ihrer Könige, Poeten und Werke wiedergibt. Dort werden Irundayyur Karunkozi, Vallur Kappium und Thuvarai Koman Moos Thirayan Maran unter den Mitgliedern des zweiten Sangam aufgeführt. Das tamilische Lexikon (1930), Band IV, Seite 1993, erklärt, dass *Thuvarai Dwaraka* ist und *Koman* „Herr" bzw. „Gott" bedeutet. Thuvarai Koman wird richtigerweise als Gott Krishna, der Herr von Dwaraka, betrachtet. Die zweite Grammatik, *Tholkappiyam,* wird auf 2500 v.Chr. datiert. Die frühere tamilische Literatur bis 2800 v.Chr. wurde durch die Überschwemmung, die den größten Teil des tamilischen Landes Tamilagam verschlang, vernichtet. König Mahakeerthi führte den Vorsitz über die Arangetram der *Tholkappiyam.* Dieser König regierte ungefähr 2300 v.Chr. (Mahalingam, 1983, Seite 110).

K. D. Sethna benutzte genealogische Aufzeichnungen und astronomische Daten, um die Zeit des Mahabharatha-Krieges, an dem der Gott Krishna teilnahm, auf 3138 v.Chr. festzulegen (Sethna, 1988, Seite 55). Dies wurde durch epigrafische Beweise stark erhärtet, wie zum Beispiel die Janmejaya-Kupferplattengeschenk-Inschrift von 3012 v.Chr. Janmejaya ist Arjunas Ur-Enkel, er stiftete das Land für den Tempel von Sri Sita und Sri Rama am Ufer des Thungabadra. Diese Inschrift findet authentische Erwähnung in der *Indian Antiquerry,* Seite 333 f. und ist auch in Kota Venkatachalams *Ancient Hindu History*, Teil I, Seite 13 ff. zitiert (Mahalingam, 1983, Seite 111).

Beweise für einen intensiven Austausch mit fernen Ländern

Die Schätzung des Alters der tamilischen Dichter, deren Werke von den Sangams allgemein anerkannt wurden, wird durch die Tatsache erhärtet, dass die Beschreibung der Hauptstädte und Seehäfen der tamilischen Königreiche in der Dichtung exakt mit der in den Werken fremder Reisender – Ptolemäus, Plinius und Periplus Maris Erythraei von Ägypten – übereinstimmt. Diese ausländischen Besucher liefern uns wertvolle Informationen über den Handel mit Heilmitteln, Gewürzen und Tierprodukten wie Elfenbein, Perlen usw. zwischen Indien und anderen zivilisierten Teilen der Welt. Araber und Griechen scheinen auch intensiv mit Südindien gehandelt zu haben. Der Historiker P. T. Srinivas sagt in seinen Werken *The Pre-Aryan Tamil Culture* und *History of the Tamils*, dass medizinische Produkte bzw. Gewürze wie Ingwer, Kardamom, Zimt, Muskat, Pfeffer usw. von Südindien nach Rom geschickt wurden. Die Bezeichnungen für Ingwer und Zimt sind im Griechischen und im Tamil die gleichen. Plinius hatte gute Gründe, sich über den Strom römischen Goldes nach Südindien für den Erwerb von teuren Perlen, Elfenbein, Gewürzen, Drogen usw. zu beschweren. Die Funde römischer Münzen aus der Zeit des Kaisers Augustus in verschiedenen Teilen des tamilischen Landes und die Berichte fremder Besucher bringen zahlreiche Beweise für die Tatsache, dass kommerzielle und kulturelle Beziehungen zwischen Südindien und der übrigen zivilisierten Welt bestanden. Die ausländischen Kaufleute, die in das Land der Tamilen kamen, werden in der tamilischen Literatur als *Yavanas* bezeichnet, was eine Ableitung aus dem griechischen Wort *luones* ist, dem Namen der griechischen Nation (Velan, 1963, Seite 26).

Der Handel in früher Zeit zwischen der südindisch-drawidischen und anderen Kulturen in aller Welt ist ebenfalls bemerkenswert und zeigt ihren hohen Entwicklungsstand. Der griechische Historiker Megasthenes (um 300 v. Chr.) bezieht sich in seinem Bericht über Indien auf *Tamilagam.* Die Verwendung tamilischer Ausdrücke in der Bibel für Kostbarkeiten wie Elfenbein, Affen und Pfauen, die aus tamilischen Seehäfen in den Nahen Osten verschifft wurden, macht deutlich, dass in der Zeit Davids und Salomons der Schiffsverkehr zwischen Südindien und Judäa blühte (Veelan, 1963, Seite 25 f.).

Es gibt überwältigende Beweise dafür, dass Mittel- und Südamerika vor mehr als zweitausend Jahren von spirituellen Lehrern aus Indien besucht wurden. *The history of Mexico* (Die Geschichte Mexikos), eine offizielle Schrift der mexikanischen Regierung, erklärt: „Jene, die zuerst auf dem später als Amerika bekannten Kontinent ankamen, waren Gruppen von Männern, die von der mächtigen Strömung getragen wurden, die von Indien nach Osten treibt." Die Überreste von steinernen Bildnissen von Göttern wie Shiva und des elefantenköpfigen

Ganesha wurden in Tempeln von Mexiko bis Peru, von Honduras bis Bolivien gefunden, und auch die religiösen Bräuche, der Glaube, die Pyramiden, das Vokabular, die Kunst, der Kalender, unzählige kleine Praktiken und sogar das Brettspiel namens *Parchiesy* enthüllen, was die spanischen Eroberer und Priester nicht zu zerstören vermochten: dass Asien und Amerika einen umfangreichen Austausch unterhielten. Die Legenden der Inka der Maya der Azteken und anderer über die Gründung ihrer Kulturen durch große, bärtige, weiß gekleidete Lehrer, die in der Lage waren, Wunder mit Feuer und Regen zu wirken, bestätigen die von den Siddhas verfassten Berichte über ausgedehnte Reisen in ferne Länder (Lal, 1965, Seite 20, 131, 203).

Linguistik

Eine der großen Entdeckungen moderner Sprachwissenschaft ist, dass fast achtzig Prozent der Weltsprachen sich vom Tamil, der Sprache des drawidischen Südindiens, ableiten (Proceedings, 1980). Hunderte von Wörtern gleichen Klangs und gleicher Bedeutung werden in Tamil und in so weit voneinander entfernten Sprachfamilien wie dem Japanischen, dem Mongolischen und den Sprachen Polynesiens und der Indios, der Nachfahren der südamerikanischen Inka, gefunden (Lal, 1965, Seite 124 ff.). Viele Linguisten versuchen jetzt intensiv, den Einfluss der frühen tamilischen Zivilisation auf die Welt aufzudecken.

Die Lehren des *Siddhantham*

Nach dem *Siddhantham*, den Lehren der Siddhas, ist der menschliche Körper ein Tempel Gottes. Der Mensch ist eine verkleinerte Darstellung des *Paramatma (*der höchsten Intelligenz). Das Ziel des Lebens ist es, Gott zu verwirklichen und diese Realisation auf allen Ebenen der Existenz zu manifestieren. Es ist dem Menschen möglich, die fünf Begrenzungen des *Narai* (graues Haar), *Tirai* (Sehschwäche), *Muppu* (Alter), *Noy* (Krankheit) und *Maranam* (Tod) zu überwinden. Wie die Siddhas sagen, ist es möglich, sich die ewige Jugend zu erhalten. Der menschliche Körper enthält mehrere als Chakren bekannte Hauptpsychoenergiezentren, die, wenn sie durch Yogaübungen stimuliert werden, die höheren spirituellen Ebenen des Individuums aktivieren. Diese Praktiken des *Kriya Yoga Siddhantham* führen zur endgültigen Perfektion in der Verwirklichung und der Manifestation Gottes oder der Wahrheit. Durch die Perfektionierung dieser Übungen können sich acht übernatürliche Fähigkeiten *(Siddhis)* ausbilden. Diese sind, wie Thirumoolar (Velan, 1963, Seite 39), einer der ältesten Siddhas, in seinem großen Werk *Thirumandiram* schreibt:

1. *Anima:* die Fähigkeit, auf Wunsch so klein wie ein Atom zu werden;
2. *Mahima:* Ausdehnung; die Fähigkeit, sich selbst grenzenlos auszudehnen;
3. *Karima:* die Fähigkeit, auf Wunsch schwer zu werden;
4. *Lahima:* Leichtigkeit; die Fähigkeit, so leicht wie eine Feder zu werden;
5. *Prapthi:* die Fähigkeit, alles zu wissen, Vergangenheit, Gegenwart, Zukunft, und jeden Ort zu erreichen, sogar andere Sterne und Planeten;
6. *Prahamiyam:* die Fähigkeit, all seine Wünsche zu erfüllen; vollkommene Schärfe von Verstand und Sinnen;
7. *Esathuvam:* höchste Macht über beseelte und unbeseelte Objekte im ganzen Universum;
8. *Vastihuvam:* die Fähigkeit, durch Wort oder Gedanke über alles zu herrschen.

Überall in den Schriften der Siddhas findet man Hinweise auf eine ihrer anderen großen Errungenschaften: *Soruba Samadhi,* was „unsterbliches Leben“ bedeutet. So singt der *Siddhi* Roma Rishi in seinem „Nanam“ (Lied der Weisheit), Vers 12:

„Was ist das Zeichen für *Soruba Mukti* (wahre Befreiung von Körper und Geist)? Der physische Körper glüht mit dem Feuer der Unsterblichkeit." (Ramaiah, 1968, Seite 11; Zvelebil, 1973, Seite 228*)

In einem weiteren Vers erklärt er, dass die Lebenszeit umgekehrt proportional zur Atemfrequenz ist. Die Wahrheit dieses großen Gesetzes wird in einem späteren Kapitel über die Psychophysiologie des *Kriya Kundalini Yoga* aufgezeigt.

Die Siddhas bestehen auf der unsterblichen Vollkommenheit des Körpers auf dieser Erde. „Sie sind die ‚Shiva Siddhar'. Die *Yogis* der göttlichen Vollkommenheit, die wissen, wie man [in den universellen Raum der] Unendlichkeit eintritt und mit der [höchsten] Unendlichkeit eins wird; wie man in die Gnade [die universelle Shakti] eintritt und in der Gnade [der höchsten Shakti] enthalten ist; wie man in das Licht [das universelle Licht] eintritt und in diesem Licht gehalten wird." (Thirumandiram, Vers Nr. 124; Thulasiram, 1980, Seite 584)

Die folgenden Zitate illustrieren die Gedanken von drei der achtzehn Siddhas:

„Der Metamorphose des Körpers folgend, bleibe standhaft und unerschütterlich auf dem Thillai[Chidambaram]-Schrein, dem Berg des heiligen Lichts;

Realisiere das ‚Tao' in den geheiligten Schriften und *Pranas*;

Mache die Elemente der fünf Sinne göttlich; überwinde das Ego. Sogar bis zum Tod. Lust, die blendet, wird zerstört,

Zum Atemstillstand wird es dich ziehen;

---

* Wichtige Auszüge aus Kamil Zvelebils Kapitel „The Chittar: an Enigma" aus seinem von Kritikern gefeierten Buch *The Smile of Murugan,* 1973, wurden „1968 freundlicherweise von zwei *Siddhi-Yogis* in Madras beigesteuert" (Seite 220). Obwohl er diese im Buch nicht namentlich nennt, ist es deutlich, dass einer von ihnen Yogi S. A. A. Ramaiah war, der ein Buch mit Essays über die achtzehn Siddhas zusammen mit einer Sammlung ihrer Gedichte herausgegeben hatte (siehe Ramaiah, 1968).

Gott selbst, geschmückt mit der Kobra,
Ist nichts außer uns selbst. Suche und schaue Es selbst.“
(Sundarandars *Synopsis of Wisdom* [Synopse der Weisheit], Vers 11, nach der unveröffentlichten Übersetzung von Yogi S. A. A. Ramaiah)

Die folgenden Verse sind Übersetzungen aus Goraknaths *Siddha Siddhantha Paddhati (SSP):*

„Nicht durch das Hören des *Vedanta*, nicht durch das Lehren von Sätzen wie ‚Das bist Du‘, nicht durch das Wiederholen von Worten wie Hamsa *[Soham],* nicht einmal durch die Vorstellung der Vereinigung des individuellen Selbst mit dem universellen Selbst, nicht durch Meditation und auch nicht durch *Laya* [kann man den Zustand erreichen]; nur der, der versunken, allwissend, ein Meister mit Wunderkräften ist, einen eigenen Willen *[Sweecha]* hat, der Yogi, der Selbst-Tuende durch sein geringstes Wünschen *[Leelaya],* einer der nicht altert und nicht stirbt.“ (*SSP*, Kap. 5, Strophe 32 & 33)

„Der Guru, der in der Lage ist, die Seele eines jeden Menschen durch seine eigene Kraft *[Swayam]* in ihm selbst kreisen zu lassen [und ihn vollständig zu erleuchten] und die Welt durch [Sehen] in sich selbst mit Gleichmut *[Samattwa]* erkennt, ist wahrlich ein *Avadhuta*“. (*SSP*, Kap. 6, Strophe 15)

„Shiva ist in Shakti und Shakti ist in Shiva. Wenn Shakti nicht verkörpert ist, ist Shiva absolut und allein. Wenn Shakti im Werden begriffen ist, erscheint Shiva als der Schöpfer.“ (*Mokashi-Punekar*, Seite 43 f., 51 f., 57)

Paambatti war ein Schlangenbeschwörer, bevor er ein Siddha wurde. Er ging in den Wald, um Schlangen zu fangen, wobei er oftmals Ameisenhaufen zerstörte. Als er einmal damit beschäftigt war, fand er im Inneren des Ameisenhaufens einen Siddha namens Sattamuni, der sich dort jahrelang in Askese geübt hatte. Sattamuni überzeugte ihn, mit der Schlangenjagd aufzuhören, und weihte ihn in die Praxis des *Siddhantha Yoga* ein.

Die folgenden Verse stammen aus Siddha Paambattis „Lied des Schlangenbeschwörers“:

„Die goldenen Füße des ursächlichen Gurus, Der mit der ersten Ursache über die Kaipas [Äonen] hinaus lebt Und dessen Körper niemals vergeht, Sind die einzige Zuflucht. Preise sie und mit deinem ganzen Herzen. Tanze, Schlange! Tanze!“ (Vers Nummer 18, Buck, Seite 152)

Obwohl dieses Lied formal an die Schlange gerichtet ist, wendet es sich tatsächlich an die Seele des Zuhörers. Die Schlange ist unsere Seele. Die Füße stehen für die Gnade Gottes. Diese Art der indirekten Anrede erlaubt es dem *Siddha*, auf Wegen zu kommunizieren, auf denen er normalerweise nicht durchkommen würde – uns in Richtung Selbstverwirklichung treibend.

Der Guru ist Ursache für beides, für die Weisheit und die Erlösung des Jüngers. Er ist kein anderer als Gott, die erste Ursache aller Existenz. Guru und Schöpfer sind ein und derselbe und beide sind Formen des Gottes Shiva, der jenseits von Form und Formlosigkeit ist.

Yoga und Medizin der Siddhas

Vom Anbeginn der Zivilisation an hat der Mensch danach getrachtet, die Mysterien der Natur zu enthüllen und die Beschaffenheit und die Aufgabe seines Wesens zu verstehen. Die metaphysischen Forschungen der tamilischen Siddhas waren nicht von ihren Entdeckungen im Bereich der Medizin getrennt. Einige von ihnen erlangten mittels Yoga und Medizin Meisterschaft über die Natur. Die *Siddhas* oder „Vollkommenen“ entwickelten ein System der Medizin, bekannt als „Siddha-System der Medizin“, das bis in die vorvedische Zeit zurückverfolgt werden kann. Das Wort „Siddha“ ist von *Siddhi* abgeleitet, das sich generell auf die Vervollkommnung der Ziele yogischer Selbstdisziplin oder auf eine der acht übernatürlichen Kräfte bezieht, die der Mensch gewinnen kann. Durch Anwendung dieser Kräfte unternahmen die Siddhas eine systematische Untersuchung der Natur und ihrer Elemente, und aus dem, was sie verstanden, entwickelten sie eine im hohen Maß systematisierte Medizin. Sie hinterließen ein großes Wissen, niedergeschrieben auf Palmblättern, das von Generation zu Generation in den Arztfamilien weitergegeben und kopiert wurde. (Die von Agastyar, einem der größten Siddhas, geschriebenen, sind in einem folgenden Kapitel über ihn aufgeführt.)

Die erste medizinische Abhandlung stammte von Siddhanar oder Sivanar und enthielt 700.000 Strophen. Ihm folgten die Werke vieler anderer Siddhas einschließlich Agastyar, Anadi, Sanatkumar, Thirumoolar, Patanjali, Pulasthiyar, Kalangi, Boganathar, Karuvoorar, Dhanvanthri, Sattamuni, Theraiyar und Idai Kadar. Nach Thirumoolar waren die Mittel zur Heilung von Krankheiten: 1. Kräuter *(Moolikai);* 2. gehärtete Salze, bekannt als *Uppu,* zubereitet unter Verwendung von Steinsalz und Kräutersäften sowie von *Ponggania Pinnata (Pungu* in Tamil) und *Fungus (Kalan* in Tamil), Walkerde und Kampfer; 3. Säuren *(Theeneer);* 4. Fasten *(Upa-vasam);* 5. Körperbestandteile *(Udarporul);* 6. Arsen *(Padanam); 7.* Metalle, durch Kalzinierung zu Pulver reduziert *(Lokam);* 8. Extrakte oder Essenzen *(Satthu);* 9. Quecksilber-Pillen *(Rasa kulikai),* 10. Yoga, einschließlich der physischen Entspannungshaltungen, Meditation und Mantras (Velan, 1963, Seite 131; Pillai, 1979, Seite 432). Spirituelle oder magnetische Heilungstechniken wurden von den Siddhas ebenfalls mit großer Wirkung eingesetzt. Die Eröffnung eines Krankenhauses wurde als eine der zweiunddreißig heiligen Wohltätigkeiten angesehen. Die Pulsdiagnose ist eine hochentwickelte Kunst und Wissenschaft im Siddha-System, wobei ein fähiger Siddha-Arzt bis zu vierzig verschiedene Merkmale zu unterscheiden vermag. Augen, Zunge, Urin, Kot, Körper, Berührung und Geräusche fanden ebenfalls Beachtung (Pillai, 1979, Seite 432 f.).

Um den Körper zu verjüngen und seine Unsterblichkeit herbeizuführen, entwickelten die Siddhas spezielle Kaya-Kalpa-Behandlungen. Darunter sind:

1. die Erhaltung der vitalen Energien des Körpers durch das Leiten der inneren Sekretion mittels kontrollierter Atemübungen (*Pranayama* und *Hatha Yoga*);
2. die Erhaltung und Umwandlung von Sperma und sexueller Energie durch Enthaltsamkeit und Tantra-Yoga-Übungen;
3. die Verwendung von drei gehärteten Salzen, im Tamil als *Muppu* bekannt, zubereitet in einem komplizierten Prozess;
4. kalzinierte Pulver, gewonnen aus Metallen und Mineralien wie Quecksilber, Sulfat, Glimmererde, Gold, Kupfer, Eisen etc. und
5. die Verwendung von Drogen, die aus besonderen, seltenen indischen Kräutern hergestellt werden (Velan, 1963, Seite 133).

Der Leser wird es vielleicht seltsam finden, dass die Meisterschaft der Siddhas über die Natur als Ergebnis zweier scheinbar unzusammenhängender Gebiete zustande kam: Yoga und Medizin. In der heutigen Zeit scheint besonders im Westen, wo Themengebiete immer weiter spezialisiert werden, die Integration des Spirituellen und des Wissenschaftlichen undenkbar zu sein. Die Siddhas waren Wissenschaftler, besonders bei ihren Untersuchungen im Bereich der Chemie, der Astronomie, der Pflanzenkunde, der menschlichen Anatomie und Physiologie. Sie nutzten ihre durch intensive Yoga-Übungen entwickelten übernatürlichen Kräfte, um diese Bereiche auf atomarer und universeller Ebene ohne jede hochentwickelte Ausrüstung zu erforschen.

Das Ziel des Siddha-Systems des Lebens ist, dass der Mensch die widerstreitenden Neigungen seiner irdisch-individuellen Natur und seiner göttlich-transzendenten Essenz vereint, indem er die im Widerspruch stehenden Forderungen beider Sphären, der natürlichen und der übernatürlichen, befriedigt: der phänomenale Welt von Körper und Geist und der unvergänglichen Essenz, die dem Menschen innewohnt.

Es ist ihm auferlegt, sein irdisches Wohlergehen im Streben nach Seligkeit nicht zu vernachlässigen. Andererseits wird es ihm nur so weit gelingen, sich Gesundheit und Wohlergehen zu erhalten und sich vor Krankheiten und negativen Leidenschaften zu schützen, die sein Leben und Wohlergehen bedrohen, wie er in der Lage ist, eine Vereinigung mit der transzendenten Essenz herbeizuführen, die seiner Natur und dem Universum innewohnt.

Thirumoolar, einer der größten Siddhas, hat diese Sichtweise in einer Definition der Medizin zusammengefasst: „Medizin ist das, was die Störungen des physischen Körpers behandelt; Medizin ist das, was die Störungen des Geistes behandelt; Medizin ist das, was Krankheiten verhütet; Medizin ist das, was Unsterblichkeit möglich macht." (Velan, 1963, Seite 4)

Wie fortgeschritten war das Siddha-Verständnis der Medizin im Vergleich zur sogenannten modernen Medizin, die erst in diesem Jahrhundert begann, psychische und mentale Erkrankungen als solche zu verstehen und zu behandeln, und noch nicht einmal begonnen hat, sich physische Unsterblichkeit vorzustellen.

Durch die Entwicklung und das Experimentieren mit den yogischen *Kriyas* (Techniken) sammelten die Siddhas ein großes Wissen über die menschliche Anatomie und Physiologie, über Medizin und den Prozess der Verjüngung. Das Siddha-System der Medizin – gemeinhin als *Siddha Vaidya* bekannt – ist heute eins der vier Systeme der Medizin, die in Indien offiziell anerkannt sind. Die anderen sind *Allopathie* (die westliche Medizin mit Betonung auf Medikamenten und Chirurgie), *Ayurveda* (die einheimische Medizin, die sich vor allem in Nordindien entwickelt hat) und *Unani* (die einheimische Medizin der Muslime, die sich von den Griechen, den Persern und den Arabern herleitet). *Siddha Vaidya* umfasst viele bemerkenswerte Kuren bei Leiden, die die anderen Systeme nicht zu heilen imstande sind.

Siddhas wie Thirumoolar entwickelten ihre Medizin als Nebenprodukt ihrer mystischen Yoga-Praktiken. Einige Körperteile wurden beim Üben der yogischen Disziplinen von einem Anfänger oft besonders bewegt. Diese Teile reagierten dann unwillig auf den Stress und die durch die Übung verursachten Schmerzen. Krankheiten traten auf und verhinderten den Fortschritt des Anfängers. Er musste seine Übungen zeitweilig einstellen und Mittel und Wege zur Heilung der eingeschlichenen Krankheiten finden, um dann seine Praxis fortzusetzen. Auf diese Weise kamen die frühen Siddhas zu ihrem Wissen im Bereich der Medizin, das alles damals bekannte Wissen der Ärzte des Westens bei Weitem überstieg. Die Siddhas wussten alles über die Anatomie des Körpers und die Funktionen seiner unterschiedlichen Teile. So war es leicht für sie, Medikamente herzustellen, die gegen jede Art von Leiden halfen. Die Kenntnisse der Siddhas in der menschlichen Anatomie waren umfassend. Ihre Konzentrationsfähigkeit war einmalig. Wenn sie sich also an die Lösung einer Aufgabe machten, wurde sie vollkommen gemeistert. Der Umfang ihrer Literatur über Medizin wuchs im Laufe der Zeit. Doch da die Siddhas eine Gemeinschaft von Eingeweihten bildeten, zogen sie es vor, ihr Wissen nur an ihre eigenen Schüler weiterzugeben. Ihre Rezepte wurden auf Codes und Symbole reduziert und ihre Literatur in ein Geheimnis gehüllt. Wie nicht anders zu erwarten, kann nur ein Siddha die Schriften der Siddhas deuten. Für den Uneingeweihten erscheinen ihre Schriften wie die Hieroglyphen auf einem Obelisken.

Ein geschultes Auge kann in Thirumoolars *Thirumandiram* alle notwenigen Informationen über die menschliche Anatomie herauslesen. Ein Anfänger kann hingegen keine sinnvollen Schlüsse daraus ziehen, selbst wenn er diese Arbeit hundertmal durchgeht. Aus Sicht der medizinischen Wissenschaft bleibt noch vieles im *Thirumandiram* zu entschlüsseln. Eine Aufgabe, die noch begonnen werden muss.

Metaphysik und Medizin

Indem sie den Menschen lehrten, seinen psychophysischen Organismus als perfekt funktionierendes Vehikel des innewohnenden göttlichen Lebensfunkens zu betrachten, haben die Siddhas gezeigt, wie Medizin und Metaphysik zusammenarbeiten können. Die Medizin verschafft dem Menschen das notwendige und angemessene Mittel dafür, die am höchsten geschätzte Erfahrung zu machen: den eigentlichen

Kern der Wirklichkeit zu erleben. Das medizinische Wissen konzentriert sich daher mit seiner metaphysischen Ausrichtung darauf, eine stabile physische Grundlage für die Verwirklichung göttlicher Wahrheit zu schaffen und dem Menschen zu helfen, den Zustand eines Erleuchteten, Weisen und Heiligen zu erreichen, während er die auferlegten Regeln des weltlichen Lebens befolgt. Auf diese Weise unterstützt die Medizin den Menschen darin, den ruhenden Keim des göttlichen Wesens in seinem vergänglichem Körper zur Reife zu bringen. Nur durch die Fürsorge für sein sterbliches Vehikel ist der Mensch in der Lage, seine höchsten Potenziale auszuschöpfen.

Frühe Chemie

Obwohl die Chemie vor vergleichsweise kurzer Zeit zur exakten Wissenschaft geworden ist, reichen ihre Wurzeln zurück in die frühste Zeit philosophischer Studien. Das Wort „Chemie" ist eng mit „Alchemie" verwandt. In seinem Buch *Chemistry in Modern Life* (Chemie im modernen Leben) hat der berühmte schwedische Chemiker Svante August den Anspruch Indiens bestätigt, das Land zu sein, in dem die ältesten Hinweise auf die Chemie als Wissenschaft gefunden werden können.

Im Siddha-System hat sich die Chemie als ergänzende Wissenschaft zur Medizin und Alchemie entwickelt. Sie wurde für die Herstellung von Medikamenten als nützlich angesehen, die alle Arten von Leiden, spirituell wie körperlich, heilten, und für die Verwandlung niederer Metalle in Gold. Das Wissen über Pflanzen und Mineralien stand auf sehr hoher Stufe. Prozesse wie die Kalzination von Quecksilber, Mineralien und Metallen und die Herstellung eines Supersalzes namens *Muppu,* spezielle Quecksilber-Pillen mit hoher Potenz, die fantastische Eigenschaften für die Umwandlung von Metallen hatten und fähig waren, das gesamte menschliche System zu verjüngen, waren anderen medizinischen Systemen in Indien und anderen Ländern unbekannt.

Unter Verwendung solch spezieller Salze und der pflanzlichen Mittel entwickelten die Siddhas eine einmalige Wissenschaft der Verjüngung, bekannt als *Kaya Kalpa*, die es ihnen erlaubte, ihr Leben zu verlängern, bis die Langzeitwirkungen des *Kriya Kundalini Pranayama* und anderer yogischer Praktiken den Prozess der Transformation abschließen konnten, was letztlich zu physischer Unsterblichkeit führte (Velan, 1963, Seite 122).

Die Siddhas folgten der alten Guru-Schüler-Lehrmethode und enthüllten ihre Geheimnisse nur Schülern, von denen sie sicher sein konnten, dass sie diese Wissenschaft nicht missbrauchten – ganz im Gegensatz zur späteren Ayurveda-Schule mit ihrer klassischen Lehrbuchmethode. Die Verbreitung der Wissenschaft des *Kaya Kalpa* blieb so auf die großen Weisen beschränkt, die bereit waren, ihre eigenen Interessen für die Weiterentwicklung der Menschheit zu opfern.

Gegenwärtige Praxis des Siddha-Systems der Medizin und seine Erforschung

Am staatlichen College für Siddha-Medizin Tamil Nadus in Palayamkottai, Tinnevely District, machen zurzeit über fünfhundert Studenten eine intensive vierjährige Ausbildung, an deren Ende sie einen Doktortitel der Medizin im Siddha-System erwerben. Kürzlich wurde ein zweites College in Palani, Tamil Nadu, eröffnet.

Im *Siddha Medical Board Research Center* der Regierung Tamil Nadus in Arumbakkam, Madras, und am staatlichen *College of Siddha Vaidya* in Palayamkottai, Tamil Nadu, wird zurzeit sehr viel Arbeit daran gesetzt, die in den Texten der Siddhas beschriebenen medizinischen und verjüngenden Rezepte zu enträtseln (Regierung von Tamil Nadu, 1986). Viele Hundert dieser antiken Texte befinden sich in den Händen dieser Organisationen sowie in privaten Sammlungen (wie in der Saraswati-Mahal-Bibiliothek in Tanjore, im Palani-Tempel in Devasthanam, in der Bibliothek für orientalische Schriften in Madras) und der vielen *Siddha Vaidyas*, der traditionellen medizinischen Heilkundigen Südindiens. Zvelebil hat eine große Zahl von unveröffentlichten Arbeiten der Siddhas im Britischen Museum in London und in der Königlichen Bibliothek in Kopenhagen gefunden und vermutet, dass es noch weitere in der *Bibliothèque nationale* in Paris, in Lissabon und der Bibliothek des Vatikans gibt (1973, Seite 219). Nach Sammlung und Klassifizierung all dieser Texte könnte zumindest eine kritische Ausgabe der grundlegenden Arbeiten der Siddhas vorgestellt werden.

Wie auch immer, ohne die leitende Inspiration der Siddhas selbst wird der Erfolg solcher Anstrengungen begrenzt sein. Die Siddhas haben bewusst Schlüsselelemente ihrer medizinischen Rezepte ausgelassen. Sie zogen es vor, diese direkt und mündlich an würdige Schüler weiterzugeben, damit sie nicht von Personen, die nicht die höchsten Motive verfolgten, ausgebeutet werden konnten. Die Zusammensetzung des von den Siddhas beschriebenen Lebenselixiers bleibt somit ein Geheimnis. Die Entschlüsselung dieser Rezepte erfordert ein diszipliniertes Team von Forschern mit breit gefächerter Expertise in Botanik, früher tamilischer Sprache, Yoga und Medizin, die in der Lage sind, die strengen Bedingungen der *Yoga Siddhas* zu erfüllen – einschließlich der Hingabe an die Ideale des Yoga und des selbstlosen Dienstes an der Menschheit.

Abbildung 10: Thirumular

Abbildung 11: Rama Devar

Abbildung 12: Konkanavar

Abbildung 13: Kamalamuni

Abbildung 14: Sattamuni

Abbildung 15: Karuvoorar

Abbildung 16: Sundaranandar

Abbildung 17: Valmiki

Abbildung 18: Nandi Devar

Abbildung 19: Paambatti

Abbildung 20: Macchamuni

Abbildung 21: Patanjali

Abbildung 22: Dhanvanthri

Abbildung 23: Goraknath

Abbildung 24: Kudambai

Abbildung 25: Idai Kadar

6

Siddha Thirumoolar

Thirumoolars Mission

Der Überlieferung nach war *Rishi* Sundaranatha ein Schüler von Nandi Devar und lebte auf dem Berg Kailash, dem Wohnsitz Shivas. Eines Tages verspürte er die Lust, seinen Freund und *Guru Bhai* (Bruder-Schüler eines gemeinsamen Gurus), den Siddha Agastyar, in den Pothigai-Bergen im südlichen Indien zu besuchen. Rishi Sundaranatha war ein *Jivanmukta* (eine lebende befreite Person), der Gott realisiert hatte und dessen Geburt nicht durch vergangenes Karma bestimmt war. Er hatte die Wiedergeburt willentlich aus Mitgefühl für die unwissende Menschheit gewählt. Auf dem Weg besuchte er die heiligen Schreine in Kedarnath, in Pasupathinath (in Nepal), in Kasi, Kanchi, Tiruvatikai und in Tillai. Nach der Überquerung des Flusses Cauvery erreichte er Thiruvavaduturai, wo er die dort herrschende Gottheit ehrte und dann den Schrein eher zögernd verließ. Als er am Ufer des Cauvery entlangwanderte, wurde er Zeuge eines seltsamen, aber herzerweichenden Schauspiels: Eine Herde von Kühen, Ochsen und Kälbern muhte in Trauer. Tränen liefen ihnen aus den Augen, während sie den Körper ihres Hirten Moolar umkreisten, der tot umgefallen war. Rishi Sundaranatha, dem weder Freude noch Elend irgendetwas bedeuteten, wurde plötzlich von einem unaussprechlichen Mitgefühl für die Tiere überwältigt. Er ließ seinen physischen Körper in einem hohlen Baum versteckt zurück und wechselte mithilfe seiner yogischen Kräfte in den Körper des toten Hirten, der aufstand, um die betrübte Stimmung des Viehs aufzuhellen. Die Tiere waren über die Auferstehung ihres Meisters überglücklich und leckten ihn mit Hingabe. Am Abend trieb er das Vieh zurück ins Dorf und ging dann zum Haus des Kuhhirten Moolar. Er teilte dessen Frau mit, dass er in Zukunft nichts mehr mit ihr zu tun haben werde, und ging dann zu einem örtlichen Kloster, das ihm Unterkunft für die Nacht gewährte.

In der Absicht, seine Reise fortzusetzen, kehrte er an den Ort zurück, wo er seinen Körper sicher vor den nächtlichen Angriffen wilder Tiere verborgen hatte. Zu seinem Entsetzen musste er feststellen, dass sein Körper verschwunden war. Er ging in Meditation und begriff, dass Shiva selbst seinen Körper entfernt hatte, damit er ihm im Körper des Südinders als sein erwählter tamilischer Dolmetscher für die großen Mysterien des Lebens dienen konnte. Von da an war er als „Thirumoolar" bekannt, denn das Wort *thiru* bedeutet „heilig" und die Einwohner des Dorfes hatten bemerkt, dass der Kuhhirte sehr heilig geworden war. Er ließ sich nahe Chidambaram (Tillai) nieder, dessen uralter Tempel Shiva als Nataraja, König der Tänzer, geweiht ist. Er betete bei einem Banyan-Baum, unter dem sich ein *Swayambhu Lingam* befand (eine Steinsäule, die Shiva in seiner Selbst-existierenden Form verkörpert), und verbrachte seine Tage und Nächte in mystischer Versenkung. Es ist überliefert, dass er seine Meditation am Ende eines jeden Jahres unterbrach, um eine vierzeilige Strophe zu zitieren, der alles zusammenfasste, was er in jenem Jahr realisiert hatte. Das tat er ganze dreitausend Jahre lang (Natarajan, 1979; Subramaniyam, 1979; Velan, 1963, Seite 41 ff.; Pillai, 1979, Seite 313–322; Sekkizhaar, 1985, Seite 317–320).

Er zeichnete dreitausend Verse in der Gedichtsammlung *Mantra Malai* (Girlande der Mantras) auf, die neun *Tantras* genannte Bücher und ein Vorwort enthält.

Dort drückt er den edlen Beweggrund aus, aus dem er sein Meisterwerk schrieb:

„Die Seligkeit, die ich gewann, möge die Welt gewinnen.
Lasst mich erklären wie.
So man mehr und mehr Zuflucht zum Mantra sucht,
dem mystischen Wort – Na-Ma-Ci-Vaa-Ya, den fünf Silben,

und Es in jeder Faser des Körpers spürt und erlebt,
wird Sich der himmlische Inhalt der *Veden* ganz von selbst offenbaren.“ (*TM,* Vers 85, nach der Übersetzung von G. Vanmikanthan in Sekkizhaar, 1985, Seite 321).

Heute ist die Sammlung als *Thirumandiram* bekannt und gilt als eins der großartigsten Werke des Yoga und der Mystik, die je geschrieben wurden.* *Thiru* ist Tamil und bedeutet „heilig“ und *Mantiram* ist die Entsprechung zum Sanskritbegriff *Mantra* (heilige Silbe). Es bezeichnet entweder ein konventionelles Gebet oder eine bestimmte Tonschwingung, die das Bewusstsein auf einer höheren Ebene öffnen kann. In den späteren Büchern spricht er auch von speziellen Mantras, die in Ritualen oder für besondere Gottheiten Verwendung finden. Und er erklärt die volle Bedeutung der ursprünglichen Mantras *Om* und *Namasivaya.* Seine Arbeit stellt gleichzeitig ein Werk des *Tantra* (Art der Verehrung), des Mantras (Wort der Verehrung), des *Yantra* (Symbol oder Werkzeug der Verehrung) und des Yoga, des Gebetes und der Philosophie dar (Subramaniyam, 1979; Sekkizhaar, 1985, Seite 323).**

---

* Aufgrund seiner esoterischen Natur ist es jedoch außerhalb akademischer Kreise und der Anhängerschaft der Siddhas nahezu unbekannt.

** Das *Thirumandiram* ist das zehnte von zwölf *Thirumurai* oder heiligen Schriften aus Südindiens Saiva-Siddhantha-Philosophie, eins der sechs Hauptthemen im Saivismus, der Religion Shivas. Der Großteil der *Thirumurai* wurde von verschiedenen Saivite-Heiligen in den ersten zehn Jahrhunderten n. Chr. geschrieben und dann im 11. und 12. Jahrhundert n. Chr. zusammengefasst. Die ersten sieben Bücher dieses Kanons sind als *Tevaram* bekannt und bestehen aus den Liedern von Thirugnana, Appar und Sundarar. Das achte heißt *Thiruvachakam* und stammt von Manikkavasagar, das neunte heißt *ThiruIsaippa* und ist eine Sammlung, ebenso das elfte. Das zwölfte und letzte Buch ist Sekkizhaars *Periyapuranam,* ein epischer Bericht über die Leben der dreiundsechzig tamilischen Saiva-Heiligen, der sogenannten *Nayanars.* Die neun *Tantras* im *Thirumandiram* werden als Auslegungen von neun Agamas betrachtet. Die Hinduschriften sind weitläufig in die *Veden,* generelle Schriften, und die *Agamas,* 28 spezielle Schriften, aufgeteilt (Sekkizhaar, 1985, Seite IX, 326).

Thirumoolars Gott ist Shiva, das transzendente Wesen, der höchste Gott:

„Der Herr der Götter und auch unser Herr,
Der Herr, der das ganze All durchdringt
Und die sieben meergebundenen Welten transzendiert;
Niemand kennt Seine wahre Natur."
(*TM*, Vers 32, Subramaniyam, 1979) und:

„Der eine und einzige Gott
Durchdringt alle zehn Richtungen umher.
In welcher Richtung wäre Er nicht?
So nehmet denn Zuflucht zu Seinen heiligen Füßen.
Dann werdet ihr die tobende See des Karma überqueren
Und die Ufer des Jenseits erreichen."
(*TM*, Vers 1451, Subramaniyam, 1979)

Die Kernaussage des *Thirumandiram*

Thirumoolar erklärte, dass er äonenlang in einem göttlich transformierten Körper lebte:

„Nach der Vereinigung mit den Füßen der Gnade des Göttlichen ‚Nandi' [das heißt des Stiers, des supramentalen Ishwara oder allerhöchsten Meisters des Seins] und der Erkenntnis des unfehlbaren Spiels des Göttlichen in der goldenen Welt des Wissens lebte ich ein unvergleichlich langes Leben von siebzig Millionen Weltaltern." (*TM*, Vers 74)

„Ich lebte in diesem Körper Abermillionen von Jahren. Ich lebte in einer Welt, wo es weder Tag noch Nacht gibt. Ich lebte unter den heiligen Füßen meines Nandi." (*TM,* Vers 80)

„Durch des Nandi Gnade suchte ich und wurde eins mit dem Wahrheitsbewusstsein. Durch des Nandi Gnade lebte ich fort." (*TM*, Vers 92)

„Wenn es dem Körper erlaubt ist, weiterzuleben [das heißt, wenn ich weiterleben will], wird er weitere Abermillionen [von Jahren] weiterleben. Durch das gleißende Licht der Sonne und des Mondes, die im komprimierten *Muladhara* [physisches Zentrum] sind, wurde sogar das Haar geschmeidig und zart, leuchtend und strahlend." (*TM*, Vers 93)

„Wenn der Todesgott käme, würde ich ihn mit dem Schwert des Wissens verjagen. Wenn Shiva, der Göttliche, käme, würde ich jedoch gewiss mit Ihm gehen. Ich habe den starren Kreislauf des Karma und der Wiedergeburt in dieser Welt durchtrennt und zerbrochen. Wer kann der Macht des Topas widerstehen, die durch das Sehnen der Seele entsteht?" (*TM*, Vers 2968)

„Der Nandi gewährte mir seine Gnade durch die Auflösung der sich bekämpfenden Gegensätze des Lebens, befreite mich von Krankheit und Alter, von Senilität und der Notwendigkeit, meine Jahre zu zählen. Die Probleme und Leiden, die mich zuvor beherrschten, ergaben sich mir ehrfurchtsvoll [das heißt, sie wurden in Chancen zur Entwicklung verwandelt]. Shiva, der Göttliche, kam Selbst." (*TM,* Vers 2974)

„Wenn man die Verwirklichung erfährt, durch die man eins mit dem Göttlichen Selbst wird, wird alle Unreinheit und Unwissenheit zerstört. Die tierische Natur wird überwunden. Für den, der diese Vereinigung mit dem Göttlichen erreicht, wird der Körper makellos rein werden und die acht Makel auflösen und in dieser weiten Welt als ein reiner Körper weiterleben." (*TM,* Vers 2320)

„Ich habe die segensreiche Gnade der reinen Shakti realisiert, die selbst im Fleische des Körpers manifestiert ist. Ich habe den Meister des Wissens in Einheit realisiert, der, als er zu mir wurde, Er selbst wurde. Er ist der Ursprung der Götter und das großartige Licht der Unermesslichkeit." (*TM,* Vers 2324)

„In Einheit lebte ich viele Äonen des Lebens, indem ich in meinem inneren Bewusstsein eins wurde, eins mit dem Zustand des Göttlichen *[Shiva Gati],* eins mit dem Himmel darüber hinaus [dem supramentalen Himmel] und dem Bewusstsein An Sich." (*TM,* Vers 2953)

„Der höchste Gott, der mir Wissen gegeben hat, der in mich eingetreten ist und meinen fleischlichen Körper in einen bewussten Körper verwandelt hat [oder Sich selbst im Fleisch meines Körpers manifestiert hat], wohnt für ewig mit mir." (*TM*, Vers 1529)

„Wenn man nicht mehr an die Prinzipien des Körpers, der Elemente, des Kala oder Verstandes, der Zeit, der Maya usw. gebunden ist, wenn man mit der Wahrheit des Wissens ohne Anfang in dem ewig existierenden oder endlosen Himmel des Göttlichen vereint wird, kann man einen unsterblichen und vorzüglichen Körper, ‚Veeya Parakaya', einen unsterblichen, verwandelten Körper par excellence erlangen." (*TM*, Vers 643, Thulasiram, 1980, Seite 457 f., 464)

Unter den acht Siddhis oder yogischen Wunderkräften ist das Erreichen eines „verwandelten, großartigen Körpers durch die Realisation der Einheit der Seele mit dem alles durchdringenden universellen Herrn, Parakaya", erwähnt. Dieser Körper ist „weder starr [das heißt elastisch und flexibel genug, um nicht durch Belastung zu brechen] noch brennbar [das heißt ein kühler Körper, der die brennende Empfindung von Hitze nicht kennt]." (*TM,* Vers 668, Thulasiram, Seite 459)

„Einer, der die Kenntnis oder die Eingebung der dreimal sieben [das heißt einundzwanzig] Prinzipien der Sonne besitzt [der Sonne, die ein Symbol für den Himmel der Wahrheit und des Wissens ist], kann Unsterblichkeit und Jugend ohne Alter und Senilität, einen starken, verwandelten Körper, die wunderschöne Gestalt des Göttlichen erlangen – und die Kraft, dem verstorbenen oder sterbenden Anwärter die goldene Erde als Wohnung zu geben." (*TM*, Vers 706)

„Wenn man immer fest vereint mit der schönen, göttlichen blauen Shakti ist, so schwöre ich bei Para Nandi [dem supramentalen Gott], wird das Altern der Haut und das Ergrauen des Haars aufgehalten und man wird jung werden." (*TM,* Vers 734, Thulasiram, 1980, Seite 460)

Viele der alten Weisen und Seher begannen, durch die Betonung der Bedeutung der Seele aus Unachtsamkeit den Wert des menschlichen Körpers zu ignorieren. Später wurde es sogar Mode, den Körper zu verachten. Der menschliche Körper wurde für Jahrhunderte zur Zielscheibe des Spotts. Geachtete Gelehrte und Theologen erfanden viele Schmähbegriffe für ihn. All dies geschah mit dem Ziel, die Seele zu glorifizieren. Das Ironische daran war, dass die Seele nicht nach Erlösung streben kann, solange sie sich nicht der Unterstützung des physischen Körpers und der Zusammenarbeit mit ihm gewiss ist. Thirumoolar war der Erste, der die Mode der Missachtung des Körpers infrage stellte : Was ist die Seele oder das Leben ohne den Körper? Welche Rolle spielt der Körper? Hat der Körper irgendeinen Wert? Er beantwortete diese Fragen und seine Lehren wurden zur Grundlage einer neuen Denkweise und Schule – des *Siddhantham* (Perfektionierung des Lebens, von *Siddhi,* „Perfektion", und *Anta*, „Ziel" oder „Ergebnis"). Das Wort *Siddhantham* erscheint zum ersten Mal im *Thirumantiram.*

Der Körper ist genauso wichtig wie die Seele. Getrennt vom Körper ist die Seele nichts.

„Wenn der physische Körper zerfällt, ist das ein Verhängnis für die Seele und man kann das wahre Wissen nicht endgültig erreichen. Da ich um die Technik wusste, den Körper zu hegen und zu pflegen, hegte und pflegte ich so nicht nur den Körper, sondern auch die Seele." (*TM*, Vers 724)

„Es gab eine Zeit, in der ich den Körper verachtete;
Doch dann erkannte ich den Gott darin.
Der Körper, so erkannte ich, ist der Tempel des Herrn;
Und so begann ich, ihn mit unendlicher Fürsorge zu erhalten."
(*TM*, Vers 725, Thulasiram, 1980, Seite 460)

„Wenn Bindu [eine niedere Form pranischer Energie] sich im Körper sammelt,
Verebbt das Leben nicht;
Große Kraft, Energie, wache Intelligenz,
Topas [intensive Praxis], Versenkung, Maunam [Schweigen]
Und Siddhis [yogischen Kräfte], die bleiben –
All dies wird erreicht, wenn man Bindu wahrhaft bewahrt."
(*TM*, Vers 1948, Subramaniyam, 1979)

Das ist Thirumoolars Botschaft: Der Körper mag bloß eine fleischliche Wohnung sein. Aber da die Seele oder *Jiva* nur ein Mieter ist, braucht sie eine solche. Die Tatsache, dass diese Wohnung fleischlich ist, ist kein Grund, sie zu verleugnen. Im Gegenteil, weil sie fleischlich und dadurch verwundbar ist, bedarf sie besonderer Rücksicht. Das Fleisch ist tausend Krankheiten ausgesetzt und es ist die Pflicht des Menschen, es vor ihnen zu schützen. Der Körper muss, genau wie Glas, mit Achtsamkeit behandelt werden.

Die Siddhas wussten um die Zerbrechlichkeit und Zartheit des Mechanismus, mit dem sie sich auseinandersetzen mussten. Darum studierten sie den physischen und die anderen feinstofflichen Körper gründlich, denn nur mit ihrer Hilfe ist es der Seele möglich, ihr Ziel zu erreichen. Bevor sie sich mit der Seele befassten, mussten sie sich erst einmal mit ihrer Hülle beschäftigen. Vor der Auseinandersetzung mit der Seele oder dem spirituellen Körper mussten die Unzulänglichkeiten der physischen, der vitalen, der mentalen und der intellektuellen Körper geheilt werden.

Die Kernaussage des *Thirumantiram* kann nun erfasst werden: Die allerhöchste Realität, *Shiva*, die absolute Wahrheit, muss nicht nur durch ein Erwachen auf der spirituellen Ebene, sondern auch durch die fortschreitende Manifestation der Realisation auf allen anderen Ebenen und in ihren zugehörigen Körpern – sei es auf intellektueller, auf mentaler, auf vitaler oder letztendlich sogar auf physischer Ebene, wobei der Körper mit dem Feuer der Unsterblichkeit glüht – realisiert sein.

„Der Tanz, der in der Zweiten Silbe ist,
Ist der Tanz der Freude,
Ist der Tanz der Auflösung,
Ist der Tanz, der zur Glückseligkeit führt,
Ist der Tanz, der Shivalinga ist,
Ist die Alchemie, die den kupfernen Jiva
In den goldenen Shiva verwandelt."
(*TM*, Vers 902)

„Wasser, Erde, Himmel, Feuer und Wind,
der Funken des Lichts im Körper –
All dies ist Er.
Er ist Paraparam, Er ist Shiva, unser Herr,
Er ist der wandelnde Jiva hier auf Erden.
Unsterblich ist Er."
(*TM*, Vers 3045, Subramaniyam, 1979)

Verantwortung für das eigene Schicksal

Man könnte fragen: „Warum teilten die Siddhas ihr medizinisches Wissen – im Interesse der Menschheit – nicht mit der ganzen Welt?" Die Antwort hierauf ist nicht leicht zu finden, doch eins ist klar: Die Siddhas wollten es so. Die frühen Siddhas sahen ihre Aufgabe wohl weniger darin, die Leiden der Menschheit zu kurieren. Sie wollten nur die Krankheiten heilen, die ihr eigenes Fleisch bedrohten. Jeder Mensch muss seine eigene Erlösung erarbeiten. Thirumoolar war der Überzeugung, dass jeder für sein Schicksal selbst verantwortlich ist. Er erklärt frei heraus, dass es so etwas wie ein gottgewolltes Schicksal, das unabhängig von den Handlungen des Betreffenden ist, nicht gebe. Es seien tatsächlich die Taten des Einzelnen, die seine Bestimmung formten. Man ernte, was man gesät habe. „Die Seele des Menschen folgt den Schicksalsfäden, die durch vergangene Taten gewoben wurden. Es ist nicht so, als ob der Herr [allein für sich] dem Menschen sein Schicksal aufdrückte", sagt Thirumoolar.

„Durch Gedanke, Wort und Tat sammelt sich Karma; Wenn Gedanke und Wort beständig stehen, bindet Karma nicht;
Gedanken und Wort überwindend, erlebten sie ihr Karma,
und änderten seinen Lauf –
Sie sind die großen Jnanis."
(*TM*, Vers 2612, Subramaniyam, 1979)

Thirumoolar weist wieder und wieder auf sein bevorzugtes Thema hin: die Notwendigkeit, sich selbst durch Yoga zu kontrollieren und zu disziplinieren, um Gott in sich selbst zu verwirklichen und so den höchsten Zustand zu erreichen, der dem Menschen möglich ist.

„Wenn ihr den Herrn erreichen wollt und Ihn verfehlt,
Seht es als Werk eures schlechten Karma der Vergangenheit
Und bleibt standhaft in eurer Hingabe;
So werdet ihr zuletzt den Höchsten Gott erreichen."
(*TM*, Vers 2668)

Mit der Entfaltung der universellen Vision der Liebe erkennt der Suchende:

„Überall ist die heilige Form;
Überall ist Shiva-Shakti;
Überall ist Chidambaram;
Überall ist der göttliche Tanz.
So wie Shiva überall ist, ist auch Shivas Gnade überall. Alles, alles ist Sein göttliches Spiel."
(*TM*, Vers 2722, Subramaniyam, 1979)

Für alle wahren Gottsuchenden ist es notwendig, allem Liebe und Mitgefühl entgegenzubringen. Thirumoolar bemerkt:

„Das ignorante Geschwätz, dass Liebe und Shiva zwei sind,
Aber keiner weiß, dass Liebe allein Shiva ist.
Wenn die Menschen wüssten, dass Liebe und Shiva eins sind,
Würden sie immer in Liebe in Shiva sein." (*TM*, Vers 270)

„Wer das Selbst realisiert, sucht und ehrt die Füße des Herrn; Wer das Selbst realisiert, gibt frei und barmherzig; Wer das Selbst realisiert, wird zum Beherrscher der Tattwas; Wer das Selbst realisiert, wird in inniger Zuneigung zum Wahlverwandten des Herrn." (*TM*, Vers 251)

Solche Liebe wird beides, Mittel und Zweck:

„Der, der entsagt, hat keine Bekannten oder Verwandten;
Der, der zum Betteln verdammt ist, kennt kein wahres Vergnügen;
Dem, der nicht freigebig ist, verweigert der Herr Seine Gegenwart;
Der Grad deiner Freigebigkeit bestimmt,
Wie nah der Herr dir ist."
(*TM*, Vers 256, Subramaniyam, 1979)

„Wenn man ganz dem Dienst am Universellen Herrn *[Haran]* ergeben ist, die Substanz des physischen Körpers nach dem Herrn der goldenen Welt des Wissens strebt, man ohne jeden Schatten rein wird und einmütig [ohne Ego-Bewusstsein] in den Dualitäten der Tat bleibt, ist man wahrlich Swa, Gott in Körper und Bewusstsein *[Shiva Vedam]*, und wird zu Seinem Dienst geweiht." (*TM*, Vers 1676, Thulasiram, 1980, Seite 463)

„Ich schmelze in der Liebe des höchsten Herrn; ich weihe Ihm ergeben und ohne Unterlass alle Werke; ich stehe vor den Lotosfüßen des Herrn, dessen goldener Körper den eigenen auch in einen goldenen verwandelt, und ich bitte um Seine inspirierten Worte der Gnade zur Anbetung.* Er ist das Licht, das sich selbst in den Knochen manifestiert." (*TM*, Vers 1456)

Dieser Ansatz eines Unsterblichen enthüllt uns die Pflicht der Menschheit gegen Gott, Tiere, Vögel und die Menschheit selbst, die mit ihren materiellen, ökologischen und sozialen Krisen so oft in dieser Zeit vergessen wird:

„Jedem ist ein grünes Blatt für [die Anbetung von] Gott zugänglich;

Jeder hat – im Rahmen seiner Möglichkeiten – eine Handvoll Gras für eine Kuh,

---

* Die „goldene" Welt und der „goldene" Körper, die in der Siddha-Literatur beschrieben werden, haben ihren Ursprung in dem „goldenen Embryo" oder *Hiranyagarbha*, aus dem das Universum entstanden ist.

Jeder kann beim Essen einen Brocken Nahrung [für eine Krähe sparen],

Jedem ist ein freundliches Wort für andere möglich."

(*TM*, Vers 252, Sekkizhaar, 1985, Seite 336)

Thirumoolars *Ashtanga Yoga* im Vergleich mit Patanjalis *Yoga Sutras*

Das dritte *Tantra* oder Buch des Thirumandiram setzt sich von Vers 549 bis 739 mit dem *Ashtanga Yoga* auseinander, den acht Wegen der Disziplin und den acht Siddhis. T. R. Thulasiram zeigt, dass „diese [Disziplinen und Siddhis] das Konzept und die Errungenschaften des *Ashtanga Yoga* von Patanjali oder vielleicht jedes anderen uns bekannten Systems des *Ashtanga Yoga* bei Weitem übersteigen." (Thulasiram, 1980, Seite 822–854)

Thulasiram vermutet, dass Patanjali ein Zeitgenosse Thirumoolars war und vielleicht sogar die Person ist, auf die er sich in seinem *Thirumandiram* als einen der Bruder-Jünger des gemeinsamen Gurus Nandi bezieht (*TM,* Vers 67). Thirumoolar berichtet, dass vier dieser Jünger danach trachteten, die Lehren des Yoga zu verbreiten, jeder in eine andere Himmelsrichtung (*TM*, Vers 70).

Patanjali überlieferte keine persönlichen Daten zu seiner Realisation oder der Transformation seines Wesens und seines Körpers. Seine Bemerkungen über „die Wahrheit, die das Bewusstsein enthält" (*Rtambhara tatra Prajna,* Kap. 1, Vers 48), „die wahrheitsbewusste Welt" (Kap. 3, Vers 5) und den *Samadhi* der Vereinigung mit dem Wahrheitsgesetz der Wasser der Gnade" (Kap. 4, Vers 29) scheinen eher Visionen der supramentalen Wahrheit zu sein, ohne direkte Verbindung zu den vielen Siddhis, von denen er sprach. In Kapitel 3, Vers 51, warnt Patanjali sogar, dass eine Bindung an solche Siddhis den Suchenden vom Erreichen der Selbstverwirklichung *(Kaivalyam)* abhalten kann, er schweigt jedoch über die Manifestation des Göttlichen durch eben diese Siddhis in denen, die bereits fest in der Selbstverwirklichung gegründet sind.

Thulasiram weist darauf hin, dass die Disziplinen und Siddhis Thirumoolars eindeutig „supramentaler Natur" waren und nach der Realisation der supramentalen Wahrheitswelt eintraten. „Es muss wiederholt werden, dass der *Ashtanga Yoga* von Thirumoolar die Realisation der unermesslichen Wahrheitswelt zum Ziel hat [TM 589, 619, 628, 631,641, 333 bis 336], und die acht Siddhis, die die Unsterblichkeit des Körpers beinhalten, aus dem wahrheitsbewussten Gnadenlicht nach der Realisation und der festen Etablierung des supramentalen Wahrheitsbewusstseins realisiert werden [*TM,* 649, 668, 643, 706, 2062, 2952]. Die Unsterblichkeit des Körpers setzt eine Veränderung in seiner Substanz oder seinen Zellen voraus [*Bhuta Padai, Bodha Medhadi*; TM 684, 1705, 1707, 668], die zum Träger der göttlichen Shakti und sich Ihrer bewusst werden. Man ist dann sogleich durch die Ausdehnung und das Zusammenziehen aller Zellen des Körpers mit dem göttlichen Rhythmus des universellen Spiels verbunden [TM 682, 2863, 2833, 2860, 2589, 2940, 706, 1787 und 1726]. Der Körper wird strahlend und frei von der Herrschaft der unbewussten Dunkelheit der Materie und des Todes [*TM* 4, 15, 1517, 1522, 1996, 2051, 2050, 2054, 2316, 2694, 2695, 114, 93, 3027, 3045, 2001]." (Thulasiram, 1980, Seite 843)

Thulasirams Studie zeigt eindeutig, dass Thirumoolar einen Zustand göttlicher Transformation erreicht hatte, der auch die physische Ebene der Existenz umfasste. Sie beschreibt zudem viele faszinierende Parallelen zwischen den von Thirumoolar, Ramalinga, Aurobindo und der Mutter* beschriebenen Erlebnissen.

---

* Siehe Kapitel 10, „Die supramentale Evolution", dort unter „Sri Aurobindo und die 18 Siddhas", Seite 168 ff.

7

Siddha Agastyar

Agastyar, der Schutzheilige von Tamil Nadu, ist zum Mythos geworden. Um seine Person ranken sich viele Legenden aus unterschiedlichen Zeitaltern. Hinweise auf ihn finden sich in den Schriften der drawidischen Tamilen und auch in der Rigveda-Kultur Nordindiens. In der im *Rigveda* wird Agastyar als einer der sieben großen Rishis der vedischen Zeit genannt. Mehrere vedische Hymnen werden ihm zugeschrieben.

Nach der vedischen Legende führten die beiden Götter Mitra, der Gott der Liebe und Harmonie, und Varuna, der Gott der Meere, einen Wettstreit um die Liebe der himmlischen Jungfrau Urvasi. Sie konnten nicht mehr tun, als ihre fruchtbare Saat abzulegen: Mitra in einem Topf und Varuna im Meer. Bald darauf wurde Agastyar aus dem Topf geboren, und Vasistha, ein anderer der sieben großen Rishis, begann sein Leben aus dem Meer heraus. Agastyar wurde aufgrund dieser göttlichen Abstammung auch „Maitra-Varuni“ und „Ourvasiya“ genannt. Im Sanskrit wird er auch als „Kalasaja“, „Kalasisuta“, „Kumbhayoni“, „Kumbhasambhava“, „Kumbamuni“ und „Ghatobhava“ bezeichnet, wobei die Namen alle seine Herkunft aus der Saat Mitras andeuten (Pillai, 1979, Seite 254).

Eine schlüssige Interpretation all dieser Legenden steht immer noch aus. Es gibt viele Indizien dafür, dass Agastyar wirklich existierte. Er hatte eine Frau namens Lopamudrai, eine Schwester und einen Sohn, der Sagaran hieß. Seine Frau soll ihn innig geliebt haben und er selbst war für die Verbindung von bodenständiger Häuslichkeit mit einem Leben der Entsagung und Mäßigung bekannt.

Agastyars Aschrams

Der tamilischen Tradition zufolge waren zur Zeit der Hochzeit von Shiva und Parvati auf dem Berg Kailash so viele Götter und Göttinnen anwesend, dass das Gleichgewicht des Planeten gestört war. Um es wiederherzustellen, bat Shiva Agastyar, vom Kailash in das südliche Indien zu reisen. Geografisch teilt sich die Wanderung Agastyars in drei Abschnitte. Der erste Teil findet ihn im Agastyasrama lebend, einige Meilen nördlich von Nasik, dem heutigen Pancavati, an der nördlichen Grenze des Dandakaranya-Waldes. Seine Ehe mit Lopamudrai, der Tochter des Vidarbha-Königs, und sein erstes Gespräch mit Rama fanden hier statt (Pillai, 1979, Seite 254–257).

Im Epos *Ramayana* erzählt Rama seinem Bruder Lakshaman auf dem Weg zu Agastyars Wald-Aschram,wie Agastyar die Welt vor einer tödlichen Schlange rettete. Er erzählt auch die Geschichte von Vatapis Tod. Die Version unterscheidet sich zwar von der im Mahabharata, doch die Abweichungen sind nur gering. Bemerkenswert ist hier vor allem die Auffassung, dass die Dandakaranya-Region erst nach Agastyars Sieg über die *Asuras* (Dämonen) für die menschliche Besiedelung geeignet sei. Auf Agastyars Kampf mit den *Asuras* und *Rakshasas* (feindlichen Kräften auf der vitalen Ebene) wird auch an anderer Stelle der *Ramayana* hingewiesen. So erklärt etwa der Weise Visvamitra Rama den Grund für Tatakas Angriffe auf die arischen Siedler. Agastyar tötete Tatakas Ehemann Sunda und wurde daraufhin von Tataka und ihrem Sohn Maricha angegriffen. Agastyar verfluchte beide und verwandelte Maricha in einen *Rakshasa* und seine Mutter in eine hässliche Menschenfresserin. Von da bis zu ihrer Vernichtung durch Rama führte sie einen Rachekrieg (Pillai, 1979, Seite 255).

Agastyar ist heute einer der berühmtesten Heiligen in Indien. Er wird als großer Weiser und asketischer Yogi verehrt und gilt als ältester Lehrer der Frühzeit. Obwohl er nicht einmal 1 Meter 50 maß, war er ein Kämpfer, ein berühmter Jäger und Bogenschütze, der über barbarische Feinde siegte und der im Essen und Trinken – wie der Herakles der griechischen Sage – von keinem zu übertreffen war.

Der zweite Abschnitt von Agastyars Pilgerreise in den Süden beginnt mit seinem Aufenthalt in Malakuta, drei Meilen östlich von Badami (dem heutigen Vatapipura), das als Dakshinakasi im Kaladgi-Distrikt, Bombay, bekannt ist. Dieser Ort befindet sich ungefähr dreihundert Meilen südlich seines alten Aschrams bei Nasik. In dieser Zeit aß er, wie noch erzählt werden wird, Vatapi und tötete Ilvala (auch Vilvala genannt).

Vom dritten Abschnitt erzählen viele Geschichten, die im Pothigai, auch als Pothigai-Berge im südlichen Vorgebirge der westlichen Ghats im Pandyan-Land bekannt, kursieren. Während seines Aufenthalts im Herzen Tamil Nadus soll er die erste tamilische Akademie *(Sangam)* gegründet und geleitet und eine umfassende Grammatik des Tamil und viele andere Werke über Medizin, Pharmazie, Alchemie, Botanik, Yoga, Moral, Naturphilosophie, Erziehung, religiöse Riten und Zeremonien, Exorzismus, Gebet, Mystizismus und sogar Magie verfasst haben.

Der Überlieferung nach hat er in zwei weiteren Reiseabschnitten das Meer in Richtung Indonesien überquert und soll Barhinadvipa (auf Borneo), Kusa Dvipa und Varaha Dvipa besucht haben. Hier scheint er einen Wohnsitz in den Maha-Malaya-Hügeln in Malaya Dvipa (heute Malaysia genannt) bezogen zu haben. Im fünften Abschnitt kehrte er auf das Festland zurück und besuchte Siam (Thailand) und Kambodscha. Hier wurde er gegen Ende seiner Reise nach Osten verpflichtet, eine örtliche Schönheit namens Yasomati zu heiraten und ihr eine Nachkommenschaft zu hinterlassen, aus der König Yasovarma, eine herausragende Persönlichkeit, erwuchs (Pillai, 1979, Seite 256 f., 262).

Es wird erzählt, dass er bis zum heutigen Tag in seinem bekanntesten Aschram im Tinnevely-Distrikt bei den Courtrallam-Wasserfällen in den Pothigai-Bergen von Tamil Nadu lebt. Babaji wurde hier von Agastyar in den *Kriya Kundalini Pranayama* eingeweiht.

In dem Epos *Mahabharata* wird die Geschichte von Agastyar weiterentwickelt und seine Verbindung mit Südindien kommt mehr zum

Tragen. Seine Hochzeit mit Lopamudrai, einer Prinzessin von Vidarbha, wird hier erwähnt. Die Prinzessin hatte verlangt, dass er, um seine ehelichen Rechte in Anspruch nehmen zu dürfen, ihr die gleichen teuren Juwelen und den Luxus bieten musste, den sie von ihrem Vater gewöhnt war, ohne jedoch seine Askese in irgendeiner Form zu gefährden. Agastyar konnte den Wunsch seiner Frau nur durch ein großes Geschenk erfüllen und so sprach er mit seinem Anliegen nacheinander bei drei Arier-Königen vor, doch ohne Erfolg. Sie alle begaben sich zu Ilvala, dem *Daitya*(Dämonen)-König von Manimati. Ilvala war kein Freund der Brahmanen, da einer von ihnen ihm einen Sohn, der Indra gleichen sollte, verwehrt hatte. Seine Rache nahm eine bizarre Form an: Er verwandelte seinen jüngeren Bruder Vatapi in einen Ziegenbock und servierte den Brahmanen sein Fleisch. Danach rief er Vatapi ins Leben zurück, der die Bäuche der Brahmanen aufriss, als er lachend wieder Gestalt annahm. Auf diese Weise töteten die beiden Brüder viele Brahmanen. Beim Besuch Agastyars und der drei Könige versuchte er das gleiche Spiel und bereitete das Fleisch Vatapis zu, um es ihnen zu servieren. Die Könige wurden unruhig. Agastyar aß alles auf, doch als Ilvala Vatapi zurückrief, entwich nur Luft aus Agastyars Magen. Vatapi war bereits verdaut. Ilvala, der langsam wütend wurde, versprach Agastyar, ihm Reichtum zu schenken, wenn er voraussagen könne, was er ihm zu geben denke. Agastyar konnte seine Gedanken lesen und er und die Könige kehrten mit den Reichtümern, die sie brauchten, zurück. Vatapi ist der Name einer bekannten Stadt im westlichen Dekhan, die die Hauptstadt der frühen Chalukyas war. Heute heißt sie Badami. Diese Geschichte kann als der Beginn von Agastyars Verbindung zu Südindien verstanden werden (Pillai, 1979, Seite 255).

Das *Mahabharata* erzählt auch die Geschichte, wie Agastyar die Wasser des Ozeans austrank und es so den Göttern *(Devas)* ermöglichte, ihre Feinde, die sich in der See verbargen, zu vernichten. Und es berichtet von seiner Reise nach Südindien, um sich einer nicht näher erklärten Aufgabe zu widmen, auf der er den Vindhya-Bergen verbot, weiterzuwachsen, bis er zurückkehre, was er jedoch nie tat. Das Abkommen mit den Vindhya-Bergen und das Austrinken des Ozeans werden generell als eine sinnbildliche Darstellung der Verbreitung der arischen Kultur, erst nach Indien südlich der Vindhyas und dann über das Meer zu den Inseln des Archipels und nach Indochina, verstanden. Dies wird durch weitere Schilderungen aus Agastyars Leben gestützt.

Agastyar und die arische Invasion Südindiens

Zum besseren Verständnis sollten wir uns Einblick in den Prozess und das Ergebnis der arischen Einwanderung in Südindien verschaffen. Die Verschiedenheit der Sprachen deutet nicht bloß auf den Unterschied zwischen Rassen hin, sondern vor allem auf die Verschiedenheit von Kulturen. Wir müssen uns bewusst machen, dass die arische Kultur Nordindiens eine Mischkultur ist, zu der die Drawidianer in ihren Entwicklungsjahren einen erheblichen Teil beitrugen. Das Wissen um diese Tatsache hilft heute, viele Puzzles zu lösen, die als unlösbar betrachtet oder bislang einfach falsch ausgelegt wurden.

Wissenschaftlich gesehen sind die heute in Nordindien und Maharashtra gesprochenen Sprachen eindeutig verschiedene Dialekte des Sanskrit oder nahe verwandte Mundarten. Diese Dialekte entwickelten sich, indem sie von Menschen verschiedener Kasten gesprochen wurden, deren ursprüngliche Sprache nicht das Sanskrit war. Laute und Worte, die im Sanskrit ungebräuchlich sind, werden häufig in diesen volkstümlichen Dialekten gefunden. Diese entwickelten sich eindeutig aus den Originalsprachen der drawidischen und vorarischen Einwohner.

Während dies in Nordindien und dem westlichen Dekkan geschah, ereignete sich an der Ostküste und weiter im Süden etwas ganz anderes. Die Arier waren nicht in genügender Zahl eingewandert, um den ansässigen Bewohnern ihre Kultur aufzuzwingen. Sie vermochten es nicht, sie ganz und gar in ihre Gesellschaft einzubinden und ihre Sprachen und eigentümlichen Kulturen zu vernichten. Der größte Teil der

Bevölkerung in diesen Gebieten behielt Sprache und Gebräuche bei und wurde durch den Kontakt mit der arischen Kultur bereichert. Die ankommenden Arier lernten hingegen zu ihrer Sanskrit-Mundart die Sprachen der südlichen Völker und akzeptierten die vorhandenen Gebräuche. Eine neue, gemischte soziale Ordnung entwickelte sich, die in ihrem offenen Pantheon annehmbare Plätze für die vielen Götter und Göttinnen schuf, die von den drawidischen Völkern verehrt wurden. Die genauen Einzelheiten dieses Prozesses werden wohl nie bekannt werden. Eine Studie über die frühe tamilische Literatur, die uns zugänglich ist, vermittelt den Eindruck, dass die neuen Einflüsse überwiegend willkommen geheißen und angenommen wurden. Die Änderungen verliefen friedlich und in geordneten Bahnen. Auf der anderen Seite berichtet das *Ramayana,* dass die arische Religion mit ihren Opferriten auf Feindseligkeit bei den Dämonen stieß, die wiederholte Angriffe auf die Opferhallen unternahmen und dort Unordnung und Verwirrung stifteten. Der Eingriff Ramas war also notwendig, um den Frieden und die Sicherheit in den Aschrams wiederherzustellen und die Brahmanen zu schützen. Wenn dieser Teil der Geschichte einen realen historischen Hintergrund hat, kann sie belegen, dass wenigstens ein Teil der älteren drawidischen Einwohner des südlichen Indiens gegen die eindringende Kultur aus dem Norden opponierte (Pillai, 1979, Seite 257 f.).

Agastyar und die Sprache und Grammatik des Tamil

Traditionell wird Agastyar als Vater der tamilischen Sprache und Grammatik betrachtet, als königlicher Geistlicher *(Kulaguru)* der göttlichen Linie der Herrscher von Pandiyan. Diese Herrscher waren Nachkommen von Shiva und Parvati, die herabgestiegen waren, um das erste Königspaar dieser gefeierten Linie zu sein. Kulasekhara Pandiyan gründete die Pandiyan-Dynastie in Süd-Madurai, der Hauptstadt des antiken Tamilagam, dem heute südlichsten Punkt Indiens.

Es wird gesagt, dass Agastyars Abhandlung über die tamilische Grammatik nicht weniger als zwölftausend Sutras oder Aphorismen enthielt. Bis auf wenige Fragmente, die in Zitaten erhalten sind, die Tolkappiyanar in seinem Werk *Tolkappiyam* verwendete, ist Agastyars Werk nicht überliefert (Pillai, 1979, Seite 264).

In welcher Zeit Agastyar sich in Südindien niederließ, ist nicht bekannt. Dies wird so lange offen bleiben, bis der genaue Zeitrahmen für die Herrschaft des Königs Kulasekhara Paniyam, der Agastyar förderte, bestimmt werden kann. Alle Daten stimmen mit der Gründung des Pandiyan-Königreiches in Madurai durch Kulasekhara Pandiyan überein; doch sie weisen bemerkenswerte Differenzen hinsichtlich der Frage auf, wann dies genau geschah.

Es wird berichtet, dass Agastyar nach Verlassen des Hofes von Kulasekhara Pandiyan ein asketisches Leben führte und sich in die Pothigai-Berge zurückzog, wo er nach verbreitetem Glauben noch heute in Zurückgezogenheit lebt.

In keinem der heute bekannten frühen tamilischen Werke wird klar und genau Bezug genommen auf Agastyar und/oder seine Arbeiten. In den Sammlungen des Sangam-Zeitalters finden sich nur indirekte Hinweise. Der Ausdruck „Weiser von Pothigai" (Pothigai ist der südlichste Teil der westlichen *Ghats*) ist Indiz dafür, dass Agastyar betreffenden Legenden zu jener Zeit im Land nicht unbekannt waren. Vasishtha, Autor des buddhistischen Epos *Manimekalai,* weiß von seiner wundersamen Geburt. Derselbe Autor sagt aus, dass Agastyar ein Freund des Chola-Königs Kanta war. Auf Bitten Kantas befreite er den Cauvery-Fluss aus seinem Wassertopf. Agastyars Wohnsitz befand sich in den Pothigai-Bergen. Naccinarkkiniyar (1400 n. Chr.) schildert (auf den Bericht eines früheren Schriftstellers gründend), dass Ravana, der König der Asuras aus dem *Ramayana,* als er in die Pothigai-Berge kam und die Einwohner tyrannisierte, von Agastyar überzeugt wurde, das Land in Frieden zu lassen und auf die Insel Sri Lanka zu ziehen (Pillai, 1979, Seite 258; Zvelebil, 1973, Seite 136).

Hinweise auf Agastyars Arbeit über die tamilische Grammatik erscheinen relativ spät. Der erste findet sich in der Legende der drei Sangams, der antiken tamilischen Literaturakademien, die in der *Iraiyanar Agapporul Urai* erzählt wird, einem Werk aus dem 8. Jahrhundert n. Chr. Dort wird Agastyar als Leiter des ersten und zweiten Sangams genannt, die 4400 Jahre und 3700 Jahre lang bestanden. Sein Werk *Agastyam* soll die Grammatik des ersten Sangam gewesen sein, während diese Arbeit zusammen mit dem *Tolkappiyam* und drei anderen Werken die Grundlage für den zweiten Sangam bildeten. Nach dem *Iraiyanar Agapporul Urai* bestand der dritte Sangam 1850 Jahre lang (Pillai, 1979, Seite 258 f.).

Ob Agastyar eine Abhandlung über die tamilische Grammatik schrieb und in welchem Verhältnis dieses Werk zum *Tolkappiyam* steht, dem ältesten existierenden Werk zu diesem Thema, wurde von allen großen Historikern und Kommentatoren des tamilischen Landes diskutiert. Perasiriyar (1250–1300 n. Chr.) berichtet, dass zu seiner Zeit einige Gelehrte darüber stritten, ob Tolkappiyanar, der Autor der nach ihm benannten Grammatik, sein Werk auf andere Prinzipien als denen des *Agastyam* gründete und damit andere Grammatiken berücksichtigte, die nicht überliefert sind. Er verwirft diese Theorie mit einem Verweis auf Tradition und Autorität, insbesondere der des *Iraiyanar Agapporul Urai.* Mit Bezug auf ältere Schriften beharrt er darauf, dass Agastyar der Begründer der Sprache und Grammatik des Tamil sei, dass Tolkappiyanar der gefeiertste von zwölf Schülern des großen Weisen gewesen sei, dass das *Agastyam* die ursprüngliche Grammatik sei, dass angenommen werden müsse, dass Tolkappiyanar in seinem Werk Agastyars Lehren berücksichtigte, und dass Agastyars Arbeit geschrieben worden sein müsse, bevor das tamilische Land durch eine Überschwemmung auf die Grenzen beschränkt worden sei, die Panambaranar in seinem Vorwort zur *Tolkappiyam* aufzeigt, das heißt vom Vengadam-Hügel bis zum Kap Cormorin (Pillai, 1979, Seite 259).

Die andere Partei, die Tolkappiyanars Schuld gegenüber Agastyar bestritt, gab ihre Position nicht auf. Die allgemeine Auffassung, Tolkappiyanar sei ein Schüler Agastyars gewesen, war zu stark für sie, um sie zu bestreiten, und so „setzten sie eine aufkeimende Feindseligkeit zwischen Lehrer und Schüler voraus, die aus Agastyars Eifersucht und heißem Temperament erwuchs". (Sastri, 1966, Seite 365–393) Naccinarkkiniyar erzählt, wie Agastyar nach der Wanderung gen Süden seinen Schüler Trinadhumagni (Tolkappiyanar) sandte, um seine Frau aus dem Norden zu holen. Agastyar ordnete an, dass während der Reise eine gewisse Distanz zwischen dem Schüler und seiner Frau einzuhalten sei. Doch Tolkappiyanar kam ihr zu nahe, als sie in einem reißenden Fluss zu ertrinken drohte und er ihr einen Bambusstock hinhielt, mit dessen Hilfe sie das Ufer sicher erreichte. Agastyar verfluchte beide für das Übertreten seiner Anordnung, indem er sagte, dass sie nie in den Himmel gelangen würden. Tolkappiyanar antwortete seinem Meister mit dem gleichen Fluch (Pillai, 1979, Seite 259; Zvelebil, 1973, Seite 137).

Wie K. A. Sastri sagt, zeigt diese Legende „die letzte Phase einer lange bestehenden, bedeutsamen Kontroverse, die sich sogar bis in unserer Zeit fortsetzt" (Sastri, 1966, Seite 77). Zur Klärung dieser Frage stehen weitere Forschungen in den zahlreichen Palmblatt-Schriften und anderen Dokumenten aus, die sich in der Bibliothek für orientalische Schriften in Madras, der Saraswati-Mahal-Bibiliothek in Tanjore, den Bibliotheken des Palani-Tempels, dem Palayamkottai *Siddha Medical College* und in den Händen privater Sammler und Menschen befinden, die die Siddha-Medizin praktizieren.

Die Kontroverse über Agastyars Vaterschaft hinsichtlich des Tamil und die Frage, ob seine Arbeit die Quelle des *Tolkappiyam* ist, stehen beide für gegensätzliche Einstellungen zum konkurrierenden Einfluss des Sanskrit aus dem Norden. Tatsächlich wird Agastyar weder im *Tolkappiyam* noch in dessen von Panambaranar geschriebenen Vorwort erwähnt. Der früheste Hinweis auf das *Agastyam* erscheint, wie wir gesehen haben, erst im 8. Jahrhundert n. Chr., und das ist auch die Zeit, für die die alten Chroniken der Pandiyan-Dynastie Agastyars Lehrtätigkeit in ihrem Reich bezeugen, ihn zum Schutzheiligen der tamilischen Sprache und des Sangam machen, zur ersten wahrhaft tamilischen Kraft, die politische Expansion erreichte und ein Kaiserreich gründete. Viele der Geschichten, die Agastyars Verbindung mit dem Tamil und dem *Tolkappiyanar* stützen sollen, können in den folgenden Jahrhunderten sorgfältig ausgearbeitet worden sein. Der Versuch, Agastyar die herausragende Position in der Entwicklung tamilischer Kultur zuzuschreiben, war eine offene Herausforderung. Die Dinge liefen so lange gut, wie die Arier damit zufrieden waren, mit ihrer „nördlichen“ Sprache und Kultur das tamilische Land langsam und unmerklich zu infiltrieren. Dieser Prozess begann sehr früh und wurde von den Tamilen bis zu einem Punkt toleriert, an dem die Elemente der ursprünglich fremden Kultur nicht mehr zu erkennen waren. Als aber eine Theorie darübergestülpt wurde, könnte dies der Zeitpunkt für die Erfindung einer Legende gewesen sein: um zu zeigen, dass Tamil eine lebendige Sprache war und mit ihr die ganze Kultur des Landes von einem vedischen Seher entwickelt wurde. Dem wurde natürlich gleich mit der gegenteiligen Theorie und der Ausarbeitung von Legenden gegenteiligen Inhalts begegnet.

Die wichtigsten Legenden, die sich in Nord und Süd um Agastyar ranken, stimmen jedoch überein und sind voll von seinen Wundertaten. Es gibt mehrere lokale und zeitliche Variationen. Der Himalaya des Nordens wird im Süden durch die Pothigai-Berge ersetzt. Agastyars *Rigveda*-Hymnen und seinen vielen medizinischen Werken im Sanskrit werden seine zahlreichen mystischen und medizinischen Abhandlungen in Tamil gegenübergestellt. Seine Bemühungen um die Erschaffung des Ganges mithilfe Shivas findet einen Widerhall in seinem Feilschen mit dem Gott Ganesha um den Fluss Cauvery. Sein Sitz in Kasi (Benares) scheint mit seinem Wohnsitz in Badami, bekannt als Daksina Kasi, austauschbar zu sein. Seine Heirat mit Lopamudrai, der Tochter eines Vidarbha-Königs, hat eine Parallele in seiner Hochzeit mit der Tochter des Königs von Cauvery. So machen auch die Flüche, die er aus seiner spirituellen Waffenkammer im Norden aussandte, und der Fluch auf Tolkappiyanar, seinen eigenen Schüler, deutlich, dass der zwergenhafte Weise seinem Ruf und seinen Gewohnheiten auch im weit entfernten Süden treu blieb (Pillai, 1979, Seite 258–261).

Agastyars Beiträge zur Wissenschaft

Hunderte von antiken Abhandlungen aus verschiedenen Bereichen der Wissenschaft werden Agastyar zugeschrieben. Sie schließen Medizin, Chemie, Pharmazie, Astronomie und Chirurgie ein. Als Arzt nimmt Agastyar bei den Tamilen die gleiche Stellung ein wie Hippokrates bei den Griechen, und es gibt auffällige Übereinstimmungen in den Lehren der beiden gibt, insbesondere im Hinblick auf die Prognose und die Diagnose von Krankheiten, die kritischen Tage und die Anzeichen eines bevorstehenden Todes. Die Existenz infektiöser,mikroskopisch kleiner Lebewesen, die in Europa erst 1677 n. Chr. von Ludwig Hamm entdeckt wurden, erwähnte Agastyar schon in einer seiner medizinischen Arbeiten, dem *Kurunadichutram* (Pillai, 1979, Seite 265).

Im Folgenden findet sich eine Liste von Werken, die Agastyar zugeschrieben werden:*

„1. *Vytia Vaghadum Ayrit Anyouroo (Vaida Vahadam 1500):* ein medizinisches Werk von Rishi Agastyar. Es ist in Tamil-Versen verfasst und besteht aus 1500 Strophen.
2. *Tunmundrie Vaghadum (Dhanvanthari Vahadam):* ein medizinisches Werk, ursprünglich von Tunmundrie in Sanskrit verfasst und von Agastyar in das Tamil übertragen. Es besteht aus 2000 Versen. Bei den Hindu-Ärzten steht es aufgrund der ausgezeichneten Beschreibung zahlreicher Krankheiten und vieler wertvoller Rezepte in hohem Ansehen. (Manuskripte sind in Palayamkottai einsehbar.)

* Die Liste entspricht einer hundertsechzig Jahre alten Bibliografie der medizinischen Siddha-Literatur. Bei den Titeln wurde die Originalschreibweise beibehalten.

3. *Canda Pooranum:* ein Werk über Frühgeschichte, von Agastyar in Sanskrit verfasst und später von Cushiapa Braminy in das Tamil übertragen. Es besteht aus 1000 Strophen.
4. *Poosavedy:* Dieses Buch erzählt von den religiösen Riten und Zeremonien der Hindus. Es wurde von Agastyar verfasst und besteht aus 200 Strophen. (Manuskripte sind in Tanjore und Madras einsehbar)
5. *Deekshavedy (Deeksha Vithi):* ein Werk über Magie und Zauberei, den Gebrauch und die Kräfte des indischen Rosenkranzes und die Erziehung der Jugend. Es besteht aus 200 Strophen und wurde von Agastyar verfasst. (Manuskripte sind in Tanjore und Madras einsehbar.)
6. *Pernool (Peru Nul):* ein medizinisches Werk, von Agastyar in Tamil verfasst. Es besteht aus 10.000 Strophen und behandelt ausführlich alle Krankheiten und lehrt eine gesunde Lebensweise. (Manuskript in Palayamkottai einsehbar)
7. *Poorna Nool:* Dieses Buch besteht aus 200 Strophen. Es wurde von Agastyar verfasst und behandelt zum größten Teil den Exorzismus. Es enthält darüber hinaus eine Vielzahl von Gebeten.
8. *Poorna Soostru:* ein Werk über die Einweihung religiöser Anwärter und ihre Formen der Hingabe. Es behandelt auch Fragen der Medizin und einer gesunden Lebensweise. Es wurde von Agastyar verfasst und enthält 216 Strophen. (Manuskripte sind in Madras und Palani einsehbar sowie auch in gedruckter Form erhältlich.)
9. *Curma Candum (Karma Kandam):* ein medizinisches Werk, von Agastyar in Tamil-Versen verfasst und aus 300 Strophen bestehend. Angeblich von Durmuntrie aus dem Sanskrit übersetzt. Es behandelt Krankheiten, die der Menschheit für ihre Torheiten und Laster geschickt werden. (Manuskripte sind in Tanjore und Madras einsehbar sowie auch in gedruckter Form erhältlich.)
10. *Agastyar Vytia Ernoot Unjie* (Aghastier Vaidyam 205): ein Werk über Medizin und Chemie, von Agastyar in Tamil-Versen verfasst. Es besteht aus 205 Strophen. (Manuskript in Palani einsehbar)

11. *Agastyar Vytia Nootieumbid (Agastyar Vaidyam 150):* ein Werk von Agastyar in Tamil. Es besteht aus 150 Strophen und behandelt die Entschlackung oder Reinigung von vierundsechzig verschiedenen Giften (tierischer, metallischer und pflanzlicher Natur), um sie für den medizinischen Gebrauch aufzubereiten. (Manuskript in Palani einsehbar und in gedruckter Form erhältlich)
12. *Agastyar Vytia Vaghadum Napotetoo (Agastyar Vaidya Vahadum 48):* ein medizinisches Werk von Agastyar in Tamil-Versen über die Heilung der Gonorrhöe. Es besteht aus 48 Strophen.
13. *Agastyar Vytia Padinarroo (Agastyar Naidyam 16):* ein medizinisches Werk, von Agastyar in Tamil-Versen verfasst. Es besteht aus 16 Strophen und behandelt die Krankheiten des Kopfes und ihre Heilmittel.
14. *Agastyar Vytia Eranoor (Agastyar Vaidyam 200):* ein medizinisches Werk von Agastyar. In 200 Tamil-Versen behandelt es die Themen „Chemie" und „Alchemie". (Manuskripte sind in Palayamkottai einsehbar sowie auch in gedruckter Form erhältlich.)
15. *Calikianum (Kalai Gnanam):* ein Werk über Theologie, in Tamil von Agastyar verfasst und aus 200 Strophen bestehend. (Manuskript in Tanjore einsehbar)
16. *Mooppoo (Muppu):* ein medizinisches Werk, von Agastyar in Tamil verfasst und aus 50 Strophen bestehend. Es handelt von den achtzehn verschiedenen Arten der Lepra und ihrer Heilung. (Manuskript in Thirupathi einsehbar)
17. *Agastyar Vytia Ayrit Eranoor (Agastyar Vaidyam 1200):* ein medizinisches Werk, von Agastyar in Tamil verfasst und aus 1200 Strophen bestehend. Es handelt von Botanik und pflanzlichen Heilmitteln. (Manuskript in gedruckter Form erhältlich)
18. *Agastyar Vytia Ayrnouroo (Agastyar Vaidyam 500):* ein wertvolles Werk über Medizin, von Agastyar in Tamil verfasst und aus 500 Strophen bestehend. Es behandelt ausführlich eine Vielzahl von Krankheiten und enthält eine große Auswahl nützlicher Mittel und Rezepte.

19. *Agastyar Vytia Moonnoor (Agastyar Vaidyam 300):* ein Werk über Pharmazie, von Agastyar in Tamil verfasst; es besteht aus 300 Strophen. (Manuskript in Palayamkottai einsehbar sowie auch in gedruckter Form erhältlich)
20. *Agastyar Vydeyakh Moonooro*: Dieses Werk umfasst 300 Strophen und beinhaltet vor allem die Kunst der Herstellung verschiedener Puder.
21. *Agastyar Auyerutty Annooro:* ein allgemeines Werk über Medizin und Heilkunde. Es umfasst 1500 Strophen. (Manuskript in Tanjore, Madras und Palani einsehbar)
22. *Agastyar Annooroo*: 600 Verse (Manuskript in Tanjore und Palani einsehbar)
23. *Agastyar Moopo Anabadoo (Agastyar Muppu 50):* 50 Verse
24. *Agastyar Goonnoovagadam Moonoor (Agastyar Guna Vahadam 300):* 300 Verse (Manuskript in Tanjore, Thirupathi, Palani, Palayamkottai einsehbar und auch in gedruckter Form erhältlich)
25. *Agastyar Dundakum Nooroo (Agastyar Thandaham 100):* 100 Verse (Manuskript in Tanjore und Madras einsehbar)

In den Werken Agastyars geht es um Chemie und Physik sowie um Theologie und darum, wie man die menschliche Konstitution am besten stärkt.“ (Pillai, Seite 268 ff.)

Agastyar soll zwölf Jünger gehabt haben, die er in den verschiedenen Künsten und Wissenschaften ausbildete und die später von ihm angehalten wurden, andere zu unterrichten. Die Namen dieser Jünger sind Tolkappiyanar, Adankotasiriyanar, Turalinganar, Semputcheyanar, Vaiyabiganar, Vippiyanar, Panambaranar, Kazharambanar, Avinayanar, Kakkypadiniyar, Nattattanar und Vamanar. Es sind nur wenige Einzelheiten über sie bekannt. Andere prominente Jünger waren Thiruvalluvar, der Autor des *Thirukural,* eines Klassikers der tamilischen Literatur, und Babaji Nagaraj, der Begründer des *Kriya Yoga Siddhantham.* Ihr Einfluss auf die gegenwärtige Welt ist unermesslich und wird in späteren Kapiteln aufgezeigt werden.

Agastyar war ein Meister kultureller Integration, der die Verschmelzung der Kultur der Arier aus dem Norden mit der Kultur der Drawidianer aus dem Süden vorantrieb. Sein Aschram war ein pragmatisches Beispiel für Harmonie und Integration, er ermöglichte es jedem Besucher, das Absolute auf seine eigene Weise zu verehren. Es gab verschiedene Schreine für unterschiedliche Götter und einen besonderen, erleuchtenden Schrein, der zu Rechtschaffenheit führte. Kamban sagt, dass Agastyar Rama in der sanften und wohlklingenden tamilischen Sprache willkommen hieß, während seine Jünger vedische Hymnen sangen.

Von Agastyars Meisterschaft in der kulturellen Integration zeugt auch die Geschichte, in der Agastyar auf der Hochzeit von Shiva und Parvati im Himalaya von Shiva selbst nach Süden gesandt wird. Der Norden versinkt unter dem Gewicht der versammelten Götter und Mächte, während der Süden befreit von seiner Last aufsteigt. So wird der zwergenhafte Weise nach Süden geschickt, um das Gleichgewicht wiederherzustellen.

War es, weil der Süden zu dieser Zeit seine Götter vergessen hatte oder weil der Norden zu überladen mit einer Unzahl von Göttern war, die das Bild des einen Absoluten maskierten? Auf jeden Fall war es Agastyar, der eine integrale, harmonische Gesellschaft propagierte. Die unsterbliche Botschaft und die spirituelle Technik des *Kriya Yoga*, die er Babaji vermittelte, könnte der zentrale Schlüssel für die kulturelle Integration sein, die heute in der modernen Welt so dringend nötig ist, nachdem sie durch Telekommunikation und Computertechnologie zu einem „globalen Dorf" geworden ist. Möge der Name dieses großen Weisen uns zu rechtschaffenen und harmonischen Taten in diesen von Problemen überladenen Zeiten inspirieren! Mögen integrierende Institutionen auch in unserer Zeit entstehen und zur Blüte gelangen!

8

Siddha Boganathar

Eine ozeanische Lebensgeschichte

Boganathar oder Bogar, *der Jnana* Guru] von Babaji, spricht in seinem Gedicht „Bogar Jnana Sagarama“ (Bogars ozeanische Lebensgeschichte) im zweiten der 557 Verse von sich selbst als Tamilen (Ramaiah, 1979; 1982, Seite 17)*. Im selben Vers sagt er, dass der große Siddha Kalangi Nathar ihn in den *Jnana Yoga* (Yoga der höchsten Selbstkenntnis) eingeweiht hat.

Kalangi Nathar wurde in Kasi (Benares) geboren. Er erlangte den unsterblichen Zustand des *Soruba Samadhi* im Alter von 315 Jahren und machte China zum Zentrum seiner Lehrtätigkeit. Kalangi Nathar gehörte der uralten Tradition der *Nava* (neun) *Nath Sadhus* (heiligen Asketen) an, die sich unmittelbar von Shiva ableitet. Neun bedeutende Schreine werden mit dieser Tradition in Verbindung gebracht, fünf davon befinden sich im Himalaya: in Amarnath (wo Shiva seine Partnerin, Parvati Devi, in den *Kriya Yoga* einführte), Kedarnath, Badrinath (Indien), Kailashanath (Tibet) und Pasupathinath (Nepal).

Boganathar praktizierte den *Kundalini Yoga* in vier Stufen. Die ersten drei werden in einem späteren Kapitel zum Thema „Die Psychophysiologie des Kriya Kundalini Yoga“ beschrieben. Er wählte den Pa-

* Dieses Kapitel beruht in seinen Grundzügen auf Yogi S. A. A. Ramaiahs Schilderungen von der Lebensgeschichte des Siddha Boganathar, vor allem auf seinem Vorwort zum 3. Band der gesammelten Werke Boganathars, *Bogar Kandam Yogam: Babajis Yoga of Boganathar,* sowie auf persönlichen Bemerkungen und Vorträgen.

lani-Malai-Berg im südwestlichen Tamil Nadu als Ort für die intensive Yoga-Praxis (*Tapas*) der letzten Stufe. In Palani erlangte er durch die Gnade Murugas, des ewig jungen „Kumaraswamy", *Soruba Samadhi.* Der Kumaraswamy-Tempel in Palani wurde zum Zentrum seiner Aktivitäten. Er besuchte viele Länder auf astralen und physischen Reisen und indem er seine Seele in andere Körper versetzte. In einem seiner Lieder behauptet Boganathar, mit einer Art Flugzeug, das er selbst gebaut habe, nach China geflogen zu sein; er habe intensiv mit chinesischen Siddhas diskutiert, bevor er wieder nach Indien zurückgeflogen sei (Kailasapathy, 1969, Seite 197–211). Sein Besuch in Südamerika wird von alten Aufzeichnungen der Muycas in Chile belegt: „Bocha, der den Muycas Gesetze gab, war ein weißer, bärtiger Mann, gekleidet in lange Roben, der den Kalender regelte, Feste einrichtete und dann einfach verschwand wie andere [andere bemerkenswerte Lehrer, die nach zahlreichen Legenden der Inka, Azteken und Maya über den Pazifik gekommen waren]" (Lal, 1965, Seite 20)*. Kurz vor Beginn des gegenwärtigen *Kali Yuga* (um 3102 v. Chr.) berief er ein Treffen vieler Siddhas ein, um den besten Weg für den Fortschritt der Menschheit in der kommenden Zeit der Dunkelheit zu bestimmen. Der Yoga der Liebe und Hingabe, der *Bhakti Yoga*, wurde für den idealen Weg befunden. Boganathar wurde von den anderen Siddhas mit der Aufgabe betraut, die Rituale für die Verehrung ihrer Gottheit „Palaniandavar", des Muruga von Palani, festzulegen.

Viele Rituale, die sich mit dem Baden *(Abishekam)* einer Statue Palaniandavars mit verschiedenen Substanzen und *Pancha-Amirtham* (bestehend aus fünf Früchten und Honig) befassen, wurden von ihm entwickelt und werden bis zum heutigen Tag befolgt. Die Statue musste aus einer Substanz gefertigt werden, die das ganze *Kali Yuga* überdauern würde. Doch selbst das unverwüstlichste aller bekannten Materialien, Granit, war bekannt dafür, nach Tausenden solcher Rituale abzu-

---

* Zitiert von Bancroft in *Pacific States*, Band V, Seite 23 f.

nutzen und zu zerbrechen. Deshalb entwickelte Boganathar eine Substanz aus neun geheimen pflanzlichen und chemischen Zutaten, *Nava Pashanam,* die härter als Granit ist. Acht der Zutaten wurden im Gussmaterial der Statue vermischt und die neunte als Katalysator zugefügt, um sie zu härten.

Wissenschaftler, die in jüngerer Zeit versucht haben, die Zusammensetzung einer kleinen Probe des Materials der Statue zu bestimmen, waren überrascht herauszufinden, dass es bei Erhitzen sofort in den gasförmigen Zustand übergeht. So bleibt die Zusammensetzung bis zum heutigen Tag ein Geheimnis. Spuren der Substanz sind in den rituellen Opferflüssigkeiten enthalten, in denen die Statue gebadet wird. Wenn diese zurückgewonnen und von den Verehrenden verzehrt werden, fördert dies ihren spirituellen Fortschritt entscheidend.

Reise nach China und Wechsel des physischen Körpers

Kalangi Nathar entschloss sich, für dreitausend Jahre in den *Samadhi* einzutreten und sich von seiner Arbeit zurückzuziehen. Er rief Boganathar telepathisch von Tamil Nadu nach China, damit dieser seine Mission fortsetze. Boganathar reiste über das Meer, der Handelsroute folgend. In China wurde er von Kalangi Nathar in alle Aspekte der Siddha-Wissenschaften eingeführt. Dazu gehörte auch die Zubereitung und die Verwendung des Kaya-Kalpa-Pflanzenmittels, das zu langem Leben verhilft. Nachdem Kalangi Nathar in Trance übergegangen war,,übernahm Boganathar seine Aufgabe als Lehrer der Chinesen. Um dies zu erleichtern, überführte er seinen Vitalkörper in den materiellen Körper eines verstorbenen Chinesen und lebte von da an unter dem Namen Bo-Yang. „Bo“ ist vom Wort *Bhogam* abgeleitet, was „materielle und spirituelle Seligkeit“ meint. Diese Glückseligkeit, für die er „Bo-Yang“ genannt wurde, wird erfahren, wenn die *Kundalini Shakti*, die weibliche, ursprüngliche Yin-Energie, erwacht, zur Schädeldecke, dem Sitz des Shiva, dem männlichen *Yang-Pol* im *Sahasrara Chakra* am höchsten Punkt des Kopfes, aufsteigt und sich dort mit ihm vereinigt. Das Ergebnis dieser Integration der weiblichen und der männlichen Aspekte des Wesens, die Vereinigung *(Yoga)* von Shakti und Shiva, *Yin* und *Yang,* ist *Sacchidananda,* die vollkommene Glückseligkeit.

Transformation des physischen Körpers

Boganathar beschloss, die Begrenzungen seines chinesischen Körpers mit seinen niederen Neigungen zu überwinden und sein Leben durch die Verwendung der Kaya-Kalpa-Kräuter weit genug zu verlängern, bis die Wirkungen des *Kriya Kundalini Pranayama* und verwandter Yoga-Techniken den *Soruba Samadhi* herbeiführten. In seinem Gedicht *Bogarjnana Sutra 8,* Vers 4, beschreibt er lebhaft, was geschah, nachdem er vorsichtig eine Pille aus fünfunddreißig verschiedenen Kräutern hergestellt hatte:

„Mit großer Sorgfalt und Geduld machte ich die *[Kaya Kalpa-]*Pille und schluckte sie dann,

Nicht den Narren und Skeptikern lauschend, die ihre verborgene Bedeutung und Wichtigkeit nicht zu schätzen wussten.

Lange lebte ich im Land der Parangis [Fremden] –

Zwölftausend Jahre lang, mein Freund!

Ich lebte lange und nährte mich von den vitalen Ojas [verfeinerte spirituelle Energie].

Durch die Ojas Vindhu erhielt ich den Namen, Bogar;

Der Körper entwickelte die goldene Farbe der Pille;

Nun lebe ich in einer Welt aus Gold."

(nach der Übersetzung von Yogi S. A. A. Ramaiah, 1979, Seite 40 ff.)

Er nahm drei seiner fähigsten Schüler und seinen treuen Hund und führte sie auf die Spitze eines Berges. Nachdem er zuerst dem Hund eine Pille gegeben hatte, fiel dieser tot um. Die nächste gab er seinem Lieblingsschüler Yu, der ebenfalls tot umfiel. Nachdem er sie seinen zwei anderen Schülern angeboten hatte, die bereits äußerst nervös geworden waren und die Pillen schnell versteckten, anstelle sie zu schlucken, nahm Boganathar die verbleibenden Pillen ein und fiel bewusstlos zu Boden. Die zwei verbleibenden Schüler liefen weinend den Berg hinab, um Material für die Bestattung der Toten zu holen. Als sie an die Stelle zurückkehrten, wo sie die Toten zurückgelassen hatten, fanden sie nur eine Notiz in Boganathars Handschrift.

„Die Kaya-Kalpa-Pillen wirken. Nach dem Erwachen aus der Trance habe ich den gläubigen Yu und den Hund wiederhergestellt. Ihr habt eure Chance auf Unsterblichkeit verpasst.“ (ebenda)

Die Kaya-Kalpa-Pillen ermöglichten es Boganathar, seinen chinesischen Körper innerhalb von 12.000 Jahren zu transformieren, während deren er eine leuchtend goldene Farbe annahm. (Die körperliche Transformation in den Zustand des *Soruba Samadhi* wurde aber erst später in Palani durch die letzten Phasen des *Kriya Kundalini Pranayama* und verwandter Techniken erreicht. Diese werden in Kapitel 11 beschrieben. Boganathars eigene Beschreibung des Vorgangs ist in dem Gedicht „Einweihung in den Samadhi“ am Ende dieses Kapitels wiedergegeben).

Im Gedicht „Sutras der Weisheit“ prophezeit er die Hinwendung zu *Pranayama* durch Millionen von Menschen in der modernen Zeit, die sonst dem Drogenmissbrauch erliegen würden:

„Ich will das einende Lied des Vedanta singen,

Ruhm den heiligen Füßen von Uma [der göttlichen Mutter des Universums, der Shakti],

Ich will euch in den Wissenschaften unterrichten,

von der Hypnose bis zur Alchemie *[Kaya Kalpa]*,

Ohne auf Pillen und Tabletten zurückgreifen zu müssen, wird die große wissenschaftliche Kunst des Pranayama-Atems gelernt und geehrt werden,

Von Millionen gewöhnlicher Menschen und von enthaltsamen, jungen Frauen.“

(nach der Übersetzung von Yogi S. A. A. Ramaiah, 1982, Seite 40)

Er wird bekannt als Laotse, Gründer des Taoismus

Nach diesem Zwischenfall mit den chinesischen Jüngern wurde Bo-Yang auch als Laotse bekannt. Er war fast zweihundert Jahre lang erreichbar und schulte zahllose chinesische Schüler in Tantra-Yoga-Praktiken, in denen Samen und sexuelle Energie bewahrt und in spirituelle Energie umgewandelt werden.

Zu den fortgeschrittenen Techniken, die er lehrte, gehörte das Aufziehen der Energie vom *Muladhara Chakra* (am Perineum) zum *Sahasrara Chakra* (am Scheitel) während der sexuellen Vereinigung mit einem spirituell orientierten Partner, was zu verfeinerter Energie, *Tejas,* führte, die sich in allen Zellen des Körpers manifestierte. Im 5. Jahrhundert v. Chr. begegnete Konfuzius Laotse/Bo-Yang und sagte später über ihn:

„Ich weiß, ein Vogel kann fliegen, ein Fisch kann schwimmen und ein Tier kann laufen. Für das, was läuft, kann ein Netz gefertigt, für das, was schwimmt, kann eine Leine gespannt werden. Aber der Aufstieg eines Drachens auf dem Wind gen Himmel ist etwas, das mein Wissen übersteigt. Heute habe ich Laotse getroffen, der wohl so ein Drache ist.“ Bei den Chinesen, insbesondere den Taoisten, ist der Drache ein Symbol für *Kundalini Shakti*, die ursprüngliche Kraft.

Am Ende seiner Mission verließ Boganathar gegen 400 v. Chr. mit seinem Schüler Yu (dem er den indischen Namen Pulipani gab) und anderen vertrauten Schülern China auf dem Landweg. Wie in der taoistischen Literatur verzeichnet, schrieb Laotse seine Lehren auf Bitte des Torhüters auf dem Han-Ku-Bergpass nieder. Er tat dies in zwei Büchern, dem *Tao Te King** mit 37 Stophen und dem *I Ging* mit 42 Strophen (MacKintosh, 1971).

---

* In *The Wandering Taoist* von Deng Ming-Dao, 1983, findet sich eine zeitgenössische Aufstellung der taoistischen Unsterblichen und ihrer Praktiken in China und in *The Tao and Chinese Culture* von Da Liu, 1979, eine Beschreibung des höchsten Zieles der taoistischen Praktiken, der „goldenen“ Unsterblichkeit.

Im zweiten Buch sagt er: „Tue dem Gutes, der dich verletzt hat", was auch vom zeitgenössischen tamilischen Siddha Thiruvalluvar im *Thirukkural* gelehrt wurde (Thiruvalluvar, 1968). Taoistische Yoga-Traditionen suchen bis zum heutigen Tag die physische Unsterblichkeit durch die Anwendung von Techniken, die denen des *Tamil Shiva Yoga Siddhantha* bemerkenswert ähneln.

Rückkehr nach Indien

Auf ihrem Weg besuchten sie viele Schreine im Himalaya und Kumarupa, den berühmten tantrischen Shakti-Schrein in Assam*. Mit dem Segen Shivas verfasste er am Berg Kailash sein größtes Werk. Es umfasste 700.000 Verse, wurde später auf siebentausend gekürzt und ist als *Bogar Saptha Kondom* bekannt. Später besuchte er Gaya, Indien und Arabien. Nach seiner Rückkehr nach Tamil Nadu führte er chinesische Salze und Chemie ein, die er *Seena Charam* nannte, sowie die Fertigung von Porzellan. Er übergab seine Schrift mit den siebentausend Versen Agastyar und der Akademie von Siddhas in Courtrallam zur Beurteilung. Es wurde von allen als großartiges Werk bewertet.

Infolgedessen wurden viele Siddhas, darunter Konkanavar, Karuvoorar, Nandeeswar, Kamala Muni, Satta Muni, Macchamuni und Sundarar, seine Jünger, um die Wissenschaft des *Kaya Kalpa* und *Yoga* zu studieren. Boganathar legte seine Lehrtätigkeit im Laufe der Zeit immer mehr in die Hände von Pulipani.

---

* Hier geschah es, dass Macchamuni (Macchendranatha), einer seiner Jünger, die erste große Abhandlung über die wissenschaftliche Kunst *des Kriya Tantra Yoga* erarbeitete, aus der die Kalpia- und Kapalkia-Tantra-Traditionen erwuchsen.

Gründung des Schreins von Katirgama und Soruba Samadhi

Nach der Übung von *Tapas* in Sathura Giri und Shiva Giri begab er sich nach Katirgama auf Sri Lanka, um dort mit dem Segen Muruga *Tapas* zu üben. Vom Herrn inspiriert, gründete er den berühmten Yantra-Schrein, der für das Lotos-Chakra mit den eintausendacht Blütenblättern steht, das dort in Bogar erblühte. Danach reiste er nach Palani, wo er *Soruba Samadhi* erlangte. Er ließ sich in Katirgama nieder, wo Babaji ihn gegen 211 n. Chr. traf.

Zweite Reise nach China

Später, nachdem sechs Dynastien (220 bis 590 n. Chr.) verstrichen waren, kehrte Boganathar mit einigen Jüngern nach China zurück. Er überließ die Arbeit in Tamil Nadu seinem chinesischen Schüler Pulipani. Während der Fertigstellung des Brihiteeswarar-Shiva-Tempels um 900 n. Chr. in Tanjore (Tamil Nadu) unterwies Boganathar die Baumeister darin, wie sie den achtzig Tonnen schweren Abschlussstein auf das über sechzig Meter hohe Dach des Tempels setzen konnten. Dies wurde durch seinen Jünger Karuvoorar und einen anderen tamilischen Schüler ermöglicht, die mittels Kuriervögeln, ähnlich unseren Brieftauben, mit ihrem Meister in Kontakt standen. Auf Boganathars Rat wurde eine fünf Kilometer lange, ansteigende Rampe gebaut, über die der Stein auf die Spitze des Tempels gezogen wurde. Dies war eine der bemerkenswertesten Bauleistungen aller Zeiten. Ungefähr zur gleichen Zeit empfahl er dem König von Tanjore, einen kleinen Schrein hinter dem Brihiteeswarar-Shiva-Tempel zu errichten, der seinem fortgeschrittensten Jünger Karuvoorar geweiht sein sollte und der auch noch heute dort zu finden ist.

Derzeitige Aktivitäten

Obschon überliefert ist, dass Boganathar unsere physische Welt in Palani verlassen hat, setzt er seine Arbeit auf der astralen Ebene fort und inspiriert Jünger und Anhänger. In einigen Fällen wechselte er für besondere Zwecke sogar in die physischen Körper anderer über. Mehrere geachtete Personen, einschließlich Yogi S. A. A. Ramaiah, Swami Satchidananda aus Yogaville in Virginia, Coimbatore und Sri Dharmananda Madhava aus Palani in Indien, haben dem Autor geschildert, wie sie Boganathar begegneten und von ihm durch Visionen eingeweiht wurden. Swami Satchidananda erzählte dem Autor 1988, dass er einmal, als er die Stufen zum Palani-Tempel erklomm, anhielt, um auszuruhen. Während er meditierte, hatte er plötzlich eine Vision von Boganathar, der ihn in eine fortgeschrittene Technik des Yoga einweihte. Yogi Ramaiah schien, während er Vorträge über die Verse von Boganathar hielt, so mit dem Geist und Genie des Siddhas erfüllt und interpretierte sie mit so viel Inspiration, dass kein Zweifel daran bestehen kann, dass der Siddha selbst es war, der durch den Mund Boganathars sprach.

Yogi Ramaiah berichtet, dass Boganathar auch viele moderne Wissenschaftler zu ihren Entdeckungen inspirierte, insbesondere Niels Bohr und Albert Einstein. Er tut dies, indem er sie telepathisch – jedoch anonym – in ihren Forschungen stützt und leitet, wobei er ihnen mentale Eingebungen zukommen lässt, die es ihnen ermöglicht, Schlüsselentdeckungen zu machen. Einstein selbst verfasste ein Essay darüber, wie die Entdeckung seiner berühmten Formel $E = m c^2$ als eine Art Geistesblitz in ihn herabfuhr. Boganathar griff mit seinen psychokinetischen und hellseherischen Kräften auch während der kritischen Zeit eines Raumflugs ein, als technische Instrumente 1968 auf dem ersten bemannten Flug zum Mond zu versagen drohten.* Er hat

* Apollo 8, 21.–27.12. (Anm. d. dt. Hrsg.)

durch seine Jünger und Anhänger auch daran gearbeitet, seine Schriften auf vielen Gebieten der Wissenschaft, der Medizin und des Yoga zu sammeln und zu veröffentlichen. Im Laufe der Zeit werden diese letztendlich erforscht und zum Wohle der Menschheit umgesetzt werden.

Sein Andenken ehrt heute ein ihm geweihter Samadhi-Schrein im Tempelkomplex von Palani.

Auszug aus den Schriften von Siddha Boganathar

Der folgende Auszug aus den gesammelten Werken von Siddha Boganathar, dem großen *Jnana*(Weisheit)- und *Dhyana*(Meditations)-Guru von Babaji, kann am besten verstanden werden, wenn er zusammen mit dem Originaltamil [und einer bestimmten Meditationstechnik verwendet wird, in der eingeweihte Schüler des *Kriya Yoga* unterwiesen werden (Ramaiah, 1979, 1982). Durch diese Technik kann man zurück zum Ursprung der Verse gelangen und dort einen vollständigeren Eindruck ihres Inhalts gewinnen. Jeder Vers stellt die Zusammenfassung eines Jahres der Meditation ihres Autors dar und so kann man durch sie einen flüchtigen Blick auf seine Erfahrung erhaschen. In diesem Prozess beginnt man, die Grenzen des Verstandes zu erkennen – wie wenn man mit einer Tasse versucht, den Ozean auszumessen.

Einweihung in den Samadhi von Boganathar

„Streue Blütenblätter sorgsam im Kreis;
Die Intonation des ‚Ah'-Lauts wird leiser;
Sammle die Luft /während du auf diesen Punkt hinatmest.
Alle vier werden sich in Folge verbergen und manifestieren;
Sei dort. Verweile im Mula [Wurzelzentrum]
Und puste die Luft hinaus. [Vers 1]
Wenn du so atmest, nimmst du die schwarze Farbe wahr.
Betrachte sie im Nabelzentrum;
Die schwarze Farbe wird ersetzt durch die rote Farbe,

Gefolgt von der Erfahrung des Samadhi. [Vers 2]
Wenn du kräftig pustend Sein Reich atmest,
Manifestiert sich das aufsteigende Feuer als Guru;
Jener Guru manifestiert sich als Essenz der Wahrheit;
Sie beendet die dunkle Nacht. [Vers 3]
In den elementaren, stillen Räumen der vitalen Energie
Beenden die Göttlichen Flammen die Dunkelheit.
In diesen Räumen findest du den Topf der Siddhis [göttliche Kräfte], das Zentrum aller Verwandlung.
Der Samadhi des Lichts bleibt bestehen. [Vers 4]
Auch wenn die Schale verschlossen ist, wirst du sie öffnen;
Öffne den fest verschlossenen Deckel und verrühre den Inhalt;
Gieße die Hälfte in ein sechs ‚Jaan' [Handbreite] Gefäß.
Das Ergebnis ist ein ‚Paspam' [Oxid], das wunderbare Wirkungen hervorbringen kann. [Vers 5]
Hebe die Statische Shakti sorgsam und natürlich zu einer Höhe von drei „Jaan", nachdem du Sie betrachtet und zur Blüte gebracht hast.
Huldige Ihm in den Tiefen deines Wesens,
Und der Samadhi wird alle acht Reiche erleuchten. [Vers 6]
Während der Phase leuchtender Verwandlung zieht das Kräuteröl ein und macht dich schön;
Der schöne Nandi *[Shiva]* beschrieb mit überlegener Kraft,
Wie man den Tod verjagt, auf dass Samadhi den [physischen] Körper dauerhaft mache. [Vers 7]
Wenn der innere Vayu [*Prana,* Energie] kreist, wird der kurzlebige, physische Körper die Kraft von zehn Millionen Sonnen hervorbringen;
Der sterbliche Körper wird drei Zeitalter überdauern;
Erwache! Gib den Bann des Begehrens auf! [Vers 8]
Konzentriere dich auf den Nacken, und während du dies aus den sechs Chakren hinaustust,
Konzentriere dich auf die Silbe, deren lebendige Kraft so zart ist;
Derjiva [die individuelle Seele] ist das Königreich,
Konzentriere dich auf die Metropole des Lebens.

Ziehe die Lebensenergie intensiv in dich hinein und halte sie mit großer Kraft. [Vers 9]

Übe dies täglich; die zehn vitalen Energien werden innen gehalten werden;

Das herrliche Licht von Nandi *[Shiva]* wird erweckt sein.

Sofort wirst du sehen, was die Zukunft bringt;

Du wirst mit eigenen Augen sehen, wie viele Zeitalter der physische Körper überdauern kann!“ [Vers 10]

(Nach der Übersetzung von Yogi S. A. A. Ramaiah, 1982, Seite 44 f.)

In diesen Versen spricht Boganathar vom Gebrauch der Kriya-Kundalini-Pranayama-Techniken und der Verwendung der Kaya-Kalpa-Pflanzenrezepte zur Erlangung der Selbstverwirklichung und letztendlich der Selbsttransformation, die auch den physischen Körper einschließt.

9

Ramalinga Swamigal

In moderner Zeit wurde *Soruba Samadhi* nur von wenigen großen Seelen erreicht. Ramalinga Swamigal, der Heilige von Vadalur in Tamil Nadu, ist einer von ihnen. Er durchlebte verschiedene Stadien göttlicher Transformation und hinterließ vierzigtausend Verse, die seine Erfahrungen beschreiben. Ramalinga Swamigal ist in Südindien einer der am meisten verehrten Heiligen, der allgemein für seine große Heiligkeit, die Überwindung des Todes und seine Lieder der Anbetung Shivas verehrt wird. Diese Verse werden heute von Millionen Schulkindern in Anbetung des *Arul Perun Jyoti* – des „allerhöchsten Gnadenlichtes", Ramalingas bevorzugte Bezeichnung für „Gott" – gesungen. Doch nicht nur Kinder, sondern auch spirituelle Größen wie Sri Aurobindo und Madame Blavatsky haben in Ramalinga ihr Vorbild gesehen.

Eine kurze Lebensgeschichte Ramalingas

Ramalinga wurde am 5. Oktober 1823 in dem Dorf Marudur geboren, ungefähr zehn Meilen nördlich von Chidambaram, dem Sitz des großen Tempels, der dem tanzenden Shiva „Nataraja" gewidmet ist.* Als er fünf Monate alt war, brachten sein Vater Ramiah Pillai und seine Mutter Chinnammai ihn in diesem Tempel, um ihn segnen zu lassen. Wie

* Der größte Teil des Materials zu diesem Kapitel stammt aus Dr. C. Srinivasans Buch *An Introduction to the Philosophy of Ramalinga Swamigal.* Siehe auch Vanmikanathan, 1976; Sivagnanam, 1987; Thulasiram, 1980.

er später in *Der göttliche Gesang der Gnade* oder *Thiruvarulpa* schrieb, lachte Ramalinga laut auf und eine Atmosphäre der Heiligkeit breitete sich aus, als der Vorhang vor dem Bildnis Natarajas gelüftet wurde und die Kampferflamme davor aufflackerte. Der Hohepriester erkannte die Verbindung des Kindes zur Statue des allerhöchsten Herrn, lief nach vorn, umarmte es und erklärte, es sei das Kind Gottes. In einem anderen Vers des gleichen Werkes (Lied 6, Kapitel 38, Vers 44) erklärt Ramalinga, dass Gott so gütig gewesen sei, ihm sogar in seiner Kindheit alles ohne Vorbehalt zu enthüllen.

Sein Vater starb ungefähr einen Monat darauf. Die Familie zog nach Madras, wo sie von Ramalingas älterem Bruder unterstützt wurde. Als Ramalinga fünf Jahre alt war, sorgte sein Bruder für seine Ausbildung durch einen berühmten Lehrer. Nach wenigen Lektionen begann Ramalinga, ekstatische Verse zum Lobpreis Gottes zu dichten. In einem sang er:

„Welch Wunder, oh Gott, Du hast mich in allem Wissen geschult; Du hast mir die glühende Liebe zu Dir eingeprägt; Du hast mich gelehrt, dass die Welt nichts als eine Luftspiegelung ist; oh mein gütiger Gott! Du bist in mir und gießt Deine Gnade aus; Du hast [Dich] herabgelassen, mein spiritueller Meister zu sein, und mich gesegnet, die unbedeutende Kreatur erhoben, sodass sie nicht gezwungen war, zum Bettler zu werden, der andere um Almosen anfleht." (Lied 5, Kapitel 40, Vers 4)

Die Entwicklung des Kindes erkennend, unterrichtete der Lehrer ihn nicht weiter. Doch Ramalingas älterer Bruder setzte ihn vor die Tür; er sollte auf eigenen Beinen zu stehen lernen und sich um eine vernünftige Ausbildung kümmern. Seine Frau gab Ramalinga jedoch heimlich weiter zu essen und erreichte, dass er wieder aufgenommen wurde und seine Studien fortsetzen konnte. Zu diesem Zeitpunkt war er neun Jahre alt. Nachdem er um Schreibutensilien und Studienmaterial gebeten hatte, schloss er sich in sein Zimmer im Haus der Familie in der Veeraswami Pillai Street Nr. 9 in Madras ein. Psalmen und Hymnen flossen aus ihm heraus, als ob das allerhöchste Gnadenlicht sich in ihm spiegelte und sich in Allwissenheit äußerte. Er besang es wie folgt:

„Du hast mir alles Wissen eingeflößt, ohne mich der Mühe des Lernens zu unterwerfen, und das in solchem Maße, dass die Gelehrtesten zu mir kommen, um mehr zu lernen. Oh mein Gott! Mein einziger Halt! Du hast das Licht gestiftet, in dem ich alles Wissen und alle Weisheit und alles andere realisieren konnte, ohne dafür geschult zu sein." (Lied 6, Kapitel l, Vers 23 bis 24)

Als Ramalinga zwölf Jahre alt war, konnte sein Bruder wegen einer Krankheit die Pflichten als religiöser Lehrer vorübergehend nicht erfüllen, und Ramalinga sollte ihn vertreten. Die Gemeinde war so beeindruckt von seiner Fähigkeit, die Verse von Thirugnanasambandar, einem Saivite-Heiligen, zu kommentieren, dass sie darauf bestand, dass er die geplante Reihe von Vorträgen abschloss. Ramalinga akzeptierte die Einladung, da er es als den Willen Gottes ansah, seine Mission in der Welt zu beginnen.

Es gibt nur spärliche Aufzeichnungen über die nächsten zwölf Jahre seines Lebens. Doch es scheint, dass es eine Zeit intensiven Strebens war, in der seine Sehnsucht nach dem Herabsteigen der göttlichen Gnade auf die Probe gestellt wurde. Er selbst schrieb darüber:

„Warum sollte ich meine schmerzvolle Sehnsucht schildern, wenn Du die ganze Zeit Zeuge meiner Leiden bist und alles durchdringst, innerhalb und außerhalb meines Geistes?" (Lied 6, Kapitel 139, Vers 78)

Im Jahre 1849 wurde Velayutha Mudalier aus Thuzhuvoor, ein geachteter Tamil- und Sanskritgelehrter und Dichter, sein erster Schüler. Im Laufe der nächsten fünfundzwanzig Jahre verfasste er viele Abhandlungen über Ramalinga Swamigal.

Es war ungefähr zu dieser Zeit, als Ramalinga gezwungen wurde, Thanammal, die Tochter seiner Schwester, zu heiraten. Aber alle Versuche seiner Familie, ihn zu einem weltlichen Leben zu bekehren, schlugen fehl. Seine Gemahlin blieb ihr ganzes Leben lang Jungfrau.

In Thiruvothiyur und Chidambaram dichtete er in den folgenden zehn Jahren viele leidenschaftliche Verse, die sein Streben nach dem

Licht der Gnade des Herrn zum Ausdruck brachten. Gegen 1860 zog Ramalinga in das Dorf Vadalur, das im Zentrum eines gleichseitigen Dreiecks liegt, welches von den Tempeln von Chidambaram im Süden, Vridachalam im Westen und Thiruppathirupoliyur im Nordosten gebildet wird. Dort gründete er 1867 ein Haus zur Armenspeisung, das außerdem Reisenden, Alten und Bedürftigen Obdach gewährte. Etwa zehntausend Menschen wurden bei der dreitägigen Einweihungszeremonie gespeist. Der erste Teil seiner Abhandlung *Jeevakarunya Ozhukkam* über das Mitgefühl für alle Lebewesen – ein Schlüsselprinzip seiner Lehren – wurde zu dieser Zeit veröffentlicht. Er predigte *Sanmargam,* einen Weg der Rechtschaffenheit, dessen Grundlage das Mitgefühl mit allen Lebewesen ist. Er lehrte, dass Güte dem menschlichen Wesen angeboren sei. So wie Gott sich in allen Lebewesen manifestiere, seien die Güte und das Mitgefühl, die anderen Lebewesen gälten, die Liebe, die Gott gezeigt werde. Er lehrte, dass Gottes Liebe oder seine Gnade sogar in die körperliche Gestalt des mitfühlenden Wesens hineinfließen würden. Um Gottes Gnade zu empfangen, solle man die fleischgewordene Güte selbst sein und die Gefühle der Einheit und Brüderlichkeit fest in sich verankern. Die höchste Form des Mitgefühls sei, Menschen zu speisen, die nicht in der Lage seien, zu arbeiten und so ihr Brot selbst zu verdienen – egal welcher Kaste sie angehörten, aus welcher Umgebung sie kämen, welche Überzeugung, Hautfarbe, welches Verhalten sie hätten und aus welchem Land sie kämen – sowie den Hunger der Tiere – der Vögel, Insekten … – und der Pflanzen zu stillen, weil man erkenne, dass Gott in jedem Wesen gegenwärtig sei. Er verurteilte das Töten von Tieren und bekehrte viele zum Vegetarismus.

In Vadalur tauschte Ramalinga sich ausführlich mit seinen Jüngern aus und empfing viele Besucher, die vor allem kamen, um seine Wundertaten zu sehen. Jene, die hungrig waren, wurden gespeist, und die Kranken wurden geheilt. Einige Gelehrte verschiedener philosophischer Schulen besuchten ihn, und ihre Fragen und Zweifel wurden mit Ramalingas Hilfe geklärt.

Er gründete eine Gesellschaft, die *Sanmarasa Veda Sanmarga Sangam* hieß und die er später in *Sanmarasa Suddha Sanmarga Sathya Sangam* umbenannte. Er entlehnte den Namen *Sanmarga* (der gute Weg) aus Thirumoolars *Thirumandiram* als Bezeichnung für seine eigene Philosophie.

Der göttliche Gesang der Gnade

Ramalinga komponierte viele Lieder und schrieb viele Gedichte, die seine Gottergebenheit und sein spirituelles Streben ausdrückten. Seine liebste Zeit für diese Arbeit war die Nacht. Mit großem Aufwand überzeugte Velayutha Mudalier im Jahr 1867 Ramalinga, ihm zu erlauben, seine Lieder zu sammeln und unter dem Titel *Thiruvarulpa* oder *Der Göttliche Gesang der Gnade* zu veröffentlichen. Die Geschichte ihrer Komposition wurde von Velayutha in 63 Versen aufgezeichnet und der Sammlung beigefügt.

Kurz nach ihrer Veröffentlichung verfasste eine Gruppe von Menschen aus Jaffna in Sri Lanka, angeführt von dem berühmten Gelehrten Arumugam Navalar, ein Pamphlet, das den Titel *Der Göttliche Gesang der Gnade* als überheblich bezeichnete. Ein solcher Titel sei nur für Verse der vier frühen tamilischen Saivite-Heiligen angebracht. Nachdem beide Seiten mehrere Pamphlete veröffentlicht hatten, klagte Arumugam Navalar auf eine Änderung des Titels. Das Hohe Gericht in Cuddalore, Tamil Nadu, lud beide Parteien vor. Kurz nachdem die Vertreter beider Seiten Platz genommen hatten, betrat Ramalinga zur festgesetzten Zeit den Gerichtssaal. Als er eintrat, erhoben sich alle – außer dem englischen Richter – aus Respekt vor ihm von ihren Plätzen. Ramalinga ging an seinen Platz, bezeugte dem Gericht Respekt und ging wieder hinaus. Wieder erhoben sich alle, auch der Kläger Arumugam Navalar. Der Richter, der den Ausdruck der Verehrung für Ramalinga wohl bemerkt hatte, fragte nun Arumugam Navalar, warum er solchen Respekt für den Beklagten zeige. Navalar erklärte, dass es eben

Brauch sei, einem Heiligen Respekt zu erweisen. Der Richter wies die Klage sofort mit der Begründung ab, dass die Größe und Heiligkeit der Hymnen bestätigt sei, wenn sogar ihr Kritiker verpflichtet sei, die Heiligkeit ihres Autors zu respektieren.

Der Göttliche Gesang der Gnade ist eines der größten Meisterwerke in tamilischer Sprache. Geschrieben in melodiösen Versen, drückt es die Natur und die Eigenschaften Gottes aus, die Seele und die Symphonie des Lebens. Es beschreibt die verschiedenen Stufen der Selbstverwirklichung und die Transformation von Ramalingas sterblicher, menschlicher Hülle in einen göttlichen, unsterblichen Körper. Ramalinga schrieb, dass sein unsterblicher Körper mit einem goldenen Schein glänzte und in einen „Körper der Liebe" (*Anburoo* oder *Suddha Deham*) transformiert wurde. Er besang mehr und mehr in ekstatischen Tönen den Fluss der göttlichen Gnade. Sein „Körper der Liebe" wurde in einen strahlenden Körper transformiert, bekannt als „Körper der Gnade", *Pranava Deeham,* oder „Körper des Lichts". Im Gegensatz zum vorherigen war dieser Körper durch Berührung nicht mehr wahrnehmbar. Er ist unvergänglich und bleibt von den Kräften der Natur verschont. Sein Bestreben, mit dem allerhöchsten Gott zu verschmelzen, war auf dieser Stufe erfüllt worden. Er bemerkt selbst:

„Ich betete für einen strahlenden Körper, der für immer Wind, Erde, Himmel, Feuer, Wasser, Sonne, Mond, Tod, Krankheit, Waffen, Planeten, Verletzungen und allem anderen widerstehen würde. Gott erfüllte meine Gebete und gab mir solch einem Körper. Halte es nicht für ein gemeines Geschenk. Oh Völker, sucht Zuflucht in meinem Vater, der der Herr der selig machenden Pracht ist, die sogar den materiellen Körper unsterblich macht." (Lied 6, Kapitel 13, Vers 59)

Ungefähr zu dieser Zeit versuchten Ramalingas Jünger, ihn zu fotografieren. Ein berühmter Fotograf, Masilamandy Mudalier aus Madras, wurde geholt. Achtmal versuchte er, Ramalinga abzulichten, aber die Negativplatten zeigten nur seine Kleidung – und keinen Teil seines Körpers. Einer seiner Jünger, Kandaswamy Pillai, gab dafür eine Erklärung. Seiner Meinung nach sei der Körper von Ramalinga schon in einen Körper feinstofflichen Lichts verwandelt und konnte sich so nicht auf den Negativen zeigen.

Sein Körper warf keinen Schatten. Um unnötige Aufmerksamkeit auf diese Tatsache zu vermeiden, hüllte Ramalinga seinen Kopf und seinen strahlenden Körper in ein weißes Gewand. Er war von aufrechter Gestalt und mittlerer Größe, hatte eine schmale Nase und große, ruhige Augen, die einen spirituellen Glanz versprühten. Sein Körper war hager, denn er nahm nur alle zwei oder drei Tage eine kleine Menge Nahrung zu sich. Er konnte mit Leichtigkeit die Gedanken anderer lesen und vollbrachte oft Wundertaten und Heilungen. Oft verschwand er auch für mehrere Tage spurlos. Sein ganzes Wesen war schlicht, demütig, sanft und liebevoll.

Der Tempel der Weisheit

Im Jahre 1870 zog Ramalinga Swami in eine kleine Hütte in dem Dörfchen Mettukuppam, etwa drei Meilen südlich von Vadalur. Diese Hütte ist bis zum heutigen Tag erhalten und als *Siddhi Valaga Thirumaligai* (das heilige Haus der Wunder) bekannt. 1871 wies er seine Jünger an, einen von ihm entworfenen „Tempel der Weisheit" zu bauen. Sie errichteten ihn innerhalb von sechs Monaten. Er wurde am 25. Januar 1872 eingeweiht und steht noch immer. Der Tempel hat eine einmalige Gestalt, die den Prozess der Selbstverwirklichung symbolisiert, wie er von Ramalinga erfahren wurde. Sieben Vorhänge, die für die menschliche Leidenschaft und Unwissenheit stehen, verbergen ein ewiges Licht und verschiedene Räume im Inneren. Es sind, aufeinanderfolgend: „das Individuum", das „Leben selbst", der „Raum der Wirklichkeit", der „Raum des allerhöchsten Herrn" und verschiedene spirituelle Erfahrungen. Hinter all diesen Vorhängen steht ein 1 Meter 50 hoher Glaskasten, der die Reinheit der Seele verkörpert. In ihm brennt das ewige Licht, das die Seele in ihrer wahren Pracht, verschmolzen mit dem allerhöchsten Gnadenlicht *(Arul Perunjyoti),* darstellt.

Ramalinga gab seinen Jüngern die Anweisung, dort außer dem Verbrennen von Kampfer keine Rituale zu vollziehen. Anhänger sollten in Stille beten und erfüllt von der Liebe zu Gott in die Ekstase eintreten.

„Eins mit allen Körpern Seiner Schöpfung ..."

Vom Tag der Grundsteinlegung des Tempels an verbrachte Ramalinga Swamigal seine Zeit abwechselnd in mehrtägigen Phasen der Abgeschiedenheit in seiner Einsiedelei und indem er faszinierende Vorträge über die universelle spirituelle Vereinigung mit Gott hielt. Gegen Ende 1873 hisste er seine Sanmarga-Flagge zum Zeichen dafür, dass er das allerhöchste Gnadenlicht erlangt hatte. Er bat seine Zuhörer inständig, über den Herrn des Lichts, der im Herzen eines jeden wohnt, zu meditieren und zum allerhöchsten Gnadenlicht zu beten. Gleichzeitig platzierte er die Öllampe, die er in seinem Raum benutzt hatte, vor dessen Tür. Er bat seine Jünger, sie zu ehren und für immer brennen zu lassen. Sie sollten sich vorstellen, dass sich das allerhöchste Gnadenlicht in ihr manifestiere,und zu Ihm um Gnade beten.

Doch als sein spirituelles Werk keine so tiefen Wurzeln fasste, wie er erhofft hatte, drückte Ramalinga seine Trauer aus, indem er sagte:

„Wir öffneten die Schatztruhe, aber keiner wollte den Schatz. So schlossen wir sie wieder."

Vorher bemerkte er:

„Ihr, meine Lieben, scheint beschlossen zu haben, mir nicht zuzuhören. Ihr wollt mich jetzt nicht hören. Es gibt da einige erleuchtete Menschen im fernen Norden. Sie werden hierherkommen. Sie werden diese Philosophie lernen und sie euch predigen. Dann werdet ihr vielleicht zuhören."

Helena Petrovna Blavatsky, Mitbegründerin der *Theosophischen Gesellschaft* mit Sitz in Adyar bei Madras, die die Wiederbelebung des Interesses an Spiritualität und esoterischen Lehren in der modernen westlichen Welt anführte, erklärte wenig später Ramalinga Swamigal zum Vorreiter ihrer Bewegung (Juli-Ausgabe von *Theosophist,* 1882).

Vierzig Jahre später ließ sich Sri Aurobindo im nahegelegenen Pondicherry nieder. Parallelen zwischen seinen und den Erfahrungen Ramalingas werden im nächsten Kapitel erörtert.

Als Ramalinga sah, dass die Massen seiner Botschaft nicht folgten, wandte er sich an Gott:

„Oh, Herr des Lebens. Was nützt es, meine demütigen Bitten zu wiederholen, wenn Du all meine Gedanken kennst? Wann wird die Welt die universelle spirituelle Gemeinschaft verwirklichen und sich an ewigem Glück, frei von Leid und Tod, erfreuen? Wann kann ich – angesichts ihrer Freude – endlich glücklich sein?" (Lied 2, Kapitel 23, Vers 10)

Am 30. Juli 1874 verfasste Ramalinga im Alter von fünfzig Jahren folgende Erklärung und trug sie seinen Jüngern vor:

„Meine Lieben! Ich muss mich einige Zeit lang zurückziehen. Sorgt euch nicht. Erhaltet das Licht der Lampe *[Gnana Deepam]* für immer am Brennen. Stellt euch vor, dass Gott dort ist, und verehrt das Licht. Ihr werdet reich belohnt. Ich bin jetzt in diesem Körper, doch schon bald werde ich mit allen Körpern Seiner Schöpfung verschmelzen. Schließt die Tür und verriegelt sie von außen. Der Raum wird, wenn ihr ihn wieder öffnet, leer sein."

Dann schloss Ramalinga sich in seiner Hütte ein. Später in der Nacht, als die Jünger vor dem Raum *„Arul Perunjyoti. Tanniperun Karunai. Arul Perun jyoti"* (Allerhöchstes Gnadenlicht, ergieße dich über uns) sangen, erstrahlte ein Blitz aus violettem Licht aus Ramalingas Raum, der die Verschmelzung von Ramalinga „mit allen Körpern Seiner Schöpfung" signalisierte. Denn später, als der Raum geöffnet wurde, war er leer. Ramalinga war und blieb spurlos verschwunden.

Einige Tage später ritten der oberste britische Verwaltungsbeamte des Süd-Arcot-Distrikts, der Steuereinnehmer J. H. Garstin von der indischen Kolonialverwaltung und George Banbury, der Stabsarzt des

Distrikts, nachdem sie einen Polizeibericht erhalten hatten, unverzüglich nach Mettukuppam, um diese Verschwinden zu untersuchen. Sie führten eine ausführliche Befragung durch. Alle Dorfbewohner waren außer sich vor Trauer. Die Beamten gingen um die Hütte herum und untersuchten alles sorgfältig. Nachdem sie keine Beweise fanden, die einen gegenteiligen Verdacht stützten, kamen sie zum Schluss, dass Ramalinga in der Tat eine große Seele sein musste, die sich in Luft aufgelöst hatte. Der Steuerbeamte befragte die Jünger, was der Swami ihnen zu tun aufgetragen habe. Sie erklärten, dass er sie beauftragt habe, die Armen zu speisen. Die beiden britischen Beamten gaben den Jüngern zwanzig Rupien für diesen Zweck und ritten zurück nach Cuddalore.

1878 wurde das Handbuch des Süd-Arcot-Distrikts veröffentlicht. Darin beschreibt J. H. Garstin das Verschwinden von Ramalinga Swami: „Ramalinga Swami im Jahre 1874 in einen Raum in Mettukuppam ging und seine Jünger bat, diesen von außen zu verschließen. Er kam nicht wieder heraus. Seine Jünger glauben, dass er mit Gott verschmolz."

Sein Hingang erinnert an die Art, wie die vier großen Saviate-Heiligen von Tamil Nadu, die *Nayanars*, die physische Ebene verließen. Keiner von ihnen ließ seinen Körper auf der Erde, noch wurden sie verbrannt oder beerdigt. Sie verschwanden einfach oder verschmolzen mit ihrem göttlichen Herrn. Tirugnanasambandar verschwand in dem göttlichen Licht, das zur Zeit seiner Hochzeit erschien. Appar verschmolz physisch mit der absoluten Form des Herrn in Pugalur. Sundarar verschmolz mit Shiva auf dem Berg Kailash und Manickavasagar verschmolz mit der Statue von Nataraja, dem kosmischen Tänzer, im Allerheiligsten des Tempels von Chidambaram (Sekkizhaar, 1985). Doch im Gegensatz zu ihnen behielt Ramalinga die Unsterblichkeit nicht als Geheimnis für sich. Er verkündete sie offen und lud jedermann dazu ein, seine Freude und das allerhöchste Gnadenlicht mit ihm zu teilen.

Der Weg der Transformation

Ramalinga Swami hinterließ mehr als vierzigtausend Verse, in denen er die Stufen der Transformation beschrieb, die er erlebt hatte. Es folgt eine Zusammenfassung dieser Stufen, die zeigt, dass das, was von Babaji und den achtzehn Siddhas gelehrt wurde, ein göttlich inspirierter Prozess ist, der die Realisation des größten Potenzials der Menschheit herbeiführen kann, die Vereinigung mit dem Göttlichen auf allen Ebenen: der spirituellen, intellektuellen, mentalen, vitalen und sogar der physischen Ebene.

Ramalinga beschrieb mehrere aufeinanderfolgende Transformationsstufen:

1. die Transformation des sterblichen Körpers in den *Suddha Deham*, den „vollkommenen Körper", erreicht durch die universelle spirituelle Verbindung und Ergebenheit in Gott;
2. die Transformation des *Suddha Deham* in den *Pranava Deham,* in den „Körper der Gnade und des Lichts", und
3. die Transformation in den *Gnana Deham*, den „Körper der Weisheit", der gleichbedeutend mit der Verschmelzung mit dem Körper des allerhöchsten Gottes ist.

Die Möglichkeit einer solchen Transformation ist bereits aus der Veränderung von Ramalingas eigenem Körper ersichtlich. Darüber hinaus erklärte Ramalinga, dass der Heilige Manickavasagar, der sich im 7. Jahrhundert n. Chr. im Allerheiligsten des Nataraja-Tempels in Chidambaram aufgelöst hatte, die anderen zwei Transformationsstufen bereits vorher durchlaufen haben müsse.

Der *Suddha Deham* oder der „vollkommene Körper“

In vielen Versen besingt Ramalinga, wie sein „unreiner Körper“ aus „unreinen Elementen“ in einen reinen Körper aus reinen Elementen, genannt *Swarna Deham* oder „goldener Körper“, transformiert wurde.

„Oh Gott! Geliebter, nur um mir den goldenen Körper zu schenken, hast Du, die universelle Liebe, Dich mit meinem Herzen vereinigt. Dir selbst erlaubend, in mich einzuströmen, oh Geliebter, hast Du meinen Körper mit dem Licht der Gnade verwandelt.“ (Lied 6, Kapitel 1, Vers 480)

In Lied 6, Kapitel 132, Vers 54 beschwört er, dass selbst der unreinste Körper, der den materiellen Begrenzungen und der Vergänglichkeit ausgesetzt ist, indem er dem göttlichen Weg des *Suddha Sanmargam* folgt, ein ewiger und unvergänglicher Körper werden wird.

Ramalinga beschreibt ein „Prinzip des Lichts, das allein diese erste Transformation herbeiführen kann“. Dieses Prinzip hat zwei Aspekte: „universelle Achtung vor dem Leben“, *Paropakaram,* und „Gottesergebenheit“, *Satvicharam.* Für ihn war der erste Aspekt der wichtigste, und wenn dieser erreicht sei, werde die Gnade sehr leicht kommen. Gott ist in allen Lebewesen gegenwärtig und alle Lebewesen sind in Gott. Durch das Entwickeln von Mitgefühl für alles kann eine universelle spirituelle Verbindung und eine universelle Liebe erreicht werden.

Gnade ist das Erbarmen Gottes. Mitgefühl ist das Erbarmen der menschlichen Seele und durch ihre Entwicklung kann die Gnade Gottes realisiert werden – wie ein Funke, der sich zum strahlenden Licht ausdehnt.

Er lehrte, dass der andere Aspekt des Prinzips des Lichtes, innige Gottesergebenheit, wachsen müsse. Unablässiges Denken an Gott und innige Gebete um Gnade sind der Schlüssel hierzu.

In Lied 6, Kapitel 110, Vers 1, singt er, dass man ständig an Gott denken solle, bis man Ihn fühle und vor Liebe zu Ihm zergehe. In diesem Zustand breche man in Tränen aus und singe lobpreisend von Gott und eine beruhigende Wärme dehne sich im Anwärter aus. Ohne dieses Geheimnis zu kennen, hätten sich Yogis seit undenklichen Zeiten asketischen Praktiken unterworfen, nur um diese Wärme zu spüren *(Suddhi Ushanam).* Wenn sich universelle Liebe und die heilige Wärme entwickelten, würden der Körper und auch die Seele auf das Herabsteigen der Gnade in Form des Lichts vorbereitet. Wenn dieses geschehe, werde der materielle Körper in einen „Körper aus reinem Licht" verwandelt, der einen goldenen Schein ausstrahle.

Nach seinen Beschreibungen in Lied 6, Kapitel 99, Vers 6, Kapitel 149, Vers 98 und Kapitel 1, Vers 1490, scheint dieser „goldene Körper" ungefähr zwölf Jahre alt zu sein. Alle physiologischen Aktivitäten sind eingestellt, es existiert kein Verlangen nach Nahrung, keine Verdauung, keine Ausscheidung, kein Wachstum und keine Alterung. Äußerlich erscheint er anmutig schön, ohne einen Schatten zu werfen. In Lied 6, Kapitel 1, Vers 1449 bis 1476, schildert er ausführlich die Stufen dieser Transformation. Er erklärt, dass die Dermis und Epidermis der Haut extrem weich geworden seien. Alle Nerven, Muskeln und Sehnen hätten sich nach und nach gelockert. Alle Knochen, Membranen und Knorpel seien äußerst biegsam. Das Blut sei geronnen, der Samen sei hart und konzentriert. Das Gehirn und all seine Bestandteile hätten sich gelöst wie eine sich öffnende Blüte. Durch den Körper fließe ein Elixier. Das Gesicht sei strahlend. Im Atem liege eine unaussprechliche Zartheit, sanft und mild, süß und harmonisch. Tränen flössen unablässig. Der Mund erzittere, die Ohren seien voll von Melodien. Der ganze Körper sei kühl geworden. Alle sichtbaren Teile des Körpers erblühten in Ekstase. Das Herz schwelle an und poche in Liebe. Das Ego verschwinde, genau wie mentale und emotionale Verletzungen. Eine zarte, liebende und mitfühlende Ruhe herrsche. Der innige Wunsch, die göttliche Gnade zu erhalten, fließe über. Höchste Liebe erfülle den Körper, der zum Schrein des göttlichen Lebens werde.

Ramalinga beschreibt hier nicht nur seine eigene Erfahrung, sondern auch die eines jeden anderen Menschen, der mit dem *Suddha Deham* oder „vollkommenen Körper" gesegnet ist. Er wird nicht länger durch die fünf Elemente Erde, Wasser, Feuer, Luft und Äther beeinflusst oder beschränkt. Seine Sinne können alles auf Distanz wahrnehmen und der Betreffende wird so allwissend. Er ist nicht länger durch Zeit, Raum und die anderen Gesetze der Natur in Schranken verwiesen. Er benötigt weder Nahrung noch Schlaf oder Sex. Der Körper altert nicht und ist durch keinerlei Waffe verwundbar. Er kann nach eigenem Belieben zerstören oder schaffen. Er kann die Toten erwecken und den Alten die Jugend wiedergeben. Er ist allmächtig, allwissend und allgegenwärtig.

Der *Pranava Deham* oder der „Körper der Gnade"

Ramalinga schildert die darauffolgende Transformation des „vollkommenen Körpers" in den *Pranava Deham*, den „Körper der Gnade". Nach seiner Beschreibung kann dieser Körper gesehen, aber nicht berührt werden. Er scheint ein himmlisches Kind von ungefähr fünf bis acht Jahren zu sein. Durch bloße Ausübung seines Willens hat er Macht über alle Siddhis, über alle yogischen Wunderkräfte. Seine Beschreibungen dieser Stufe erinnern an jene, die Boganathar hinsichtlich „Bala Murugas", des Gottes Muruga als Kind, machte.

In Lied 6, Kapitel 109, Vers 17, erklärt Ramalinga, dass er diese Transformation durchlebt und sich sogar darüber hinaus entwickelt habe. Dadurch habe sich die allerhöchste Gnade der vollkommenen Glückseligkeit manifestiert.

Der *Gnana Deham* oder der „Körper der Glückseligkeit"

Ramalinga beschreibt in Lied 6, Kapitel 103, Vers 7, Kapitel 132, Vers 74 und Kapitel 109, Vers 27, wie er die höchste und großartigste Transformation der menschlichen Entwicklungsgeschichte durchlebte: die Umwandlung in die Gottheit, was er als das Verschmelzen mit dem Körper der höchsten Weisheit, *Gnana Deham,* dem „Körper Gottes selbst", bezeichnete. Dabei ist der Körper allgegenwärtig, aber mit den Sinnen nicht mehr wahrnehmbar. Die Gottheit hat Ihren Körper mit dem des ebenfalls göttlichen Anwärters getauscht, namentlich mit dem von Ramalinga Swamigal, wie er in Lied 6, Kapitel 1, Vers 1149 und Vers 1139, besingt. In Kapitel 1, Vers 1145, beschreibt er auch, dass der höchste Gott nicht nur so gütig war, mit dem göttlichen und erhobenen Körper des *Swami* zu verschmelzen, sondern ihn der allerhöchsten Gnade und Gottheit, Suddha Shivam, gleich machte.

Das Erbe von Ramalinga Swamigal

Ramalinga Swamigal fährt nicht nur fort, „in allen Körpern Seiner Schöpfung" zu leben, sondern auch in den Herzen von Millionen von Anhängern, die von seinem Beispiel und seinen Schriften inspiriert wurden. Seine Mission in Vadalur hat die Armen dort weiterhin gespeist, jeden einzelnen Tag in den vergangenen hundertzwanzig Jahren. Das Küchenfeuer der Mission ist nicht ausgegangen, seit es das erste Mal im Jahre 1870 entzündet wurde! Während des Pusam-Festes im Januar besuchen Zehntausende von Anhängern den Tempel der Weisheit in Vadalur und die Einsiedelei im nahegelegenen Mettukuppam. Beide wurden 1978 renoviert. Sie strahlen weiterhin in dem goldenen „göttlichen Gnadenlicht".

10

Die supramentale Evolution

Sri Aurobindo und die 18 Siddhas

Einer der wenigen Menschen moderner Zeit, der die Größe einer göttlichen Transformation der Menschheit voll zu würdigen wusste, war Sri Aurobindo. Während die meisten *Pandits* und orthodox-religiösen Lehrer Indiens die Schriften der Siddhas mit ihrer Behauptung physischer Unsterblichkeit als Produkte der Fantasie abtaten, versuchte Aurobindo vierzig Jahre lang, solch einen Zustand zu erreichen. Obschon er sich selbst nie zur Tradition der achtzehn Siddhas zählte, wie wir im Folgenden sehen werden, ist es doch offensichtlich, dass die transformierenden Erfahrungen von Thirumoolar, Ramalinga, Aurobindo und der Mutter (die fortgeschrittenste Schülerin von Aurobindo) gleicher Natur waren. Seine zeitgenössischen Aufzeichnungen können uns daher helfen, die Aussagen der Siddhas zu verstehen.

Sri Aurobindo fasste seine Vision in *The Life Divine* und *The Synthesis of Yoga* zusammen und beschrieb seine transformierenden Erfahrungen in den *Letters on Yoga* und dem epischen Werk *Savitri* (Aurobindo, 1935 a, 1935 b, 1969, 1950 a). Vor allem die letzteren Werke beschreiben die vielen Stufen und Schwierigkeiten, die bei einer solchen Transformation auftreten, detailliert. Obschon sie für ihn kein endgültiges Ziel darstellen kann, verkörpert die physische Unsterblichkeit für Aurobindo doch die nächste Stufe der Evolution der Menschheit. Er sieht sie als Resultat einer spirituellen Transformation, als den Höhepunkt eines Prozesses, in dem ein göttliches, „supramentales" Bewusstsein in die niederen Ebenen unseres Bewusstseins und sogar in die unbewussten Bereiche der Materie hinabsteigt.

Aurobindos Beschreibungen dieses Prozesses und seiner Auswirkungen besitzen erstaunliche Ähnlichkeit mit denen der Siddhas und denen Ramalingas, vor allem in der Schilderung des „goldenen Staubes" und des „goldenen Körpers". Seine tiefe Liebe zur Menschheit und seine Hinwendung zu einem aktiven Leben in der physischen Welt gleichen ebenfalls denen der Siddhas. Diese Übereinstimmung von Erfahrung und Orientierung kann uns einige wichtige Hinweise für unsere eigene Disziplin und Lebensweise liefern, wie wir im nächsten Kapitel zeigen werden.

Aurobindo Ghose wurde am 15. August 1872 in Kalkutta geboren. Vom fünften bis zum zwanzigsten Lebensjahr lebte er in England. 1892 kehrte er nach Indien zurück und arbeitete dort als Französisch- und Englischlehrer. Später wurde er Privatsekretär des Fürsten von Baroda, 1901 heiratete er. In diesen Jahren steckte er den größten Teil seiner Energie in die aufkeimende indische Unabhängigkeitsbewegung; er wurde einer ihrer wichtigsten Anführer. Von den Briten wurde er verhaftet und wegen umstürzlerischer Aktivitäten angeklagt, aber später aus Mangel an Beweisen freigesprochen (Satprem, 1975, Seite 27, 149 f.).

Treffen mit Yogi Lele

Mitten in all diesen politischen Aktivitäten traf Aurobindo am 30. Dezember 1907 einen *Yogi* namens Vishnu Bhaskar Lele. Es war das erste Mal, dass er bewusst einen *Yogi* aufgesucht hatte. Er sagte zu ihm: „Ich möchte Yoga lernen, aber für die Arbeit und das Leben, nicht für Sannyasa [Rückzug aus der Welt] und Nirvana" (Aurobindo, 1972, Seite 349). Die zwei Männer verbrachten drei Tage zusammen, ohne den Raum zu verlassen. Lele wies ihn an: „Meditiere, aber denke nicht. Beobachte deinen Verstand lediglich. Du wirst die Gedanken kommen sehen. Verwirf sie, noch bevor sie eintreten können, bis dein Verstand fähig ist, vollständig still zu sein" (Aurobindo, 1972, Seite 132). Aurobindo berichtet später: „Das Ergebnis war eine Reihe von überaus kraftvollen Erfahrungen und radikalen Veränderungen des Bewusstseins, die ich nicht beabsichtigt hatte ... und die meinen eigenen Vorstellungen gar nicht entsprachen, denn sie ließen mich die Welt mit einer erstaunlichen Intensität wahrnehmen, wie einen Film mit schemenhaften Darstellern, der nur die unpersönliche Universalität des absoluten Brahma spiegelte." (Aurobindo, 1972, Seite 127)

„In den weiten Räumen des Selbst erschien mir der Körper nur noch als wandelnde Hülle." (Aurobindo, 1972, Seite 132)

„Ich wurde plötzlich in einen Zustand ohne jeden Gedanken hineingeworfen, unbefleckt von allen mentalen oder vitalen Regungen. Da war kein Ego, keine reale Welt. Wenn man durch die unbeweglichen Sinne blickte, nahm man etwas wahr oder projizierte eine Welt leerer Gestalten auf die Stille, materialisierte Schatten ohne wahre Substanz. Da gab es kein Eins oder gar viele, nur ein absolutes Es – gestaltlos, beziehungslos,,rein, unbeschreiblich, undenkbar, absolut, doch überaus wirklich und allein nur wirklich. Dies war keine geistige Erkenntnis oder etwas, das ich in anderen Sphären erhaschte – keine Abstraktion –, es war positiv, die einzig positive Realität. Und obschon es keine räumliche, physische Welt war, war sie genauso durchdringend und besitzergreifend. Sie überflutete förmlich die Erscheinung der physischen Welt und ließ keinen Raum für irgendeine Realität außer sich selbst. Sie erlaubte nichts neben sich, wirklich, positiv oder wesentlich zu erscheinen ... Was sie [diese Erfahrung] brachte, war ein unbeschreiblicher Frieden, eine kraftvolle Stille, ein Loslassen in der Freiheit der Unendlichkeit." (Aurobindo, 1972, Seite 132)

Aurobindo war in den Zustand des *Nirvikalpa Samadhi*, das „Es" der *Veden* und der heiligen Schriften der Hindus, eingetreten. Von den Buddhisten wird es *Nirvana* oder „Befreiung" genannt, das endgültige Ziel aller mystischen Traditionen der Welt, das selbst nach Jahren intensivster Bemühungen nur sehr wenige erreichen. Aber dieser Endpunkt war erst der Beginn viel tieferer Erfahrungen. Er berichtet: „Ich lebte Tag und Nacht in diesem Nirvana, bevor es andere Dinge in und neben sich erlaubte oder sich selbst veränderte ... am Ende löste es sich von oben herab in ein größeres Überbewusstsein auf ... Die Sicht der Welt als Illusion machte Platz für eine neue Perspektive, in der die Illusion nur ein unbedeutendes Phänomen an der Oberfläche ist, hinter, über und in deren Herzen die höchste göttliche Realität steht und ist, die mir jedoch zunächst nur als Film oder als ein Spiel schemenhafter Schatten vorgekommen war. Dies war keine Wiedergefangennahme der Sinne durch die Welt, keine Minderung der höchsten Erfahrung, es war eine folgerichtige und stetige Mehrung und Erweiterung derselben Wahrheit ... Das Nirvana in meinem befreiten Bewusstsein war lediglich der Beginn meiner Verwirklichung, ein erster Schritt in die richtige Richtung und keine so große Errungenschaft oder gar der krönende Abschluss" (Aurobindo, 1972, Seite 154). „Das Nirvana kann nicht das Ende des Weges sein, hinter dem es nichts mehr zu erfahren gibt ... es ist das Ende des niederen Weges durch die niedere Natur und der Beginn einer höheren Evolution." (Aurobindo, 1969 a, Seite 71)

Aurobindo verharrte weiter in diesem Zustand, selbst in der Zeit, als er seine Zeitung herausgab, heimliche Treffen organisierte und auf politischen Tagungen sprach. Nachdem Aurobindo vor der ersten dieser Tagungen Lele gestanden hatte, dass er sich nicht recht zutraute, vor einer so großen Menschenmenge zu sprechen, empfahl Lele ihm zu beten: „Doch ich war so in dem stillen Brahma-Bewusstsein versunken, dass ich nicht beten konnte. Er entgegnete, das sei nicht wichtig. Er und einige andere würden für mich beten, und ich solle einfach zu der Tagung gehen, mich ehrfürchtig vor dem Publikum als dem Narayan [dem Herrn] verbeugen und warten. Die Rede würde dann aus einer anderen Quelle als meinem eigenen Geist zu mir kommen" (Purani, 1958, Seite 120). Aurobindo befolgte die Anweisung und „die Rede kam, als wäre sie diktiert. Und von dieser Zeit an sind alle Reden, Schriften, Gedanken und äußere Aktivitäten so zu mir gekommen, von derselben Quelle durch meinen Geist geschleust" (Aurobindo, 1972, Seite 83). Dies war seine erste Erfahrung mit dem Überbewusstsein. Seine Rede war wirklich großartig: „Versucht, die Kraft in euch zu erfassen; versucht, sie hervorzubringen, sodass alles, was ihr tut, nicht euer eigenes Handeln ist, sondern das Handeln der Wahrheit in euch ... weil nicht ihr es seid, ist es etwas in euch. Was können all diese Tribunale, was können all die Mächte der Welt Dem tun, Der in euch ist, dem Unsterblichen und Ungeborenen Einen, Den ein Schwert nicht verwunden kann, Den ein Feuer nicht verbrennen kann? ... Ihn kann das Gefängnis nicht einschließen und der Galgen nicht richten. Was gibt es noch, das ihr fürchten müsstet, wenn ihr euch Seiner bewusst seid, Der in euch ist?“ (Aurobindo, 1922, Seite 22)

Aurobindo wurde im Morgengrauen des 4. Mai 1908 ein zweites Mal von der britischen Polizei verhaftet. Während der täglichen Übungen im Hof des Gefängnisses von Alipore brachte eine Reihe spiritueller Erfahrungen eine weitere Wandlung in seinem Bewusstsein hervor. Er begann, den Herrn in jedem und allem zu sehen. Während der Verhandlung, die sechs Monate lang dauerte, verfolgte ihn in seinem Eisenkäfig im Gerichtsaal stets dieselbe Vision: „Ich sah auf den Vertreter der Anklage, und es war nicht der Staatsanwalt, den ich da sah – es war Krishna selbst, der dort saß und lächelte. ‚Hast du Angst?‘, fragte er mich und sagte: ‚Ich bin in allen Menschen und wache über ihre Taten und Worte.‘ (Aurobindo, 1922, Seite 58)

Auf der Suche nach dem „Geheimnis“

Nach seiner Entlassung aus dem Alipore-Gefängnis nahm Aurobindo seine revolutionäre Arbeit wieder auf. Durch seine neuen Erfahrungen hatte er ein „überrationales Bewusstsein“ erreicht, in dem die getrennten Wahrheiten des Daseins – wie etwa Frieden, Liebe, Schönheit, Kraft, Wissen, Willen usw. – vollkommen, aber doch unabhängig voneinander erfahren werden. Doch auch die Grenzen eines solchen Bewusstseins waren ihm klar. In ihm erkennt man nur zeitlich begrenzte Wahrheiten. „Es sieht alles, aber er sieht es von seinem eigenen Standpunkt aus“ (Aurobindo, 1958, Seite 128). Durch seine eigene Struktur muss das überrationale Bewusstsein die Einheit teilen, und je weiter es in die niederen mentalen Ebenen herabsteigt, desto stärker wird es aufgespalten. Was er suchte, war eine Wahrheit des Körpers und der Erde, nicht nur eine des Geistes und des Himmels. Es brauchte eine andere Kraft – eine, die der herabziehenden, spaltenden Kraft, der die menschliche Natur ausgesetzt ist, widersteht. Aurobindo begann, nach dem Schlüssel zu einem wahren Leben hier auf Erden zu suchen. „Das Leben und nicht die abgeschiedene Stille oder ein abgehobenes, ekstatisches Jenseits ist der Boden unseres Yoga" (Aurobindo, 1976, Seite 101). Er sagte: „Es ist klar, dass der Verstand nicht in der Lage ist, die menschliche Natur radikal zu ändern. Du kannst fortfahren, menschliche Institutionen unendlich zu ändern, und doch werden die Unvollkommenheiten in all deinen Institutionen immer wieder durchbrechen. ... Es muss eine andere Kraft sein, die der trennenden, herabziehenden Kraft widerstehen kann" (Satprem, 1975, Seite 228). Aurobindo bezeichnete diese verborgene Kraft als das „Geheimnis", als das „supramentale Bewusstsein".

Im Februar 1910, nicht einmal ein Jahr nach seiner Entlassung aus dem Gefängnis, wurde er gewarnt, dass er wieder verhaftet und auf die Andamanen verbannt werden solle. Die Stimme sprach zu ihm: „Geh nach Chandernagore." Zehn Minuten später nahm er ein Boot, das ihn den Ganges hinabbrachte.

In Chandernagore fand er noch im gleichen Jahr das „Geheimnis", nach dem er gesucht hatte. Die Umstände, unter denen er es entdeckte, gab er nie preis. Doch aus seinen späteren Schriften ist ersichtlich, dass er durch eine Hölle hindurchmusste, um es zu finden, denn niemand kann höher hinaufsteigen, als er hinabgestiegen ist. „Auf jedem Gipfel, den wir erklommen haben, müssen wir umkehren, um Seine Kraft und Sein Licht in die niederen und sterblichen Gefilde zu tragen." Wenn das Göttliche in uns herabsteigen soll, um unsere menschliche Natur zu transformieren, wird der Fortschritt nicht so sehr aus unserem Aufstieg bestehen, sondern vielmehr in unserem Abschütteln von dem, was uns zurückhält, was uns verfinstert. Die Reinigung des Unbewussten von all seinen Ängsten, Wünschen,

Schmerzen und Leiden wird zur ersten Priorität. Das Unbewusste liegt auf der untersten Ebene des menschlichen Bewusstseins und ist die notwendige Folge der Evolution des Lebens in der Materie. Es enthält all die Grundmuster des Lebens, einschließlich der von Krankheit und Tod. In Chandernagore erreichte Sri Aurobindo die tiefsten Abgründe des physischen Unbewussten. Wie er selbst sagt: „Nein, es ist nicht das Empyreum [Himmlische], mit dem ich mich befasse. Ich wünschte, es wäre so. Es ist vielmehr genau das Gegenteil.“ (Aurobindo, 1972, Seite 222)

Zur selben Zeit erreichte er die obere Grenze des überrationalen Bereichs, wo die ‚großen, farbigen Wellen‘ mit dem weißen Licht verschmelzen. Aurobindo berührte gleichzeitig den entsprechenden schwarzen Stein tief unten:

„Ich habe gegraben, tief und lange,
In einem Schrecken aus Dreck und Sumpf,
Eine Stimme rief: ‚Geh, wo noch niemand gegangen!
Grab tiefer, tiefer noch,
Bis Du erreichst den harten Stein am Grund
Und klopfst an das schlüssellose Tor.‘“
(Aurobindo, 1946, Seite 6)

Er fand sich selbst am Boden der Grube aller „unbewussten“ Materie wieder, als Folgendes geschah:

„Er gelangte in einen anderen Raum und eine andere Zeit.“ (Satprem, 1975, Seite 259)

„Ein einziges Erstaunen aus Licht.“ (Aurobindo, 1952 a, Seite 40)

„Eine großartige Vertauschung von Tag und Nacht. Alle Werte der Welt wandelten sich.“ (Aurobindo, 1950 a, Seite 49)

„Die Höhe begegnet der Tiefe, alles auf einer Ebene.“ (Aurobindo, 1950 a, Seite 615)

Er schaffte den Durchbruch zum Supramentalen, das die eigentliche Grundlage aller Materie ist, und erlebte dabei eine Erleuchtung bis in die Zellen seines Körpers hinein. Das „Geheimnis“ der Transformation könnte man folgendermaßen beschreiben: Das Bewusstsein darüber ist auch das Bewusstsein darunter.

„Man muss aufs Äußerste begrenzt sein, um das Unbegrenzte zu erfahren.“ (Aurobindo, 1969, Seite 393)

„Der Himmel träumt von der vollkommenen Erde,
Die Erde träumt von dem vollkommenen Himmel –
Nur ihre verflixten Ängste hindern sie daran, eins zu sein.“
(Aurobindo, 1950 a, Seite 768)

Abbildung 26: Sri Aurobindo
Mit freundlicher Genehmigung des *Sri Aurobindo Ashram*

Das „goldene" Supramentale

Die Beschreibung des „Supramentalen" erinnert an vergleichbare Schilderungen des *Soruba Samadhi,* an den „goldenen Samadhi" der Siddhas und den „goldenen Körper" Ramalingas. Aurobindos fortgeschrittenste Schülerin, „die Mutter", schrieb nach ihrer ersten Erfahrung:

„Da war dieses Gefühl von Kraft, von Wärme, von Gold: Es war nicht flüssig, es war wie glitzernder Staub. Und jedes einzelne dieser Dinge (man kann sie nicht als Partikel oder Fragmente bezeichnen, nicht einmal als Punkte, solange man ‚Punkt' nicht im mathematischen Sinn versteht, ein Punkt, der keinen Raum einnimmt), war wie lebendiges Gold, ein warmer Goldstaub – man kann nicht sagen, dass er glänzte, man kann auch nicht sagen, dass er dunkel oder aus Licht war, wie wir es kennen. Es war eine Menge von winzig kleinen Punkten aus Gold, nichts anderes. Ich würde sagen, dass sie meine Augen, mein Gesicht berührten. Und das mit einer gewaltigen Kraft. Zur selben Zeit empfand ich ein Gefühl von Überfluss, ein Gleichgewicht aller Kräfte. Es war reich und voll. Es war eine Bewegung in höchster Geschwindigkeit, unendlich schneller als alles, was man sich vorstellen kann, und zur gleichen Zeit war es absoluter Frieden, vollkommene Gelassenheit. … Es vermittelt den Eindruck vollkommener Unbeweglichkeit. Es ist absolut unbeschreiblich, aber es ist das, was der Ursprung und der Rückhalt aller irdischen Evolution ist. ... Und ich habe bemerkt, dass die Bewegung in diesem Bewusstseinszustand die Kraft oder Macht übersteigt, die die Zellen zusammenhält, um aus ihnen eine individuelle Gestalt zu erstellen." (Satprem, 1975, Seite 280 f.)

Die Beschreibung erinnert an den Leitsatz der Siddhas: „Sei still und wisse, dass ich Gott bin", denn Unbeweglichkeit war die Grundlage der supramentalen Kraft.

Pondicherry

Nach zweimonatigem Aufenthalt in Chandernagore vernahm Aurobindo die Stimme wieder, die ihn nun aufforderte, nach Pondicherry, das an der Südostküste Indiens liegt, zu gehen. Kurz darauf reiste er heimlich per Schiff ab und entkam nur knapp der britischen Polizei.

Pondicherry war damals eine französische Kolonie, eine äußerst ruhige, fast totenstill scheinende Ansiedlung. Es war der letzte Ort, an dem man den Beginn einer spirituellen Revolution erwartet hätte. Abgesehen davon besaß es jedoch eine passende Vergangenheit. Jouveau Dubreuil, ein französischer Gelehrter, fand heraus, dass es Jahrhunderte zuvor „Vedpuri" geheißen hatte und ein Zentrum für vedische Studien gewesen war, das der Überlieferung nach unter dem Schutz von Siddha Agastyar stand. Er fand auch heraus, dass die alte vedische Universität genau an dem Platz gestanden hatte, den Sri Aurobindo schließlich zu seinem ständigen Wohnsitz wählte. Der heutige Name in Tamil ist Puducheri, „neue Stadt", und reicht mehrere Jahrhunderte zurück. Der Ort wurde vom Griechen Ptolemäus und anderen frühen Autoren des 2. Jahrhunderts n. Chr. „Poduka" genannt (lyengar, 1972, Seite 676).

In den ersten Jahren hatte Aurobindo in Pondicherry eine schwere Zeit. Einige seiner revolutionären Anhänger kamen und blieben bei ihm. Sie warteten darauf, dass er seine politischen Aktivitäten wiederaufnehmen würde. Doch Aurobindo hatte andere Dinge im Sinn, um die er sich kümmern musste. Als er eines Tages gedrängt wurde, seinen politischen Kampf wiederaufzunehmen, entgegnete er sogleich, dass „keine Revolte gegen die britische Regierung, die jeder leicht bewerkstelligen könne, nottut ..., [sondern] eine Revolte gegen die ganze universelle Natur" (Purani, 1959, Seite 45).

In den ersten Jahren in Pondicherry las Aurobindo die *Veden*, die alten heiligen Schriften, zum ersten Mal in ihrer ursprünglichen Form. Er erkannte in ihnen eigene Erfahrungen und übersetzte sie im Licht dieser Erlebnisse neu. Doch im Gegensatz zu den Verfassern der *Veden*, den alten *Rishis*, strebte Aurobindo nicht nach persönlicher Selbstverwirklichung.

Im Jahre 1910 kam der französische Schriftsteller Paul Richard nach Pondicherry. 1914 kam er ein zweites Mal, um Aurobindo zu treffen, und schlug ihm vor, gemeinsam mit ihm eine zweisprachige philosophische Zeitschrift herauszugeben, die *Arya* oder *Review of the Grand Synthesis.* In den Jahren 1914 bis 1920 gab Aurobindo diese monatlich erscheinende Zeitschrift heraus und veröffentlichte den größten Teil seiner Schriften, nahezu fünftausend Seiten; er schrieb mehrere Bücher gleichzeitig. Dazu gehören: *The Life Divine,* das seine grundlegende philosophische Vision der Evolution des Menschen wiedergibt; *The Synthesis of Yoga,* das sein integrales Yoga beschreibt und sich von anderen Yoga-Disziplinen abhebt; *Essays on the Gita,* das die *Bhagavad Gita* im Licht seiner Vision vom Herabsteigen des „supramentalen Bewusstseins“ interpretiert; *The Secret of the Veda, The Ideal of Human Unity* und *The Human Cycle.* Die letzten drei beschreiben zukünftige Möglichkeiten menschlicher Gesellschaftsformen.

Nach Aussagen Aurobindos flossen die Ideen in seinen Arbeiten ohne Anstrengung durch ihn und aus ihm heraus:

„Das Schreiben kostete mich keine Anstrengung. Ich habe einfach eine höhere Macht arbeiten lassen, und wenn sie nicht arbeitete, habe ich überhaupt nichts getan. Früher, in meiner intellektuellen Zeit, war es so, dass ich manchmal versuchte, etwas zu erzwingen, aber nicht, nachdem ich durch Yoga Poesie und Prosa entwickelte. Denkt daran, dass ich, wenn ich die Arya und diese Briefe schreibe, nie nachdenke ... es ist die Stille, aus der heraus ich schreibe. Ich schreibe, was immer fertig formuliert von oben kommt.“ (Roy, 1952, Seite 247)

Im Jahr 1920 legte er die Feder nieder. Die letzte Ausgabe von *Arya* erschien. Während der nächsten dreißig Jahre beschränkte sich seine Autorentätigkeit auf eine enorme Korrespondenz und die Niederschrift seines epischen Gedichts „Savitri“, das in 23.813 Zeilen äußerst lebhaft seine Vision der Evolution der Menschheit, seine Arbeit mit dem Unbewussten und Unbewussten sowie all seine Erfahrungen mit den höheren Ebenen des Bewusstseins zusammenfasst (Satprem, 1975, Seite 294).

Die Krise der Transformation

Aurobindo sah die Menschheit an einem Scheideweg ihrer Evolution: „Wenn eine spirituelle Entwicklung auf Erden die verborgene Wahrheit unserer Geburt in die Materie ist, wenn es vor allem eine Evolution des Bewusstseins ist, die in der Natur stattgefunden hat, dann kann der Mensch, wie er jetzt ist, nicht das letzte Glied dieser Kette sein: Er ist ein zu unvollkommener Ausdruck des Geistes, der Verstand selbst ein zu begrenztes Werkzeug. Er ist nur ein halbherziger Schritt zum Bewusstsein. Das mentale Wesen kann nur ein Übergang sein. Wenn der Mensch unfähig ist, dies zu überwinden, muss er übertroffen werden und ein Überverstand und ein Übermensch müssen erscheinen und die Führung in der Schöpfung übernehmen. Doch wenn der Verstand fähig ist, sich dem zu öffnen, was über ihn hinausgeht, dann gibt es keinen Grund, warum der Mensch selbst nicht zum Überverstand und zum Übermenschen gelangen sollte oder wenigstens seine Mentalität, sein Leben und seinen Körper für die Evolution eines umfassenderen Ausdrucks des sich in der Natur manifestierenden Geistes verwenden sollte." (Aurobindo, 1935 a, Seite 109)

Wir stehen laut Aurobindo vor „einer Krise der Transformation" (Aurobindo, 1949, Seite 292), die „so kritisch ist wie die Krise, die das Erscheinen des Lebens in der Materie gekennzeichnet hat, oder die Krise, die das Erscheinen des Verstandes im Leben kennzeichnete" (Satprem, 1975, Seite 308). Anders als in früheren Krisen kann die Menschheit heute jedoch zum „bewussten Kollaborateur der eigenen Entwicklung" werden (Satprem, 1975, Seite 308).

Aurobindo glaubte jedoch, dass nicht unsere menschlichen Kräfte die Transformation herbeiführen würden, sondern eine zunehmend bewusste Ergebenheit gegenüber den göttlichen Kräften. Die Begrenzungen des menschlichen Verstandes, der vitalen und physischen Natur seien einfach zu groß. Über den physischen Körper sagte er: „In der spirituellen Tradition wurde der Körper stets als Hindernis betrachtet, unfähig zur Spiritualisierung oder Transformation, und als ein schweres

Gewicht, das die Seele an die irdische Natur bindet und ihrem Aufstieg entgegenwirkt, der entweder zu spiritueller Erfüllung oder zur Auflösung des individuellen Seins im Allerhöchsten führen sollte. Während diese Auffassung über die Rolle des Körpers in unserer Bestimmung für ein Sadhana [eine spirituelle Disziplin] passt, das die Erde nur als Feld der Unwissenheit und das Erdenleben als Vorbereitung auf eine rettende Entrückung sieht ... ist sie hingegen nicht ausreichend für ein Sadhana, das ein göttliches Leben auf der Erde umfasst und Befreiung von der Erdennatur selbst als Teil einer größeren Bestimmung der Verkörperung des Geistes hier auf Erden sieht. Wenn eine totale Transformation des Wesens unser Ziel ist, muss die Transformation unseres Körpers ein unverzichtbarer Teil davon sein; ohne sie ist kein vollständig göttliches Leben auf Erden möglich.“ (Aurobindo, 1952 c, Seite 43)

Supramentalisierte Materie reagiere auf den bewussten Willen und manifestiere so die Qualitäten des Geistes: Unsterblichkeit, Wandelbarkeit, Leichtigkeit, Schönheit, Ausstrahlung und Glückseligkeit. Auch weitreichende physiologische Veränderungen träten auf: „Transformation bedeutet, dass das ganze materielle Gefüge durch Konzentrationen von Kraft ersetzt wird, jede mit unterschiedlicher Schwingungsfrequenz; anstelle von Organen werden es Zentren bewusster Energie, vom bewussten Willen gelenkt, sein. Kein Magen, kein Herz, kein Kreislauf, keine Lungen mehr; all dies verschwindet und macht Platz für ein Spiel von Schwingungen, die das widerspiegeln, was die Organe symbolisch darstellen“ (Satprem, 1975, Seite 312). Der Körper bestehe dann aus „konzentrierter Energie, die dem Willen gehorcht“, statt „ein unbedeutender beseelter Leichnam“ zu sein (Satprem, 1975, Seite 313).

„Der Wandel des Bewusstseins wird der zentrale Faktor sein, die auslösende Regung, die physische Modifikation wird ein sekundärer Faktor sein, eine Folge.“ (Aurobindo, 1935 a, Seite 1009)

Aurobindo war kein reiner Theoretiker und kein Schreiber von Science-Fiction-Romanen. Er schrieb auf der Grundlage seiner Erlebnisse und seine Erfahrungen mit „der Transformation“ setzten sich in drei Phasen fort: einer lichten Phase (1920 bis 1926), in der sich viele Wunderkräfte und Phänomene kraft des supramentalen Bewusstseins manifestierten, das Aurobindo zuerst 1910 erlebt hatte; eine Phase der Abgeschiedenheit (1926 bis 1940), in der Aurobindo und seine Schülerin Mirra Richard, die Mutter, am eigenen Leib die Auswirkungen vieler Experimente auf der Ebene des Unbewussten und Unbewussten erfuhren, und eine letzte Phase (seit 1940), in der sich sein Arbeitsbereich auf die ganze Menschheit und die Welt ausdehnte.

Am Ende der ersten Phase, dem 24. November 1926, beendete er plötzlich jegliche Vorführung von Wundern und Kräften und gab seinen Rückzug in die Einsamkeit bekannt. Der Aschram wurde offiziell unter Führung der Mutter gegründet. Er erklärte damals: „Ich habe nicht die Absicht, einer Neuauflage des alten Fiaskos meinen Segen zu geben, einer partiellen und vorübergehenden spirituellen Öffnung ohne wirkliche und radikale Veränderungen im Gesetz der äußeren Natur." (Satprem, 1975, Seite 322)

Von 1926 bis 1940 experimentierten er und die Mutter mit Fasten, Schlaf, Ernährung, Naturgesetzen und Gewohnheiten auf zellulärer und unbewusster Ebene ihrer eigenen Körper. Es war ein Wettlauf gegen die Zeit, nicht unähnlich dem, das die Siddhas in ihrer Verwendung der Kaya-Kalpa-Kräuter beschrieben, die das Leben so lange erhalten sollten, bis die feineren, spirituellen Kräfte die Vergöttlichung abschließen konnten. Die Mutter sagte: „In diesem Wettlauf der Transformation geht es grundsätzlich darum, wer von beiden zuerst ankommen wird: der, der den Körper in ein Bild göttlicher Wahrheit transformieren will, oder der, der die alte Gewohnheiten des Körpers stufenweise abbaut" (Satprem, 1975, Seite 330). Die Arbeit ging auf einer Ebene weiter, die Aurobindo als „zellulären Verstand" bezeichnete, „ein obskurer Verstand des Körpers, der einzelnen Zellen, Moleküle und Teilchen. … Dieser Körperverstand ist eine sehr greifbare Wahrheit; seiner Unklarheit, seinem mechanischen Festhalten an vergangenen Bewegungen, seiner Vergesslichkeit und seiner Ablehnung des Neuen wegen finden wir in ihm eines der Haupthindernisse gegen das Eindringen der Kraft des Überverstandes und die Transformation der Körperfunktionen. Wenn er jedoch einmal erfolgreich verändert ist, wird er eines der wertvollsten Instrumente zur Stabilisierung des supramentalen Lichts und der supramentalen Kraft in der materiellen Natur sein.“ (Aurobindo, 1969 a, Seite 346)

Zur Vorbereitung der Zellen waren mentale Stille, vitaler Frieden und kosmisches Bewusstsein unabdingbare Voraussetzungen, um es dem physischen und zellulären Bewusstsein zu erlauben, zu wachsen und sich selbst zu universalisieren. Doch dann wurde klar, dass „der Körper überall ist“ und dass man nicht einen Teil transformieren kann, ohne alles zu transformieren.

„Ich habe gegraben, tief und lang,
In einem Schrecken aus Dreck und Schlamm
Ein Bett für des goldenen Flusses Gesang,
Ein Heim für das unsterbliche Feuer. ...
Meine klaffenden Wunden sind Tausendundeine ...“
(Aurobindo, 1952, Seite 6)

Aurobindo und die Mutter stellten fest, dass eine vollständige Transformation für das Individuum unmöglich ist, wenn nicht ein Minimum an Transformation bei allen vorhanden ist.

„Um der Menschheit auszuhelfen“, bemerkte Aurobindo, „ist es nicht ausreichend für ein Individuum, egal wie großartig, die ultimative Lösung individuell zu erreichen, [denn] sogar wenn das Licht bereit ist herabzusteigen, kann es nicht bleiben, bis die niedere Ebene auch bereit ist, den Druck des Herabsteigenden zu ertragen.“ (Roy, 1952, Seite 251)

„Wenn einer die Arbeit allein machen will“, sagte die Mutter, „ist es absolut unmöglich, es ganz zu tun, weil jedes physische Wesen, wie vollkommen es auch sein mag – sogar wenn es von überlegener Art oder wenn es für eine spezielle Arbeit gemacht ist –, es nie mehr als partiell und begrenzt sein kann. Es verkörpert nur eine Wahrheit, nur ein Gesetz – und die volle Transformation kann nicht durch es allein realisiert werden, nicht durch einen einzelnen Körper ... sodass man, wenn man eine allgemeine Wandlung bewirken will, wenigstens eine minimale Zahl von physischen Wesen dazu benötigt." (Satprem, 1975, Seite 350)

Die dritte Phase

Mit dieser Erkenntnis endete die Zeit der individuellen Arbeit im Jahre 1940 und Sri Aurobindo und die Mutter begannen die dritte Phase ihrer Arbeit der Transformation. In dieser Zeit zielte ihr ganzes Wirken auf eine globale Wandlung.

„Dieser Aschram wurde gebaut ... nicht um der Welt zu entsagen, sondern als Zentrum und Feld für die Evolution einer anderen Art und Form des Lebens" (Aurobindo, 1969 a, Seite 823). Seine innere Organisation machte den Aschram offen für alle Arten kreativer Aktivität und alle Arten von Individuen, unabhängig von Geschlecht, Alter, Klasse oder Nationalität.

Das Leben in der Welt war ein zentraler Punkt und ein wichtiges Mittel zur Wandlung: „Das spirituelle Leben findet seinen kraftvollsten Ausdruck in dem Menschen, der das gewöhnliche Alltagsleben mit der Kraft des Yoga lebt. ... Nur durch solch eine Vereinigung des inneren und des äußeren Lebens ist es möglich, dass die Menschheit schließlich erhöht werden und kraftvoll und göttlich werden wird." (Aurobindo, 1950 b, Seite 10)

„Jeder Einzelne von euch", sagte die Mutter, „verkörpert eine der Schwierigkeiten, die für die Transformation überwunden werden müssen. Und das bedeutet viele Schwierigkeiten! Es sind sogar mehr als nur Schwierigkeiten. Ich glaube, ich habe euch schon früher gesagt, dass jeder eine Unmöglichkeit darstellt, die gelöst werden muss. Und wenn all diese Unmöglichkeiten gelöst sind, wird die Arbeit vollendet sein. … Ihr praktiziert euer Yoga nicht länger für euch allein, ihr praktiziert es, ohne es zu wollen und ganz automatisch für alle. …Das Leben akzeptierend, hat er [der Praktizierende des integralen Yoga] nicht nur seine eigene Last zu tragen, sondern einen großen Teil der Last der Welt dazu – sozusagen als Fortsetzung seiner eigenen Bürde, die schon schwer genug ist. Darum ist sein Yoga mehr als das anderer Praktizierender des Yoga ein Kampf. Doch es ist nicht bloß ein individueller Kampf, es ist ein kollektiver Krieg, der sich auf einen gewaltigen Bereich erstreckt. Der Praktizierende hat nicht nur in sich selbst die Kräfte egoischer Falschheit und Unordnung zu überwinden, sondern auch die Vertreter derselben gegnerischen und unerschöpflichen Kräfte in der Welt. Ihr stellvertretender Charakter macht sie viel schwerer zu überwinden und gibt ihnen ein fast endloses Recht, ihre Taten zu wiederholen. Oft wird der Praktizierende feststellen müssen, dass er, sogar nachdem er seine eigene Schlacht gewonnen hat, immer noch, wieder und wieder, einen scheinbar endlosen Krieg führen muss, weil seine innere Existenz sich schon so weit ausgedehnt hat, dass sie nicht nur sein eigenes Wesen mit seinen klar definierten Bedürfnissen und Erfahrungen enthält, sondern in Solidarität mit allen anderen Wesen steht und stehen muss, weil er in sich selbst das ganze Universum enthält." (Aurobindo, 1935 b, Seite 87)

Das Dilemma der evolutionären Führer und die „atmosphärische Kluft"

Die dritte Phase erwuchs aus einem Dilemma, für das Sri Aurobindo und die Mutter am Ende der zweiten Phase eine Lösung suchten. Mit dem kollektiven Widerstand des Unbewussten konfrontiert, fragten sie sich, ob sie eine individuelle Selbsttransformation in Isolation erarbeiten sollten, um dann später zurückzukehren und der Menschheit als evolutionäre Führer zu dienen. Sie entschieden sich gegen diese Strategie, denn laut Aurobindo würde sie zu einer „atmosphärischen Kluft" zwischen ihnen und dem Rest der Menschheit führen (Aurobindo,

1935 b, Seite 414). Obwohl sie beide der Ansicht waren, dass ein solcher Weg nicht gangbar sei, äußerte Aurobindo eine etwas andere Auffassung, als er sagte: „Es mag gut sein, dass das [supramentale] Unternehmen, wenn einmal begonnen, nicht schnell zu seiner ersten entscheidenden Stufe erwächst; es ist möglich, dass es viele Jahrhunderte der Mühen kostet, um ihm dauerhaft zur Geburt und zum Leben zu verhelfen. Aber das ist nicht ganz unvermeidlich, da die Prinzipien solcher Veränderungen in der Natur eine lange und oft obskure Vorbereitungszeit zu beinhalten scheinen, gefolgt von einer schnellen Sammlung und Vorbereitung der Elemente auf eine neue Geburt, eine schnelle Umwandlung, eine Transformation, die in ihren lichten Momenten wie ein Wunder wirkt. Und selbst wenn die erste entscheidende Veränderung erreicht ist, ist es gewiss, dass die Menschheit als Ganzes immer noch nicht in der Lage sein wird, zu dieser Stufe aufzusteigen. Es wird nicht ausbleiben, dass eine Aufspaltung in jene stattfinden wird, die fähig sind, auf der spirituellen Ebene zu leben, und solche, die nur in der Lage sind, in dem Licht zu leben, das von dort in die mentale Ebene herabscheint. Und unter diesen könnte immer noch eine große Masse sein, die von oben beeinflusst wird, aber noch nicht bereit für das Licht ist. Doch selbst das würde eine Transformation und ein Anfang sein, der weit über alles bisher Erreichte hinausreicht.“ (Aurobindo, 1949, Seite 332)

Besteht ein entscheidender Unterschied zwischen so einer unvermeidlichen „Aufspaltung“ der Menschheit und der befürchteten „atmosphärischen Kluft“? Wenn nicht, war dies offenbar nicht der Grund, warum Sri Aurobindo und die Mutter das „Supramentale“ nicht in ihre eigenen Körper hinabsteigen ließen, um es dort zu verankern. Vielleicht könnte ja das Erreichen des „goldenen Körpers“ durch die achtzehn Siddhas, durch Ramalinga und den chinesischen Taoisten Ta Lo Chin Hsien (der goldene Unsterbliche) die erste Phase einer langen, kollektiven Transformation der Menschheit sein (Da Lieu, 1979, Seite 135).

Als sich das vorliegende Buch seiner Vollendung näherte, besuchte der Autor Pondicherry und Vadalur, um diese Punkte zu klären. Er erinnerte sich dabei an ein Zitat, das er viele Jahre zuvor gelesen hatte: Die Mutter und/oder Aurobindo hatten tatsächlich gesagt, dass das, „was sie zu erreichen versuchten, schon fast hundert Jahre zuvor von Ramalinga Swami erreicht worden war". Schon bei früheren Besuchen des *Sri Aurobindo Ashram* im September 1972 und März 1973 hatte der Autor vergeblich versucht, die Mutter zu treffen, um ihr ein Buch über die achtzehn Siddhas vorzustellen und sie zum Verhältnis zwischen Aurobindos ‚supramentaler Transformation' und der der achtzehn Siddhas zu befragen. Die Mutter war während dieser Besuche im Retreat und so blieben diese Fragen unbeantwortet.

Ähnliche Fragen wurden jedoch bereits von T.R. Thulasiram gestellt, der seit 1969 dem *Sri Aurobindo Ashram a*ngehört und lange Jahre sein Sprecher und Buchhalter war. Der Autor traf T. R. Thulasiram am 4. und 5. Juli 1990 in Pondicherry und erfuhr, dass er 1980 ein zweibändiges Werk veröffentlicht hatte, *Arut Perum Jothi and Deathless Body,* das seine Gespräche mit der Mutter über Ramalinga und alles, was Aurobindo über diesen geschrieben hatte, dokumentiert.

In seiner umfangreichen Studie schreibt Thulasiram: „Sri Aurobindo gelangte im späteren Teil seines Lebens zu der Überzeugung, dass einige wenige Yogis die supramentale Transformation erreichten, und zwar als persönliches Siddhi, erlangt durch *Yoga Siddhi* und nicht als Dharma der Natur." (Thulasiram, 1980, Seite 11)

Am 11. Juli 1970 las die Mutter den durch Satprem, ihren Sekretär, überreichten Brief von Thulasiram. Dem Brief war ein Auszug aus Ramalingas Schriften beigefügt, in dem er die Transformation seines physischen Körpers in einen Körper aus Licht beschrieb. Satprem sagte später: „Sie hatte keinen Zweifel an der Echtheit seiner Erfahrungen. Sie mochte besonders die Art, wie der Swami dieses Licht als ‚Gnadenlicht' bezeichnete, und sagte, dass dies mit ihren eigenen Erfahrungen übereinstimme. Die Mutter sagte weiter, dass das Gnadenlicht nicht das supramentale Licht sei, sondern ein Aspekt davon oder vielmehr eine Aktivität des Supramentalen. Sie sagte, dass es wahrscheinlich sei, dass eine Anzahl von Individuen, bekannt oder unbekannt, durch die Zeitalter hindurch und sogar heute ähnliche Erfahrungen gemacht hätten. Der einzige Unterschied sei, dass es nun von einer individuellen zu einer kollektiven Möglichkeit geworden sei. Und dies sei das Werk von Sri Aurobindo und der Mutter: das supramentale Bewusstsein als eine irdische Tatsache und Möglichkeit für alle zu schaffen." (Thulasiram, 1980, Seite 900)

Thulasiram war es nicht möglich, weitere Stellungnahmen von der Mutter zu den zahllosen Fragen in seinem Brief zu bekommen. Er hat auch geschrieben, dass „Satprem seine [Ramalingas] Dematerialisation als Tod missverstand und die Mutter so falsch informiert hatte" (Thulasiram, 1989). Die Mutter verließ selbst im November 1973 ihren Körper, noch bevor diese Fragen zufriedenstellend beantwortet werden konnten. Doch abgesehen davon liefert Thulasirams Studie, die zu umfangreich ist, um hier wiedergegeben zu werden, viele überzeugende Belege dafür, dass die transformativen Erfahrungen von Thirumoolar, Ramalinga, Aurobindo und der Mutter alle derselben Natur waren. Der „goldene Schein", den Aurobindo in seinem Hingang zeigte, glich dem „goldenen Körper" der Unsterblichkeit, der von Ramalinga und den achtzehn Siddhas beschrieben wurde.

Der Hingang

Gegen Ende November des Jahres 1950 begann Sri Aurobindo Symptome von Urämie (einer Harnvergiftung) zu zeigen, die über einige Jahre hin und wieder bei ihm aufgetreten waren. Im Gegensatz zu früheren Ausbrüchen wollte er diesmal seine yogischen Kräfte nicht dazu benutzen, sich zu heilen. Als er nach dem Grund dafür gefragt wurde, entgegnete er nur knapp: „Kann ich nicht erklären, ihr werdet es nicht verstehen" (Iyengar, 1972, Seite 1328). Am 4. Dezember verschwanden die Symptome auf wundersame Weise. Aber später in der Nacht wurde klar, dass er sich selbst absichtlich zurückzog. Am 5. Dezember des Jahres 1950 erreichte er um 1 Uhr 26 *Mahasamadhi* (den bewussten Austritt aus dem Körper). Nur die Mutter und einige wenige Jünger waren dabei zugegen.

Obwohl zuerst bekannt gegeben wurde, dass er am Nachmittag des 5. Dezember begraben werden sollte, wurde entschieden, die Beerdigung so lange aufzuschieben, bis der Körper Zeichen der Verwesung zeigen würde. Viele glaubten sogar, Sri Aurobindo könne vielleicht ins Leben zurückkehren, so lebendig erschien sein toter Körper. Dieser hatte eine neue Färbung angenommen: „Eine leuchtende Hülle, ein bläulich goldener Schein umgab ihn", wie die Mutter später schrieb. Viele andere hinterließen ebenfalls Aufzeichnungen darüber, dass sie den goldenen Schein um ihn gesehen hätten (lyengar, 1972, Seite 1333 f.). Der Körper blieb mehr als vier Tage unversehrt und bewahrte den goldenen Schein. Am 8. Dezember bat die Mutter Sri Aurobindo an ihrem geheimen Treffpunkt, wieder aufzuerstehen, zum Leben zurückzukehren, doch nach ihrer Aussage antwortete er: „Ich habe diesen Körper bewusst verlassen. Ich werde nicht in ihn zurückkehren. Ich werde mich im ersten supramentalen Körper, der auf supramentale Weise gebaut ist, wieder manifestieren." Die Mutter sagte am 8. Dezember: „Die fehlende Empfänglichkeit der Erde und der Menschheit ist vor allem für die Entscheidung verantwortlich, die Sri Aurobindo über seinen Körper getroffen hat." Am Morgen des 9. Dezembers begann der Körper, nach über hundert Stunden, die ersten Zeichen der Verwesung zu zeigen, und wurde am Abend im Hof des Aschrams begraben (lyengar, 1972, Seite 1337).

Sri Aurobindo hinterlässt uns durch seine Werke eine Vision für unsere kollektive Evolution und wichtige Hinweise für jedes Individuum, wie eine göttliche Transformation des Lebens, wie wir es kennen, herbeizuführen ist. Sri Aurobindos Orientierung zur „Welt" und der Einklang mit den Zielen der Siddhas kann uns einige wertvolle und praktische Richtlinien geben, wie wir in den folgenden Kapiteln noch sehen werden.

Teil II

Die Kunst und die Wissenschaft des *Kriya Yoga*

11

Die Psychophysiologie des Kriya Kundalini Yoga

Atmung und Physiologie

Die einzige physiologische Funktion, die sowohl willkürlich als unwillkürlich abläuft, ist die Atmung. Sie kann bewusst durch unseren Geist gesteuert werden oder wie andere physiologische Prozesse (zum Beispiel die Verdauung) unter der Kontrolle des Körpers ablaufen. Dies macht den Atem zu einer wichtigen Brücke zwischen Geist und Körper, da er auf beide Einfluss hat.

Unser Atemrhythmus spiegelt unseren emotionalen und unseren mentalen Zustand. Wenn wir uns ärgern, ist der Atem intensiver. Er kann in Augenblicken der Angst sogar kurz aussetzen. Man schnappt vor Erstaunen nach Luft, erstickt in Trauer, seufzt vor Erleichterung. Wenn wir uns konzentrieren, geht der Atem langsam und gleichmäßig; er verändert sich in Augenblicken, in denen Gedanken und Emotionen den Geist durchziehen. Obwohl es schwer ist, den Geist und die Emotionen direkt zu kontrollieren, können sie indirekt über den Atem beeinflusst werden. Verschiedene Meditationstraditionen lehren ihre Schüler seit Langem, sich auf einen gleichmäßigen Atem zu konzentrieren, um ablenkende Gedanken zu vermeiden. In moderner Zeit haben viele wissenschaftliche Studien die Wirkung von Atemübungen bei der Behandlung von hohem Blutdruck und Angststörungen bewiesen.

Der Vorgang des Atmens, bei dem Sauerstoff in die lebenden Zellen gebracht und Kohlendioxid abtransportiert wird, ist ein grundlegendes Phänomen des Lebens. Das Atemzentrum, das die rhythmischen Muskelkontraktionen, die Teil der Atmung sind, reguliert, ist als *Medulla oblongata* bekannt. Die Atmung ist die wesentliche Voraussetzung für eine angemessene Sauerstoffzufuhr im Organismus, denn ohne diese ist Leben nicht möglich. Durch tiefes Atmen ziehen wir Energie aus dem universellen Reservoir des Lebens. Genauso erhält jede individuelle Zelle ihre Atemfrequenz für ihre speziellen Bedürfnisse. Schließlich sind alle Zellen von der befriedigenden Arbeit des Atmungssystems abhängig. Die *Siddhas* bezeichneten die grundlegende Energie, die allen physischen und mentalen Aktivitäten zugrunde liegt, als *Prana* oder „feinstoffliche Lebenskraft". *Prana* ist in der Luft, die wir atmen; in der Erde, auf der wir leben; im Wasser, das wir trinken, und im Licht der Sonne.

Einige der Kanäle, durch welche die eher grobstofflichen *Pranas* fließen, wurden von den Siddhas in Indien und China kartografiert. Diese Kanäle werden in der Akupunktur, die ursprünglich in Indien entwikkelt wurde, als *Meridiane* bezeichnet und sind im Siddha-System der Medizin als *Varma* bekannt. Vor allem in der Gegend von Nagercoil in Tamil Nadu wird sie von den Siddha-Vaidya-Ärzten noch heute angewandt. Weil diese Kanäle auf einer grobstofflichen Ebene liegen, sind sie physischen Behandlungen etwa durch Nadeln oder Fingerdruck zugänglich. Sie machen jedoch nur einen kleineren Teil eines viel größeren Spektrums von pranischen Energiekanälen oder *Nadis* des Yoga aus, wie weiter unten noch beschrieben wird.

„Das Gesetz der umgekehrten Proportionalität" und Langlebigkeit

Die Siddha-Wissenschaft fand heraus, dass ein Mensch durchschnittlich fünfzehn Atemzüge pro Minute macht. Das sind 21.600 Atemzüge pro Tag. Sie sagt weiter, dass ein Mensch bei dieser Atemfrequenz mindestens hundertzwanzig Jahren leben kann, bestimmt durch das fundamentalen Prinzip der Atmung. Dieses besagt, dass nicht die ganze Kraft oder Energie, die bei der Ausatmung ausgestoßen wird, bei der Einatmung zurückgewonnen wird. Bei normaler Atmung dehnt sich die Energie, die ausgeatmet wird, bis zu dreißig Zentimeter in den Raum aus, doch nur zwanzig Zentimeter werden beim Einatmen wiedergewonnen, was zu einem Nettoverlust von zehn Zentimetern führt. Ein Teil der Energie geht also bei jedem Atemzug verloren und dadurch reduziert sich die normale Lebenszeit von hundertzwanzig Jahren erheblich. In Boganathars Gedicht *Gnana Savera 1000* erklärt er diese Wahrheit und zeigt auch, wie exzessives Atmen die Lebenszeit verkürzt. Beim Essen dehnt sich der ausgestoßene Atem auf einen Raum von zweiundvierzig Zentimetern aus. Beim Gehen breitet er sich auf einundsechzig Zentimeter, beim Laufen auf bis zu 107 Zentimetern, bei sexueller Aktivität auf bis zu 127 Zentimeter und beim Schlafen auf bis zu 152 Zentimeter aus. Ramalinga Swamigal sagt außerdem, dass zu viel Schlaf die Lebenszeit verkürze. Thirumoolar beklagt in Strophe 2873 des *Thirumandiram,* wie die Menschheit die pranische Energie verschwendet und so die Lebenszeit begrenzt. Er sagt: „Da sind zwei Ziehbrunnen und sieben Quellen. Der ältere Bruder zieht das Wasser hoch, während der jüngere es auf die Felder leitet. Wenn ein Teil dieses Wassers nicht auf die Felder gelangt, wo die Setzlinge wachsen, ist das Verschwendung." Dies gilt auch, wenn *Amirtha* (die Hormonausschüttung) nicht in die sieben Zentren *(Chakren)* fließt, wo die Lebenskraft wächst, denn dann setzt früh eine vorzeitige Alterung in den Zellverbänden des Körpers ein und die Lebenszeit wird durch Degeneration und Krankheiten stark reduziert. Das gesamte dritte *Tantra* (Buch) des *Thirumandiram* befasst sich mit der Kontrolle des *Prana,* die dem Menschen hilft, hundertzwanzig Jahre und länger zu leben (Velan, 1963, Seite 60 ff., 67; Balaramaiah, 1970, Seite 32 f.).

Untersuchungen moderner Wissenschaftler bestätigen die Lehren der Siddhas in Bezug auf den Verlust von Energie beim Atmen. Diese Forscher haben herausgefunden, dass ein Mensch täglich zwölftausend Liter Luft ein- und wieder ausatmet. Dies basiert auf einer Atemfrequenz von achtzehn Atemzügen pro Minute und einer Atemtiefe von fünfhundert Kubikzentimetern. Die eingeatmete Luft enthält zwanzig Prozent Sauerstoff, die ausgeatmete Luft nur noch sechzehn Prozent

Sauerstoff. Dies zeigt, dass nur vier Prozent (480 Liter pro Tag) Sauerstoff vom Körper zurückbehalten werden. In gleicher Weise gibt auch das Blut nicht mehr als zwanzig Prozent seines Sauerstoffgehalts an das Gewebe ab (Velan, 1963, Seite 65).

Der tamilische Siddha Roma Rishi sang im 13. Vers seines „Liedes der Weisheit“:

„Wenn Es geht, ist der Spann des Lebens verkürzt; Wenn Es nicht geht, wird Es nicht gehen.“ (Ramaiah, 1968, Seite 14)

Hier steht *Es* für *Prana* oder Lebenskraft. Roma Rishi sagt in diesem Vers, dass die Lebenszeit reduziert wird, wenn man seine pranische Energie oder Lebenskraft verliert, aber dass das Leben, wenn sie nicht verloren geht, unendlich weitergehen wird. Er sagt, dass man nicht sterben muss, wenn die pranische Energie nicht verloren geht, sondern erhöht und aus der kosmischen Quelle bezogen wird, sodass Tod und Schicksal überwunden werden. Dies bezeichnete Yogi S. A. A. Ramaiah als „Gesetz der umgekehrten Proportionalität“; es besagt, dass die Lebenszeit umgekehrt proportional der Atemfrequenz ist. Zu Roma Rishis Zeit betrug die durchschnittliche Lebenszeit hundertzwanzig Jahre, und der normale Mensch atmete 21.600-mal am Tag, was fünfzehn Atemzügen pro Minute entspricht. Wenn jedoch heute die Atemfrequenz achtzehn Atemzüge pro Minute beträgt, wird die Lebenszeit auch nur sechsundneunzig Jahre betragen. Wenn nun durch schlechte Lebensgewohnheiten und unnötige Energieverschwendung die durchschnittliche Atemfrequenz dreißig Züge pro Minute erreicht, wird die Lebenszeit nur sechzig Jahre betragen. Wird jedoch die Frequenz durch Yoga-Übungen und Selbstkontrolle auf durchschnittlich fünf Atemzüge pro Minute verlangsamt, so wird die Lebenszeit 360 Jahre betragen. Bei einem Atemzug pro Minute wird sie sogar auf 1800 Jahre steigen. Und wenn die Atmung auf Null reduziert wird, wird die Lebenszeit unendlich. *Yogi* Ramaiah hat auf Studien der modernen Zoologie verwiesen, die das „Gesetz der umgekehrten Proportionalität“ bestätigen: Die Meeresschildkröte zum Beispiel lebt bis zu dreihundert Jahre und atmet mit einer Frequenz von vier bis fünf Atemzügen pro Minute. (Ramaiah, 1968, Seite 12 ff.).

Das Speichern von pranischer Energie

Die Siddhas entwickelten langsame, rhythmische Atemmuster, um einen solchen Verlust von Energie zu vermeiden und sich selbst zu befähigen, so lange zu leben, wie sie der Menschheit zu dienen wünschten. So wie der Sauerstoff vom Blutkreislauf aufgenommen wird, wird auch *Prana* vom Nervensystem aufgenommen und als Nervenkraft im Akt des Denkens, Wünschens usw. verbraucht. Die Kontrolle des Atems ermöglicht es uns, einen größeren Vorrat an Prana im Gehirn und in den Nervenzentren einzulagern, um es bei Bedarf zu gebrauchen. Die außergewöhnlichen Kräfte, die den fortgeschrittenen Siddhas zugeschrieben werden, sind zum größten Teil auf das Wissen und die intelligente Verwendung dieser eingelagerten Energie zurückzuführen. Man sollte sich einmal vergegenwärtigen, dass jede Funktion der Körperorgane von der Nervenkraft abhängt, die vom *Prana* geliefert wird, das von der Sonne ausströmt und im Raum zirkuliert. Ohne diese Nervenkraft kann das Herz nicht schlagen, die Lungen können nicht atmen, das Blut kann nicht zirkulieren und die verschiedenen Organe können ihre Funktionen nicht erfüllen. Dieses *Prana* liefert nicht nur die elektrische Kraft für die Nerven, es magnetisiert auch das Eisen im System und produziert die *Aura* als natürliche Ausstrahlung. Der erste Schritt besteht daher in der Entwicklung eines persönlichen Magnetismus, der leicht durch die Pranayama-Atmung erlangt werden kann. Ein Mensch, der durch diese Praxis eine größere Menge *Prana* in sein System aufgenommen und gespeichert hat, strahlt oft eine besondere Vitalität und Kraft aus, die von Außenstehenden wahrgenommen werden kann. Viele große Anführer in der Geschichte waren von Natur aus mit einem solchen persönlichen Magnetismus gesegnet (Balamaiah, 1970, Seite 34 f.).

Die wichtigste Funktion der Atmung besteht darin, den Zellen des Körpers Sauerstoff zu liefern und sie von überschüssigem Kohlendioxid, das bei der Zellatmung entsteht, zu befreien. Sie hilft auch bei der Regulation der Körpertemperatur und der Ausscheidung überschüssigen Wassers. Atmung findet sowohl innerlich als auch äußerlich statt. Der Luftaustausch, der in der Lunge mit dem Übertritt des Sauerstoffs aus den Lungenbläschen in das Blut stattfindet, wird „äußere Atmung" genannt, in den Zellen des Körpergewebes findet die „innere Atmung" statt.

Die Siddha-Wissenschaft der Langlebigkeit befasst sich primär mit der inneren Atmung. Das Geheimnis der Langlebigkeit liegt in der Technik, die Atmung in die feinstofflichen Kanäle und Zentren umzuleiten.

Yogis und Siddhas, die bei ihren Yoga-Übungen nicht von Hunger oder Durst gestört werden, haben Zugang zu einer besonderen Technik, bei der ein spezieller Nektar vom Gehirn durch die Öffnung hinter dem Zäpfchen ausgeschieden wird. Diese wird *Amuridhamnai* genannt. Mehrere Strophen des *Thirumandiram* beziehen sich darauf. Der Eingeweihte konzentriert sich dabei auf die physischen Zentren und die geheimnisvolle Drüse in der Region des Hypothalamus, um das *Amirdha* (flüssiges Ambrosia) zu gewinnen. Dieses Lebenselixier stärkt den menschlichen Körper und macht ihn gegen Zerfall, Abbau, Krankheit und Tod immun. Thirumoolar sagt, dass es ein nutzloser Aufwand sci, cin I Ieilbad aufzusuchen, wenn mehrere solcher Zentren in unserem menschlichen Körper vorhanden sind.

Die Siddhas haben in ihren Werken verschiedene symbolische Bezeichnungen für das Zentrum zwischen den Augenbrauen geprägt: kosmischer Tanz *(Chit Sabhai),* höchste Saat *(Laladam Vindu),* Weisheit *(Arivu),* Brücke *(Palam),* DreiLicht *(Muchudar),* Zustand der Leere *(Muppazh),* Drittes Auge *(Nettrikan),* Berg Meru, ursprünglicher Grund *(Mulam)* und Fluss des Feuers *(Nerupparu).*

Es gibt drei weitere Namen, die als wichtig für die menschliche Unsterblichkeit angesehen werden. Die Attribute der Unsterblichkeit sind *Sakakal, Vekathalai* und *Poka Punal,* was der unsterblichen Luft *(Vhyw),* dem unbrennbaren Äther *(Akasa)* und dem Feuer *(Agni)* entspricht, jedes in dieser Reihenfolge im Nacken-, Hypothalamus- und Herzzentrum wirkend. Ausgehend von den fünf Elementen der Natur setzen sich die Funktionen des Feuers im Herzen, der Luft im Atmungssystem und des Äthers im Großhirn unaufhörlich fort, bis die normalen Funktionen dieser Organe durch falsche Ernährung, Aktivitäten gegen die Gesetze der Natur und die Ansammlung von Giftstoffen im Körper gestört werden (Velan, 1963, Seite 69 ff.).

Kriya Yoga

Kriya ist ein Sanskrit-Begriff und leitet sich von *Kri* ab, das „Aktion" meint, und *Ya,* das „Achtsamkeit" bedeutet. Daraus folgt, dass ein *Kriya* eine praktische Yoga-Technik ist, die mit Achtsamkeit geübt wird. Die Siddhas haben viele solcher *Kriyas* entwickelt, von denen Babaji einige wählte, um sie an ernsthafte Suchenden weiterzugeben. Der Zweck dieser *Kriyas* oder Techniken ist die Erweckung der Chakren, die Reinigung der *Nadis* und schließlich die Erweckung der *Kundalini Shakti,* was zu Gott- oder Selbstverwirklichung führt. Die *Kriyas* sind so gestaltet, dass sie die Kundalini nicht auf einmal, sondern stufenweise erwecken. Wird diese zu schnell erweckt, kann das System der *Nadis* von der unbewussten Kundalini-Kraft überwältigt werden, was zu Unwohlsein, Orientierungslosigkeit und sogar zum vollständigen Zusammenbruch des ganzen Systems führen kann.

Kriya Yoga bietet eine sichere Methode, das Bewusstsein schrittweise zu entwickeln und die schlafenden Fähigkeiten zu erwecken.

Kriya Hatha Yoga

Kriya Hatha Yoga umfasst die Praxis von *Asanas, Mudras* und *Bandahs.* Ein *Asana* ist eine Haltung, die zur Entspannung eingenommen wird. Ein *Mudra* ist eine Geste, Bewegung oder Position, die den Fluss pranischer Energie im Körper beeinflusst. Es bezeichnet auch die entsprechende psychische Einstellung. Ein *Bandah* ist ein psychomuskulärer

Energieblock, der den Fluss pranischer Energie im Körper umleitet und die Chakren stimuliert. Die *Asanas Kriyas, Mudras* und *Bandahs* wurden von den Siddhas entwickelt und geübt, um die psychophysischen Zentren und Kanäle *(Nadis)* zu stärken, Energieblockaden aufzulösen, die Übermittlung langsam steigender Mengen pranischer Energie zu erlauben sowie den Körper frei von Unreinheiten, Funktionsstörungen und Krankheiten zu halten. Sie helfen auch, die geistige Konzentration zu steigern und die zwei Hauptaspekte unserer Persönlichkeit zu integrieren, den expressiv-rationalen männlichen Aspekt und den empfangend-intuitiven weiblichen Aspekt. Thirumoolar zählt hundertacht Haltungen auf, von denen acht besonders wichtig sind. Im Thirumandiram sind sie in den Versen 558 bis 563 aufgeführt: *Padamasanam, Kesariasanam, Pattirasanam, Mahmudasana, Veerasana, Pangayasanam, Kokkutasanam, Komukasanam, Sothirasanam* und *Sukasanam.*

Hatha leitet sich von zwei Wörtern ab: *Ha* bedeutet „Sonne" und *Tha* „Mond". *Hatha Yoga* wird heutzutage hauptsächlich mit den physischen Haltungen oder Asanas in Verbindung gebracht. In den traditionellen Lehren der Siddhas wurde er zusätzlich zu den Atemübungen gelehrt. Fehlende Flexibilität auf der einen oder anderen Seite des Körpers wird oft von Anfängern auf dem Weg des Yoga als Hindernis erkannt. Durch die Übung der Hatha-Yoga-Haltungen wird dieses Ungleichgewicht beseitigt. Fehlende Flexibilität wird mit Energieblockaden in den *Nadis* in Verbindung gebracht. Nach einiger Übung kann, wer Yoga-Atmung praktiziert, bei jedem Atemzug den Fluss der Energie durch das Netz der *Nadis* spüren.

Kriya Kundalini Pranayama

In Babajis *Kriya Yoga ist Kriya Kundalini Pranayama* die Technik mit dem größten Potenzial. *Pranayama* wird als „Kunst und Wissenschaft, den Atem zu meistern" definiert. Der wissenschaftlichen Methodik entsprechend, besteht sie aus einem Experiment, mit dem eine Hypothese bestätigt oder verworfen wird, und dem Vergleich mit den Ergebnissen anderer Praktizierender. Die Siddhas ermunterten ihre Schüler stets, die Praxis des Yoga wissenschaftlich anzugehen. Die Techniken oder *Kriyas* sind die Hypothesen. Das Bewusstsein des Schülers ist das Laboratorium. Auf die Diskussion und den Vergleich der Ergebnisse mit anderen Schülern und Lehrern wurde ebenfalls großen Wert gelegt. Die Technik selbst wurde nie schriftlich festgehalten, sondern mündlich vom Lehrer an den Schüler weitergegeben. Bis zur Mitte des letzten Jahrhunderts war sie einigen ausgesuchten Schülern vorbehalten, die willens waren, das ganze Leben ihrer Praxis und Bemeisterung zu widmen. Babaji und die achtzehn Siddhas haben nun ihre allgemeine Verbreitung unter Berücksichtigung bestimmter Richtlinien erlaubt.

Kriya Kundalini Pranayama zu praktizieren hat direkte Auswirkungen auf die physiologischen Prozesse des Körpers, die für unsere mentalen Zustände verantwortlich sind. Während der Meditation ist der Verstand oft Ablenkungen, physischen Störungen, mentaler Unruhe und Langeweile ausgesetzt. Das sind selten Probleme des Verstandes selbst, sondern Auswirkungen von physiologischen Faktoren wie Verdauungsproblemen, schlechter Durchblutung, Muskelkrämpfen, mangelnder Energie und einem gestörten Gleichgewicht des Hormonsystems. Im Gegensatz zu anderen Traditionen, in denen versucht wird, die Reaktionen des Verstandes auf diese Ablenkungen unter Aufbringung der Willenskraft – mit dem Risiko, dadurch Frustration, Schuldgefühle und eine schizoide Spaltung zu bewirken – direkt zu kontrollieren, wirkt *Kriya Kundalini Pranayama* auf den physiologischen Prozess selbst ein. Wenn körperliches Unwohlsein auftritt, kann man die Position ändern. Wenn unser Denken wandert, fährt man einfach mit der Übung fort. Durch diese Praxis legt man den Kräften unseres Geistes langsam Zügel an. Unser Geist ist Energie und die verschiedenen Leidenschaften und Ablenkungen werfen Wellen in dieser Energie auf. Durch die Praxis dieser Technik in einem entspannten Zustand beeinflusst man die physiologischen Prozesse, die für den Geisteszustand verantwortlich sind. Schrittweise wird sich eine innere Bewusstheit und Konzentration entwickeln, ganz natürlich und ohne Kampf. Sie ist besonders für Menschen geeignet, deren Verstand *tamasisch* (untätig und inaktiv) oder *rajasisch* (höchst aktiv und zerstreut) ist. Wenn er erst einmal *sattwisch* (ruhig und gleichmäßig) wird, können leicht Techniken geübt werden, die größere Konzentration und eine meditative Haltung erfordern.

Einer der grundlegendsten physiologischen Prozesse, die im menschlichen Wesen ablaufen, ist, dass der Atem abwechselnd durch die beiden Nasenlöcher strömt: Wir atmen stets entweder mehr durch das eine oder mehr durch das andere Nasenloch und ungefähr alle drei Stunden wechselt die Seite. Dadurch ist der Körper in der Lage, seine Temperatur bei 37°C zu halten. Man weiß heute, dass die linke Hirnhälfte die rechte Seite des Körpers reguliert. Sie ist vor allem mit rationalem Denken, Analyse und verbaler Kommunikation beschäftigt. Sie verarbeitet Information auf lineare, folgerichtige Weise, ganz nach dem Gesetz von Ursache und Wirkung. Die rechte Hirnhälfte ist für die linke Seite des Körpers zuständig und mit intuitiven Prozessen, räumlicher Orientierung, dem Erkennen von Dingen sowie mit kreativen und integrativen Prozessen beschäftigt. Wenn das rechte Nasenloch frei ist und die Atmung hauptsächlich auf dieser Seite erfolgt, ist die linke Hirnhälfte, die für die rechten Seite des Körpers zuständig ist, die aktivere. Ist das so, dann neigt man dazu, rationalen, expressiven und aggressiven Aktivitäten nachzugehen. Wenn das linke Nasenloch frei und die rechte Hirnhälfte aktiver ist, neigt man eher zu passiven, empfangenden und intuitiven Aktivitäten. Dass man abwechselnd eher durch das eine und dann durch das andere Nasenloch atmet, lässt sich durch die Anwendung verschiedener Techniken verändern, zum Beispiel indem man einige Minuten lang auf der rechten Seite liegt, um das linke Nasenloch zu öffnen, und schließlich allein durch Konzentration. Dies kann dazu genutzt werden, eher durch das Nasenloch der Seite zu atmen, die für die zu bewältigende Aufgabe geeigneter ist. Man kann auch lernen, durch beide Nasenlöcher gleichzeitig zu atmen, um so die Integration und Synthese der beiden Hauptaspekte unserer Persönlichkeit herbeizuführen. Wenn dies erreicht ist, fließt die Energie des Atems durch den zentralen *Shushumna Nadi,* was ein Gefühl des Wohlbefindens, der Heiterkeit und des tiefen Verstehens herbeiführt. Das ist ein idealer Zustand für die Meditation. Das Gleichgewicht, das in der Atmung zwischen rechter und linker Seite hergestellt wird und im Spannungsfeld von innerem und äußerem Luftdruck zustande kommt, führt zu dem atemlosen Zustand der Vereinigung mit Gott, im *Yoga Samadhi* genannt, in dem die mentalen Aktivitäten verebben und das Bewusstsein des Individuums sich ausdehnt und sich in einem universellen Bewusstsein auflöst. Diese Zustände sind in den Psalmen Davids erwähnt: „Sei still und erkenne, dass ich Gott bin" (Psalm 46, 11) und bei Paulus: „Bei unserm Ruhm, den ich habe in Christo Jesu, unserm Herrn [Bewusstsein], ich sterbe täglich" (1. Korinther 15,31).

Das Potenzial des *Pranayama* erschöpft sich nicht in solchen Zuständen des *Samadhi.* Wie die moderne Wissenschaft herauszufinden begonnen hat, ist seine Auswirkung auf unsere Physiologie äußerst tief greifend. Atmen ist der erste physische Akt aller Wesen, die in diese Welt geboren werden – und auch der letzte. Doch die Siddhas haben erkannt, dass der Mensch nicht zu sterben braucht. Sie fanden heraus, dass man Vollkommenheit im Leben *(Kaya Siddhi)* erlangen und dass man durch die intelligente Kontrolle des Atems das Leben verlängern kann. Die korrekte Praxis der Atmung ist in der Wissenschaft der Langlebigkeit der achtzehn Siddhas als *Vashi Yoga* bekannt. *Vashi* bedeutet „Atmen". Wenn man das Wort *Vashi* mehrmals schnell wiederholt, wird es wie *„Shiva, Shiva"* erklingen, das große Mantra und der Name Gottes. Wenn die korrekte Wiederholung verwirklicht und während des Atmens erreicht werden kann, wird man schnell zu Gesundheit, Energie und Bewusstsein gelangen.

Die Nadis und die Chakren

Nach Thirumoolar befinden sich zahlreiche Energiepfade oder -kanäle, die sogenannten *Nadis,* im menschlichen Körper, die auf bestimmte psychoenergetische Zentren entlang der Körperachse, die sogenannten Chakren oder *Padmas,* zulaufen und sich dort kreuzen. Dieser Verlauf stimmt grob mit dem der Wirbelsäule überein. *Nadi* bedeutet wörtlich „Fluss“, und *Chakra* steht für „Rad“ oder „Kreis“, doch im Yoga bezeichnet *Chakra* einen „Wirbel“, da die Chakren Wirbel der psychischen oder pranischen Energie sind, die in kreisförmigen Bewegungen in verschiedenen Schwingungsstufen erlebt oder gesehen werden können. Nach der Siddha-Tradition gibt es 72.000 *Nadis* oder feinstoffliche Kanäle, die von der Wirbelsäule in den Körper hineinführen. Die Hauptkanäle sind der *Idakalai Nadi,* der dicht unter der Oberfläche auf der linken Seite der Wirbelsäule verläuft, und der *Pingalai Nadi,* der auf der rechten Seite der Wirbelsäule ebenfalls dicht an der Oberfläche verläuft. Beide befinden sich innerhalb des feinstofflichen Astralkörpers. Der dritte Hauptkanal, die sogenannte *Shushumna,* fließt innerhalb des zentralen Kanals der Wirbelsäule. Der *Pingalai Nadi* wird durch die Sonne und der *Idakalai Nadi* durch den Mond symbolisiert.

Die Chakren stimmen mit bestimmten Kreuzungsbahnen der Nerven innerhalb der Wirbelsäule überein. Obwohl sie nicht physisch sind, können sie mit empfindlichen elektronischen Sensoren wie auch von Menschen mit gut entwickelter außersinnlicher Wahrnehmung, die die Schwingungen mit ihren Händen oder dem dritten Auge spüren, wahrgenommen werden.

Nach Aussage der Siddhas gibt es sieben Hauptchakren. Die ersten fünfzig Buchstaben des tamilischen Alphabets sind auf diese sieben Chakren verteilt und passen zu den Tonschwingungen, die mit ihnen in Verbindung gebracht werden. Der einundfünfzigste ist der des ursprünglichen Tones *Om,* das *Pranava Mantra.* Die Hauptchakren sind die Zentren der Lebenskraft oder des *Prana* und werden durch Yoga-Praktiken wie das Rezitieren von Mantras, Atemtechniken, *Asanas*

(Haltungen) und Meditation aufgeladen und erweckt. Wenn sie angeregt werden, erzeugen sie verborgene Kräfte, die wiederum die Kraft erwecken, Krankheit, Verfall und schließlich den Tod selbst zu überwinden.

Die sieben Chakren werden in den Schriften der Siddhas wie folgt charakterisiert:

1. **Muladhara:** Kreuz- und Steißbeinregion; *Mula* bedeutet „Wurzel" oder „Fundament". Es ist die transzendentale Grundlage all dessen, was existiert. Es ist Sitz der *Kundalini Shakti,* die Basis für das gesamte Potenzial des höheren Bewusstseins. Bei Männern liegt es leicht innerhalb der Dammleiste, eines winzigen Muskels zwischen After und Hoden. Bei Frauen befindet es sich an der hinteren Seite des Gebärmutterhalses, ungefähr am Gebärmuttermund. Bildlich wird es als vierblättriger roter Lotos dargestellt. Dies ist der Sitz der Göttin Kali Shakti oder Kundalini, der ursprünglichen Lebenskraft, die als zusammengerollte, schlafende Schlange symbolisiert wird. Die tamilischen Buchstaben *La* und *Om* werden mit ihm assoziiert. Das *Muladhara Chakra* verkörpert in seinem schlafenden Zustand unsere instinktive Natur. Wenn es jedoch einmal erweckt ist, steht es für unser spirituelles Potenzial. Auf der physiologischen Ebene wird es mit den Sexual-, Reproduktions- und Ausscheidungsorganen in Verbindung gebracht. Es ist der Sitz der Triebe und der Trägheit. Auf der psychischen Ebene wird es mit der Manifestation sexueller Wünsche, mit Schuld, Leiden, Eifersucht und vielen Komplexen in Verbindung gebracht. Die Siddhas haben eine als *Tantra* bekannte Wissenschaft entwickelt, um sexuelle Energie in spirituelle Energie zu verwandeln. Sexuelle Energie, die gewöhnlich als großes Hindernis für den spirituellen Anwärter betrachtet wird, wird im *Tantra* für die Erweckung der höheren Chakren umgewandelt. *Tantra* beinhaltet Selbsttransformation durch den Gebrauch energetisierender Techniken, insbesondere des *Kriya Yoga*.

2. **Swadistanam:** Dies ist das nächsthöhere Zentrum, dicht beim *Muladhara Chakra* gelegen. Es befindet sich am Steißbein. Dieser Punkt kann als runder Vorsprung oberhalb des Afters gefühlt werden. Das *Swadistanam Chakra* ist physiologisch mit dem Nervenzentrum verbunden, das bei Männern mit der Prostata und bei Frauen mit dem Uterus und der Vagina in Verbindung gebracht wird. Auf der vorderen Seite des Körpers liegt es auf der Höhe des Schambeins. Das Wort ist Sanskrit, *Swa* bedeutet „das eigene" und *Adistana* „Heim". Das Chakra wird bildlich als orangefarbener Lotos mit sechs Blütenblättern dargestellt und der Buchstabe *Va* wird mit ihm in Verbindung gebracht. Es ist der Sitz des Unbewussten, wo alle Erfahrungen und Neigungen liegen. Alle Erfahrungen werden hier aufgezeichnet. Die unbewussten Kräfte, denen man ausgesetzt ist, haben hier ihre Wurzel. Seine Erweckung wird mit der Aktivierung vieler lang vergessener und verdrängter Erinnerungen in Verbindung gebracht. Nach Aussage der Siddhas sind absolute Losgelöstheit und ein ernsthaftes Streben nötig, um über diesen Punkt und die damit verbundenen Störungen hinauszugelangen.
3. **Manipuram:** Das Wort *Manipuram* setzt sich zusammen aus *Mani,* was „Juwel" bedeutet, und *Puragam* „Stadt". Diese „Stadt der Juwelen" befindet sich innerhalb der Wirbelsäule, genau auf der anderen Seite des Nabels. Es ist mit dem Nervenzentrum des Solarplexus verbunden, der die Verdauung und den Temperaturausgleich beeinflusst. Es steht für dynamischen Willen, Energie und Aktion. Es wird als zehnblättriger gelber Lotos mit einem auf dem Kopf stehenden Dreieck dargestellt. Der Buchstabe *Ra* wird ihm zugeordnet. Seine Erweckung schafft eine neue, dauerhafte Grundlage für die *Kundalini* und vermittelt dem Anwärter eine spirituelle Perspektive und eine neue Orientierung, die von den mit den niederen Chakren verbundenen Störungen unberührt ist.
4. **Anahatam:** Das Wort *anahatam* bedeutet „ungeschlagen", wie der transzendentale konstante Ton des Herzens, das kontinuierlich schlägt. Es befindet sich auf Höhe des Herzens in der Brustwirbel-

säule. Physiologisch ist es mit dem Herznervenzentrum verbunden. Dargestellt wird es als zwölfblättriger grüner Lotos mit einem sechszackigen Stern, der die Inschrift *Ya* trägt. Kreative Kraft, bedingungslose Liebe, Mitgefühl und die Fähigkeit, das Schicksal zu überwinden, werden mit ihm in Verbindung gebracht. In den Schriften der Siddhas wird *Anahata* als der Ort beschrieben, an dem jemandes Gedanken und Wünsche erfüllt werden. Mit seiner Erweckung wird man Meister in allen Lebenslagen. Man hängt nicht länger vom äußeren Schicksal ab. Vielmehr werden alle Wünsche nun durch die Ausübung des bewussten Willens realisiert.

5. **Vishuddi:** Das Wort *Vishuddi* bedeutet „Zentrum der Reinigung". Dieses Chakra befindet sich im Hals und ist physiologisch mit den Nervenzentren des Rachens und des Kehlkopfes verbunden. Es wird als sechzehnblättriger blauer Lotos dargestellt, der ein auf dem Kopf stehendes Dreieck mit dem Buchstaben *Ahm* in der Mitte enthält. Es ist das Zentrum der Unterscheidung und der Akzeptanz der Dualitäten des Lebens. Wenn es erweckt ist und die Absonderung von Ambrosia aus dem höheren *Bindu Chakra* am oberen hinteren Teil des Kopfes durch das *Kechari Mudra* mit der Zunge stimuliert wird, verursacht die Zurückbehaltung dieser Flüssigkeit in diesem Chakra eine Regeneration des ganzen Körpers. Viele spirituelle Traditionen beziehen sich auf diese unsterblich machende Absonderung. Das *Vishuddi Chakra* ist auch das Zentrum der Visualisation und des Empfangs der Gedankenformen anderer Individuen.
6. **Ajna:** Das Wort *Ajna* stammt im Sanskrit von einer Wortwurzel ab, die so viel wie „wissen, gehorchen oder bestimmen" bedeutet. Das Chakra befindet sich im Gehirn, direkt hinter dem Punkt zwischen den Augenbrauen, und ist mit der Zirbeldrüse verbunden. Dargestellt wird es als ein indigofarbener Lotos mit zwei Blütenblättern, in denen die Buchstaben *Om* und *Maa* geschrieben stehen. Es ist in alle Aktivitäten, die mentale Aufmerksamkeit erfordern, eingebunden. Wird es erweckt, können Dinge ohne den Gebrauch der physischen Sinne wahrgenommen werden. Ein höheres intuitives Ver-

ständnis und eine übersinnliche Intelligenz, bekannt als *Buddhi,* manifestieren sich, und die Willenskraft wird über alle Maße gestärkt. Es ist das Zentrum übersinnlicher Wahrnehmung. Eine Bindung an diese muss jedoch überwunden werden, wenn man das höchste Chakra, das *Sahasrara,* erwecken will.

7. **Sahasrara:** Das Wort *sahasrara* bedeutet „eintausend" und bildlich „unbegrenzt". Traditionell wird der Sitz dieses Chakras als über dem Scheitelpunkt des Kopfes liegend beschrieben. Es wird als Tausendblättriger Lotos dargestellt, der eine hellviolette Farbe hat und dreiundvierzig nach unten und oben zeigende, einander überschneidende Dreiecke enthält. Es ist alles und zugleich nichts, das Jenseits des Jenseits. Es ist die Krönung des aufsteigenden Bewusstseins und liegt daher jenseits jeder Beschreibung und Definition.

Kundalini

Kundalini bezieht sich auf die schlafende Kraft im menschlichen Organismus an der Wurzel der Wirbelsäule. Das Sanskrit-Wort *Kundal* bedeutet „Rolle" und so bezieht sich Kundalini auf etwas, das gerollt ist. Davon abgesehen heißt *Kunda* auch „Loch" oder „Vertiefung". In diesem Sinne bezeichnet *Kunda* die Schädelhöhle, in der das Gehirn liegt. Präpariert man das menschliche Gehirn, so sieht man, dass es einer zusammengerollten Schlange ähnelt.

Zweck des *Kriya Kundalini Yoga* ist, diese Kundalini-Energie zu erwecken, was großer Übung und Vorbereitung bedarf – einschließlich *Asanas* (Haltungen), *Mudras* (Gesten), *Bandahs* (Muskelblocks), *Pranayama* (Atmung), Meditation und Mantras. Wenn der Anwärter fähig ist, bestimmte feinstoffliche Energiekanäle in der Wirbelsäule zu reinigen und ins Gleichgewicht zu bringen, namentlich den *Idakalai* und *Pingalai Nadi,* und stufenweise die *Kundalini-Energie* am unteren Ende der Wirbelsäule zu entzünden, wird sie durch den zentralen Kanal der Wirbelsäule, den *Shushumna Nadi,* aufsteigen. Dabei durchläuft sie die

Chakren, die mit schlafenden Bereichen des Gehirns verbunden sind. Wenn die *Kundalini* durch die Chakren hindurch aufsteigt, werden diese schlafenden Bereiche und all unsere verborgenen Fähigkeiten und unser göttliches Potenzial erweckt.

Die achtzehn Siddhas haben die neu erweckte und schwer zu kontrollierende *Kundalini* mit der Göttin „Kali Devi" verglichen. Die moderne Psychologie sagt, dass sich diese ursprüngliche Energie auf der Ebene des menschlichen Unbewussten manifestiert. Wenn diese Kundalini-Kraft kontrolliert werden kann und sie Frieden und Glückseligkeit bringt, wird sie von den Siddhas mit Durga verglichen, der wunderschönen, auf einem Tiger reitenden Göttin. Die erweckte *Kundalini* manifestiert sich als kreative Energie auf verschiedenen Stufen der Verfeinerung. Dann wird sie in Form verschiedener Göttinnen – Laksmi, Parvati, Saraswati und andere Erscheinungsformen der göttlichen Mutter – verehrt. Führer mit großer menschlicher Anziehungskraft, Genies und solche mit großen kreativen Fähigkeiten sind diejenigen, in denen die *Kundalini* besondere, schlafende Bereiche des Gehirns erweckt hat. Sie hat sich selbst durch diese hindurch auf verschiedenen Stufen der Verfeinerung manifestiert, was von den jeweiligen Absichten und Neigungen abhängig ist. Wenn die *Kundalini* vollständig erweckt ist, sind alle schlafenden Bereiche des Gehirns wach, und das Göttliche hat sich im ganzen Individuum verkörpert. Wenn *Kundalini* erwacht und das *Sahasrara Chakra* erreicht, entfaltet sich die höchste Stufe des Bewusstseins, der *Nirvikalpa* (beständige) *Samadhi.* Die Siddhas verglichen dies mit der Vereinigung von Shiva und Parvati Shakti, in welcher der Seher, das Sehen und das Gesehene eins werden.

Wenn die *Kundalini* erwacht, beginnt auch der physische Körper sich zu verändern. Seine Zellen werden mit Energie aufgeladen und verjüngt. Die Hormonausschüttung kann sich verändern. Ein Prozess vollständiger Transformation hat begonnen.

In der Wissenschaft der achtzehn Siddhas wird die *Kundalini Shakti* durch verschiedene Yoga-Übungen vom Anwärter vom *Muladhara* zum *Sahasrara Chakra* gebracht, wo sie sich mit Shiva, dem höchsten unwandelbaren Bewusstsein, verbindet. Die Pole des Körpers sind vereint und kosmisches Bewusstsein tritt hervor. Der Anwärter genießt himmlische Glückseligkeit und ein Nektar von Ambrosia beginnt in den Blutkreislauf einzufließen; er verjüngt die Zellen und verlängert das Leben.

Die Siddhas verehrten diese *Kundalini Shakti* als die universelle Mutter in Form eines Dreiecks. In vervielfachter Form ergibt sich daraus das Sri *Chakra,* welches aus 43 Dreiecken besteht. Durch tiefste Ergebenheit zur höchsten Mutter und die Meditation über die heiligen Mantras und Hymnen, die sich auf die 43 Dreiecke beziehen, erlangten die Siddhas die Meisterschaft über die Elemente.

Die Stufen der Praxis und das Erwachen der *Kundalini*

Es ist außerordentlich wichtig, dass die verschiedenen Techniken in Stufen geübt werden, damit der *Idakalai* und *Pingalai Nadi* gereinigt und die Chakren und der *Shushumna Nadi* erweckt sind, bevor die *Kundalini* selbst erweckt wird. Wenn das nicht der Fall ist, können schwere Probleme und negative Wirkungen auftreten. Wenn die Chakren nicht vor der *Kundalini* erwacht sind, wird die Energie in einem von ihnen blockiert werden, was die Kraft der mit diesem Chakra in Verbindung gebrachten Verhaltensweisen um ein Vielfaches multipliziert. Man kann einige Siddhis oder hellseherische Kräfte entwickeln, aber man wird nicht in der Lage sein, darüber hinauszugelangen. Unerfüllte Wünschte und negative Veranlagungen werden durch die vorzeitige Erweckung der *Kundalini* unermesslich gefördert. Wenn die *Kundalini* vor dem *Shushumna Nadi* erwacht, wird die Energie kein Ventil finden und im *Muladhara Chakra* stecken bleiben, was zu sexuellen Problemen und Neurosen führt. Es ist außerdem wichtig, dass die Chakren stufenweise erwachen. Wenn sie zu schnell erweckt werden, können Gefühle der Leidenschaft, Angst, Furcht, Gier, Depressionen oder Erinnerungen an frühere Leben den Betreffenden überwältigen.

Die erste Stufe der Praxis des *Kundalini Yoga* ist daher die Reinigung der *Nadis* durch Übung von *Asanas, Bandahs, Mudras* und später auch durch *Pranayama.* Der Schüler sollte weiterhin eine vegetarische Diät einhalten, Genussmittel aller Art, Völlerei, unregelmäßiges Essen und negatives Verhalten meiden, die ein Ungleichgewicht in dem wechselnden Fluss des *Prana* durch den *Idakalai* und *Pingalai Nadi* verursachen.

Die Praxis der Meditation wird dem Schüler auf dieser Stufe helfen, negative Veranlagungen aufzulösen und eine ruhige Achtsamkeit zu entwickeln. Babajis erstes *Dhyana Kriya* oder erste „Meditationstechnik" reinigt vor allem das *Chittam* oder „Unbewusste", das die Quelle tief sitzender Neigungen und negativen Verhaltens ist. Die Beschäftigung mit Aktivitäten, die selbstlose Dienste für andere beinhalten, das Studium des Lebens von Heiligen und spiritueller und metaphysischer Bücher und andächtige Aktivitäten sollen ebenfalls dazu dienen, den Fluss pranischer Energie in die höheren Chakren zu verfeinern. Die meisten Schüler neigen entweder zur Trägheit oder zur Verschwendung ihrer Energien. Ein Gleichgewicht muss entwickelt und unter allen Umständen bewahrt werden, sodass, wenn die *Kundalini* erwacht, sie ohne störende Auswirkungen kontrolliert werden kann. Das *Pranayama* sollte zu Beginn nur begrenzt geübt werden, weil es sonst negative Veranlagungen wie Zorn, Gier und Lust unterstützt. Unter der Anleitung eines erfahrenen Lehrers kann die Zahl der Übungen bei fortgeschrittener Läuterung und steigenden Fähigkeiten ebenfalls langsam gesteigert werden. Naturgemäß unterscheiden sich alle Praktizierenden individuell in dem Maß, das sie zur Vorbereitung benötigen, abhängig davon, was für ein Leben sie zuvor geführt haben und wie es um ihre aktuellen mentalen, emotionalen und physischen Gewohnheiten bestellt ist. Ein kompetenter Lehrer ist in der Lage, verschiedene individuelle *Kriyas* und Aktivitäten in dieser Vorbereitungszeit zu empfehlen.

Die zweite Vorbereitungsstufe beinhaltet die Erweckung der Chakren. Beim Einzelnen können schon einige Chakren erweckt sein, besonders wenn er während eines früheren Lebens bereits Yoga oder ähnliche Disziplinen praktiziert hat. In den meisten Fällen ist das *Muladhara Chakra* bereits aktiv. Dies ist auch der Grund, warum sexuelle Aufmerksamkeit eine der herausragendsten Eigenschaften im Leben der meisten Menschen ist. Es ist jedoch wichtig, den eigenen Energien nicht zu erlauben, in einem der niederen Chakren stecken zu bleiben. Es gibt zahlreiche Wege, die Chakren zu erwecken. Die besten Methoden sind jene, die eine stufenweise Erweckung herbeiführen. Dazu gehören *Asanas, Mudras, Bandahs* und insbesondere die *Bija* (Saat) *Mantras*. Bestimmte *Dhyana Kriyas,* die sich auf die Chakren konzentrieren, sind auch sehr effektiv. Die Bedeutung der *Bija Mantras* und wie sie gelernt werden sollten, wird im folgenden Kapitel (Seite 219 ff.) beschrieben.

Die dritte Vorbereitungszeit ist die Erweckung des *Shushumna Nadi.* Wenn die Energien im *Idakalai* und *Pingalai Nadi* einmal ausgewogen sind, geschieht das Erwachen des dritten *Nadi,* des *Shushumna, ganz* von selbst. Es ist gewöhnlich sehr flüchtig und sporadisch, und so sind bestimmte Praktiken, einschließlich Pranayama und Meditation, die die beiden Energien im Gleichgewicht halten, sehr wichtig zur Stabilisierung der Erweckung. In der Zeit, in der die Erweckung unstabil ist, kann die *Kundalini* kurzzeitig bis zum *Sahasrara* oder *Manipura Chakra* aufsteigen, doch wird sie dann zum *Muladhara* zurückkehren. Nur wenn das Gleichgewicht zwischen *Idakalai* und *Pingalai Nadi* dauerhaft ist, wird die *Kundalini* erwachen und auf explosive Art den ganzen Weg durch den *Shushumna Nadi* bis zum *Sahasrara Chakra* aufsteigen.

Die Zeichen des Erwachens der *Kundalini*

Manchmal spüren Menschen, wie Energie durch die Wirbelsäule aufsteigt, was sich in einem kribbelnden Gefühl ausdrückt. Dies ist nicht das Erwachen der *Kundalini.* Es ist eine Freigabe von pranischer Energie aus dem *Muladhara Chakra* durch den *Pingalai Nadi,* der auch als *Pranotthana* bekannt ist. Sie reinigt die Chakren teilweise, ist jedoch nur eine kurzlebige Erscheinung, die keine bleibenden Veränderungen des Bewusstseins hinterlässt, wie es bei der Erweckung der höheren Chakren und der *Kundalini* selbst der Fall ist.

Mit dem Erwachen der Chakren sind viele angenehme und oft fantastische, für gewöhnlich sehr schöne und segensreiche Erfahrungen verbunden. Erfahrungen dieser Art können jederzeit auftreten. Ein Hitze- oder Kältegefühl kann dann auch in den Teilen des Körpers verspürt werden, die mit ihnen in Verbindung stehen: in den Genitalien, am After, in Nabel, Herz und Stirn.

Dies signalisiert die Notwendigkeit eines längeren, konzentrierten Aufwands, einschließlich *Topas,* der intensiven, zielstrebigen Yoga-Übung. Der hierfür gewählte Ort sollte bereits durch die Praxis von *Yogis,* Heiligen, Weisen oder Siddhas gereinigt sein. Die Hilfe ergebener Freunde und die Vorsorge für die materiellen Bedürfnisse wird in dieser Zeit, die mehrere Monate dauern kann, nötig sein, damit die Arbeit ohne Pause weitergehen kann. Die Führung durch einen Lehrer oder Guru ist ebenfalls hilfreich. Viele verschiedene *Yoga Kriyas* oder „-Techniken“ müssen systematisch miteinander verflochten werden.

Beim Erwachen des *Shushumna Nadi* kann man innerlich ein helles Licht sehen oder man spürt, dass die Wirbelsäule voller Licht ist. Einige unangenehme Empfindungen wie Hitze entlang der Wirbelsäule, Fieber, verschiedene Gerüche, Halluzinationen und Schmerzen in verschiedenen Körperteilen können ebenfalls auftreten. Einsamkeit und Depression, Loslösung vom Körper, Lustlosigkeit und Abneigung gegen jede Art von Aktivität können den Prozess begleiten. Man kann auch eine starke Verbundenheit mit der Natur empfinden – mit Bäumen, Tieren und Menschen. Es ist ebenfalls möglich, dass man kommende Ereignisse und Unfälle vorhersieht.

Durch unerschütterliche Ergebenheit und Liebe zu Gott, durch *Pranayama* und Meditationstechniken trennt sich der Anwärter von solch störenden Erfahrungen. Die Erweckung der *Kundalini* erfolgt auf mehreren Stufen. Auf der ersten sieht man gewöhnlich ein großartiges Licht im Zentrum zwischen den Augenbrauen, dem *Ajna Chakra,* das sich schrittweise über längere Zeit entwickelt. Der Geist wird ruhiger und der Appetit reduziert. Der Atem fließt einige Tage lang gleichmäßig durch beide Nasenlöcher, was anzeigt, dass *Idakalai* und *Pingalai Nadi* im Gleichgewicht sind. Wenn die *Kundalini* schließlich aufsteigt, geschieht dies mit großer Wucht, wie ein elektrischer Schlag vom Grund der Wirbelsäule, der den ganzen Weg bis zum *Sahasrara Chakra* am Scheitel des Kopfes hinaufschießt. Es ist möglich, ein brennendes Gefühl entlang der Wirbelsäule zu fühlen und Geräusche zu hören, die an Musikinstrumente erinnern – an Glocken, Pfeifen oder Trommeln. Wenn die Erweckung stattgefunden hat, bevor die Reinigung des *Chittam* oder „Unbewussten" abgeschlossen wurde, können viele unterdrückte Gefühle, Wünsche, Wut und Angst den Betreffenden ergreifen, doch dies wird nach ein paar Tagen oder Wochen nachlassen. Während dieser Zeit der Unausgeglichenheit kann man Schlaflosigkeit, Appetitverlust, Depressionen, Halluzinationen und Visionen erleben. Doch diese werden schnell vorübergehen.

Wenn diese Erfahrungen der *Kundalini* einmal stabil sind, erlebt man die universelle Vision der Liebe, intensive Glückseligkeit und Selbstverwirklichung, im Yoga als *Samadhi* und im Buddhismus als *Nirvana* bekannt. In diesem Zustand können Atmung und Herzschlag für mehrere Stunden oder sogar Tage aussetzen. Ein Mensch in diesem Zustand scheint tot zu sein, doch wenn man seine Augenlider öffnet, leuchten die Augen wie Diamanten von pranischer Energie. Man sollte darauf achten, einen Menschen in diesem Zustand vor den gut gemeinten Übergriffen von Familienmitgliedern oder Behörden zu schützen, die den Körper vielleicht beerdigen oder verbrennen wollen. Wenn der Betreffende am einundzwanzigsten Tag immer noch nicht aus dem *Samadhi* zurückgekehrt ist, sollte man vorsichtig versuchen, ihn wieder in das physische Bewusstsein zurückzubringen. Doch abgesehen davon liegt es an ihm selbst, zu entscheiden, ob er zurückkehren will oder nicht. Nach Ablauf des einundzwanzigsten Tages wird es nicht mehr möglich sein, ihn ins Leben zurückzurufen.

Wenn der Betreffende aus dem Trancezustand des *Samadhi* zurückkehrt, wird er wieder in der Lage sein, ein normales Leben zu führen, doch er wird einen ständig offenen Zugang zu einem höheren Bewusstsein haben. Durch wiederholtes Erleben dieses höheren Samadhi-Zustandes wird die *Kundalini* anfangen, aufzusteigen und das Individuum zu transformieren. Nach der Erfahrung des ungeteilten Zustands absoluter Realität auf der spirituellen Ebene der Existenz im *Samadhi* steigen das damit verbundene göttliche Bewusstsein und die feinstofflichen Energien hinab und durchdringen die grobstofflicheren intellektuellen, mentalen, vitalen und physischen Körper. Göttliche Qualitäten und Genialität manifestieren sich und das Ego-Bewusstsein löst sich langsam auf. Der Betreffende wird stufenweise zum Heiligen, Weisen, Siddha und *Mäh,* einem höchsten *Siddha*, wenn das Göttliche sich selbst nacheinander auf der spirituellen, auf der intellektuellen, auf der mentalen, auf der vitalen und schließlich sogar auf der physischen Ebene manifestiert. Letztlich werden selbst die Zellen des Körpers mit göttlicher Unzerstörbarkeit aufgeladen und dem neuen, göttlichen Bewusstsein untergeordnet. Der physische Körper wird tatsächlich zum Tempel Gottes mit einem charakteristischen goldenen Schein.

Es gibt zahlreiche Berichte von professionellen Fotografen, die vergeblich versuchten, Heilige zu fotografieren, die einen solchen Zustand erreicht hatten. Aus einem unerklärlichen Grund ist das goldene Licht ihres Körpers so subtil, dass es keine Spur auf dem Film hinterlässt, selbst wenn sie inmitten anderer Menschen fotografiert worden sind.

Dieser Zustand wird nur äußerst selten erreicht und erst nach vielen Leben, die der spirituellen Entwicklung gewidmet waren. Er liegt nach Aussagen von Sri Yukteswar sogar jenseits der Vorstellungskraft der meisten Menschen. Das Geheimnis dieser Errungenschaft ist die vollständige Selbstaufgabe, welche die Voraussetzung für das Herabsteigen des transformierenden Göttlichen ist. Aus diesem Grund ist die Hingabe an Gott das höchste Ideal der Siddhas. Der göttliche Wille kann sich nur bei einer solchen Ergebenheit entfalten. Die diesen Zustand erreichen, werden tatsächlich zu lebenden Gefäßen Gottes. Das Göttliche strahlt in all seiner Größe und seinem Ruhm aus ihnen heraus.

12

Der Weg des Kriya Yoga

Der Schlüssel zur Transformation der Menschheit

Yoga kann als „Kunst und Wissenschaft der Gottvereinigung und Vervollkommnung“ definiert werden (Ramaiah, 1968). *Kriya Yoga* ist die Tradition des Yoga, die von Babaji entwickelt und von ihm oder durch seine Jünger verbreitet wird. Sie ist eine Kristallisation der Lehren und Techniken des tamilischen *Yoga Siddhantam*, der alten Lehren der tamilischen *Yoga Siddhas*. Das Wort *Kriya* bedeutet „eine mit Achtsamkeit ausgeführte Aktivität“. Es wird als eine Reihe von praktischen Yoga-Techniken oder *Kriyas* gelehrt, die dem Schüler helfen, sein wahres Potenzial zu verwirklichen. *Kriya Yoga* hilft ihm, aus verborgenen Quellen der Inspiration zu schöpfen und höhere Bewusstseinszustände zu erreichen. Wenn er *Kriya Yoga* in seinen jeweiligen Beschäftigungsfeldern und Einflusskreisen verwendet, können diese Inspiration und dieses Bewusstsein eine Transformation der menschlichen Gesellschaft herbeiführen. Die regelmäßige und ernsthafte Praxis des *Kriya Yoga* erweitert zunehmend die Perspektive des „Selbst“. „Selbstverwirklichung“ ersetzt das Ego-Bewusstsein, und Aktivität wird zum Mittel, den liebenden Dienst am Göttlichen auszudrücken, das in einer sich kontinuierlich entfaltenden „universellen Vision der Liebe“ in jedem und allem erkannt wird. Wie in den vorhergehenden Kapiteln beschrieben, trugen alle achtzehn Siddhas auf verschiedenen Gebieten zur Entwicklung der Gesellschaft bei und widmeten sich der Förderung des Bewusstseins der Menschheit und der Welt, anstatt der Welt und der Menschheit zu entsagen.

Kriya Yoga beinhaltet alle Elemente einer wissenschaftlichen Methodik. Jede Technik ist eine Arbeitshypothese. Der Kriya-Yoga-Schüler *(Sadhak),* der die Techniken regelmäßig übt, führt Experimente durch und zeichnet seine Erfahrungen auf. Kriya-Yoga-Schüler treffen sich regelmäßig, um über ihre Erfahrungen zu sprechen – wie Wissenschaftler auf einer Konferenz. Der Praktizierende kommt zu beweisbaren Schlussfolgerungen über die Techniken. Da sich eine „absolute" Realität nie vollständig definieren lässt, kann sie nur als Essenz des Seins erlebt werden. *Kriya Yoga* enthüllt das „Einssein" mit „Gott" oder der „Wahrheit".

Ein integraler *Yoga*

Die Praxis von *Babajis Kriya Yoga* ist als „integraler Yoga" bekannt, weil sie zu einer integralen oder vollständigen Transformation des Individuums auf allen fünf Hauptebenen der Existenz führt: der physischen, der vitalen, der mentalen, der intellektuellen und der spirituellen Ebene. Sie entfernt nach und nach die Schichten der Konditionierung, die das Individuum davon abhalten, eine universelle Vision zu erlangen. Der Körper wird als Vehikel oder Tempel Gottes angesehen. Man kümmert sich nicht aus Eigennutz um den Körper, sondern man umsorgt ihn als einen Ausdruck des Göttlichen.

Babajis Kriya Yoga besteht aus einer Reihe von Techniken, die in fünf Hauptkategorien zusammengefasst sind:

- *Kriya Hatha Yoga*
- *Kriya Kundalini Pranayama*
- *Kriya Dhyana Yoga*
- *Kriya Mantra Yoga*
- *Kriya Bhakti Yoga*

Jede dieser im Folgenden beschriebenen Techniken entspricht einem unserer fünf Körper: dem physischen, dem vitalen, dem mentalen, dem intellektuellen und dem spirituellen Körper. Man kann sie sich als konzentrische Hüllen der Lebenskraft vorstellen, die sich in immer feinstofflicheren Ebenen in jedem Individuum manifestieren.

Kriya Hatha Yoga

Kriya Hatha Yoga, die wissenschaftliche Methode, den physischen Körper zu bemeistern, ist Ausgangspunkt für jeden Kriya-Yoga-Schüler. Er besteht aus Entspannungshaltungen (*Asanas)*, Muskelblocks *(Bandahs)* und bestimmten Gesten *(Mudras).* Es gibt in *Babajis Kriya Yoga* achtzehn grundlegende *Asanas* (Haltungen). Ein *Asana* ist eine Haltung, die zur Entspannung führt. Ein *Mudra* ist eine Geste, Bewegung oder Position, die den Fluss der Lebenskraft, des *Prana,* beeinflusst (und damit auch die psychische Einstellung). Ein *Bandah* ist ein psychomuskulärer Energieblock, der den Fluss des *Prana* umleitet und die Chakren erweckt. *Bandhas* wurden von den Siddhas entwickelt und geübt, um die Chakren und Energiekanäle, die *Nadis*, zu kräftigen, Energieblockaden aufzulösen, die Übertragung von langsam steigenden Mengen pranischer Energie zu erlauben, das Immunsystem zu stärken und den Körper von funktionellen Störungen frei zu halten.

Im Vergleich zum mentalen oder zum vitalen Körper ist es relativ leicht, den physischen Körper zu kontrollieren, vor allem weil die ersteren viel feinstofflicher und dem menschlichen Willen weniger zugänglich sind. *Asanas, Bandahs* und *Mudras* führen zu einem Entspannungszustand auf allen fünf Ebenen. Sie massieren die inneren Organe und Drüsen und stabilisieren den physischen Körper. Sie verhüten und heilen viele Krankheiten und funktionelle Störungen wie Diabetes, Atembeschwerden, zu hohen Blutdruck und emotionale Labilität. So können sie eine der am weitesten verbreiteten Ursachen menschlichen Leids auslöschen: „mangelnde Gesundheit“. Sie helfen dem physischen Körper außerdem, während der Meditation ruhig zu bleiben. Die Haltungen ermöglichen es, die schwächenden Folgen von Stressbelastungen auszugleichen und in allen Situationen gesammelt zu bleiben. Ihre achtsame Ausführung führt den Schüler in die Meditation ein. Die psychophysiologischen Wirkungen des *Kriya Hatha Yoga* wurden bereits in Kapitel 11 (Seite 191 ff.) beschrieben.

Hatha setzt sich aus zwei Wörtern zusammen: *Ha* bedeutet „Sonne" und *Tha* Mond. Sonne und Mond entsprechen der maskulinen Yang- und der femininen Yin-Seite unserer menschlichen Natur. *Hatha Yoga* wird heute hauptsächlich mit den Körperstellungen oder *Asanas* in Verbindung gebracht. In den traditionellen Lehren der Siddhas wurde er mit bestimmten Atemübungen gelehrt. Die Haltungen helfen, sich mental zu konzentrieren und die beiden Hauptaspekte unserer Persönlichkeit, den männlichen und den weiblichen, zu integrieren. Der Anfänger auf dem Pfad des Yoga bemerkt oft eine fehlende Flexibilität auf der einen oder anderen Seite des Körpers. Durch Üben der Kriya-Hatha-Yoga-Haltungen wird dieses Ungleichgewicht zwischen den Körperseiten aufgehoben. Fehlende Flexibilität wird Energieblockaden in den *Nadis* zugeschrieben. Mit einiger Übung kann der Schüler der yogischen Atmung tatsächlich bei jedem Atemzug den Fluss der Energie durch das Netz der Nadis spüren.

Für seinen *Kriya Hatha Yoga* hat Babaji achtzehn Haltungen mit mehreren Variationen aus den Tausenden von Haltungen, die im klassischen *Hatha Yoga* existieren, ausgewählt. Diese achtzehn *Asanas* behandeln alle Teile des Körpers und ergänzen die Ziele der anderen Phasen seines *Kriya Yoga*. Idealerweise sollten sie vor dem Erlernen und Praktizieren des *Pranayama* und der Meditation gelernt und geübt werden. Sie bleiben während des ganzen Lebens ein wichtiger Teil der Yoga-Praxis, selbst auf den letzten Stufen der spirituellen Entwicklung und Transformation.

Die achtzehn *Asanas* in *Babajis Kriya Yoga* sind die folgenden:

1. Salutierende Haltung (Sanskrit: *Asana Namaskaram*; Tamil: *Kriya Asana Vanakkam*)
2. Sonnenanbetung (Sanskrit: *Surya Namaskar*; Tamil: *Surya Namaskaram*)

3. Schulterstand (Sanskrit und Tamil: *Sarvangasana*)
4. Fischstellung (Sanskrit: *Matsyasana*; Tamil: *Meenasana*)
5. Stehender Kranich (Sanskrit: *Uttanasana;* Tamil: *Kokkuasana*)
6. Bogenhaltung (Sanskrit: *Ardha Matsyasana;* Tamil: *Vilasana*)
7. Überkopfhaltung (Sanskrit: *Vipareeta Karani Asana;* Tamil: *Viparitakaranai Asana*)
8. Halbe Fischstellung (Sanskrit: *Ardha Matsyasana;* Tamil: *Pathi Meenasana*)
9. Pflugstellung (Sanskrit: *Halasana;* Tamil: *Kalapoy Asana*)
10. Schlange (Sanskrit: *Bhujangasana;* Tamil: *Paambu Asana*)
11. Yoga-Mudra-Haltung (Sanskrit und Tamil: *Yoga Mudrasana*)
12. Halbe Radstellung (Sanskrit: *Ardha Chakrasana;* Tamil: *Pathi Chakra Asana*)
13. Sitzender Kranich (Sanskrit: *Paschimottasana;* Tamil: *Amarantha Kokkuasanam*)
14. Heuschrecke (Sanskrit: *Shalabhasana;* Tamil: *Vittel Asana*)
15. Rückwärtige Haltung der Festigkeit und des Lichtes (Sanskrit und Tamil: *Vajroli Mudrasana*)
16. Kniende Haltung der Festigkeit (Sanskrit und Tamil: *Suptavajrasana*)
17. Dreieckstellung (Sanskrit: *Trikonasana;* Tamil: *Mukkonasanam*)
18. Entspannungshaltung des vollkommenen Friedens (Sanskrit und Tamil: *Purna Shava Shanti Asana*)

(Ramaiah, 1990, Seite 1–37; Zvelebil, 1983, Seite 223 f.)

Kriya Kundalini Pranayama

Kriya Kundalini Pranayama, die Kunst und Wissenschaft, den Atem zu meistern, ist das wichtigste und wirksamste Werkzeug in *Babajis Kriya Yoga*. Es erweckt die *Kundalini* oder verborgene Energie im *Muladhara Chakra* und verteilt sie durch ein Netzwerk von *Nadis* oder „Kanälen“. Bei regelmäßiger Übung erweckt der Schüler stufenweise alle Chakren mit den dazugehörenden Bewusstseinsebenen und erzeugt so Energie auf allen fünf Ebenen der Existenz. Dies führt zur Selbstverwirklichung und zum atemlosen Zustand des *Samadhi.*

Kriya Dhyana Yoga

Unser Geist kann mit einem Affen verglichen werden, der vom Wein der Begierden betrunken ist und von den Bienen des Stolzes gestochen wurde. Die Kunst und Wissenschaft, den aufgewühlten und unruhigen Geist zu bemeistern, *Kriya Dhyana Yoga,* besteht aus einer Reihe von Meditationstechniken. Er schließt die fünf Sinne und ihre subtilen Gegenstücke, das Hellsehen, Hellhören und Hellfühlen usw., ein.

Die erste Technik des *Kriya Dhyana Yoga* führt zur Reinigung des unbewussten Geistes mit all seinen unterdrückten Begierden, Ängsten und Erinnerungen. Weiterführende Techniken helfen einem nach und nach, sich zu konzentrieren und die verborgenen Fähigkeiten des Geistes durch Konzentration, Betrachtung und unablässige Achtsamkeit zu erwecken. Letztendlich realisiert man das Selbst und findet Freude auf allen fünf Existenzebenen.

Kriya Mantra Yoga

Man im Wort *Mantra* bedeutet „denken" und *tra* leitet sich von *trai* ab, was „schützen" oder „befreien" heißt. Es weist auf die Befreiung von der Fessel des *Samsara*, unserer gewohnten Neigungen, hin. Die meisten Menschen sind durch diese Neigungen gebunden, doch wenn man sie durch das Mantra ersetzt, wird man von ihnen befreit. Statt eine Gewohnheit zu unterstützen, werden die Energien in die Wiederholung des Mantras geleitet und die Gewohnheit löst sich langsam auf. Die Rezitation eines Mantras beseitigt Begierden wie Zorn, Angst, Gier und Lust, die die Sicht trüben. So wie ein sauberer Spiegel in der Lage ist, die Realität klar widerzuspiegeln, ist unser Geist fähig, die höheren spirituellen Wahrheiten zu reflektieren, wenn solche Begierden entfernt worden sind.

Die Mantras wurden von den Siddhas in tiefen Meditationszuständen entdeckt. Wenn der Geist ruhig und gleichmütig wird, hört man zarte Töne, die mit den verschiedenen Chakren und Bewusstseinsebenen verbunden sind. Auch Jesus forderte dazu auf, das „Wort Gottes" zu hören: „Wer Ohren hat zu hören, der höre!" (Lukas 8,8). Es gibt zwei Arten von Sprache: erstens die für die Verständigung zwischen Menschen gebrauchte, wie etwa Englisch, Französisch, Hindi usw., und zweitens die zur Verständigung zwischen den verschiedenen Bewusstseinsebenen verwendete. Die meisten Menschen sind nur an der ersten Art von Sprache interessiert. Die zweite existiert in vielen religiösen Überlieferungen: zum Beispiel in Form der rituellen Sprache des christlichen Priesters während des heiligen Abendmahles, um Wein in das Blut Christi und Brot in sein Fleisch zu wandeln. Oder im russisch-orthodoxen „Herzensgebet", den gregorianischen Gesängen usw. Anders als in gewöhnlichen Gebeten bitten sie dabei um nichts und erhalten ihren Geist auf diese Weise konzentriert und rein.

Menschen ziehen Ereignisse und Umstände an, die auf ihre Gedanken gründen. Jemand, der ständig über den Entwurf und die notwendigen Schritte zum Bau eines „Traumhauses" nachdenkt, wird auch die erforderlichen Voraussetzungen und Möglichkeiten anziehen. Jene, die häufig ihren Ängsten frönen und zum Beispiel daran denken, überfallen zu werden, setzen Kräfte in Bewegung, die den gefürchteten Übergriff herbeiführen.

Gedanken beinhalten oft Wünsche. Doch wenn Wünsche nicht erfüllt werden, führt dies zu Frustration. Und die führt zu einem Durcheinander im Geist. Das führt wiederum zur Abwesenheit des Bewusstseins des Selbst. Dann verliert man die innere, göttliche Kraft und das Bewusstsein aus den Augen und wird so zum Opfer der Umstände und Gewohnheiten.

Die meisten Gedanken haben sehr wenig Kraft, doch durch Wiederholung werden sie stärker. Wiederholte Gedanken bilden Gewohnheiten heraus, das Verhalten des Einzelnen besteht zum größten Teil aus nichts als Gewohnheiten. Die Persönlichkeit des Individuums ist die Summe seiner oder ihrer Gedanken, mit einer einzigartigen Zusammensetzung von Anziehungs- und Abstoßungskräften. Diese sitzen im Unbewussten, das im *Yoga Chittam* genannt wird. Die Reinigung dieses *Chittam* ist der Prozess des Yoga. Wie Patanjali sagte: *„Yoga Chitta Vritti Nirothaha"* (Yoga besteht aus der Reinigung der Abwandlungen des unbewussten Geistes; Patanjali, Teil l, Vers 2).

Kriya Mantra Yoga ist als die stille Wiederholung kraftvoller Töne bekannt, die den Intellekt erweckt. Die Rezitation des Mantras wird *Japa* oder *Mantra Sadhana* genannt. Das Mantra spendet Frieden, Seligkeit, Erleuchtung und Bewusstsein. Es erweckt den Intellekt durch die Öffnung der Intuition, was wiederum den Intellekt inspiriert. Kreatives Denken entsteht spontan zwischen allen Bemühungen, das Denken zu unterbinden. Wenn man dem Mantra gestattet, sich selbst anstelle des denkenden Geistes zu wiederholen, kann daraus große Inspiration erwachsen. *Mantra Japa* muss mit Glauben *(Shraddha),* Liebe *(Bhava)* und Konzentration *(Dharana)* praktiziert werden.

Ein Mantra ist ein Wort, das Ich-Bezogenheit durch Gott-Bezogenheit ersetzt. In *Babajis Kriya Yoga* beziehen sich alle Mantras auf verschiedene Aspekte des Göttlichen. Die kraftvollsten Mantras enthalten die mächtigen Bija(Saat)-Silben oder Töne, die von den Siddhas im Zustand tiefer Meditation als Schlüssel zu höheren Bewusstseinsstufen entdeckt wurden. Die Mantras erlauben einem, dieselben Erfahrungen in den entsprechenden Chakren zu machen, nämlich das gewöhnliche physische Bewusstsein zu transzendieren.

Ein Mantra ist das Göttliche selbst. Viele Menschen glauben, dass es nur ein Begriff für das Göttliche oder sein Name sei. In seiner Essenz ist es jedoch Gott. In der Bibel heißt es: „Im Anfang war das Wort und das Wort war bei Gott und Gott war das Wort ... Alle Dinge sind durch dasselbe [das Wort oder *Aum*] geschaffen; und ohne dasselbe ist nichts geschaffen worden" (Johannes 1,1–3). Als solches enthält es transformative göttliche Kraft oder *Shakti,* die sich im Ton manifestiert. Ein Mantra produziert kreative Kräfte und bringt einen durch das Prinzip resonierender Schwingungen in Einklang mit dem Göttlichen. Jedes der *Bija Mantras* hat ein entsprechendes Muster oder Yantra, eine geometrische Form, die einem *Mandala* gleicht. Jedes der Chakren, jeder der Siddhas und Götter hat ein entsprechendes Mantra und *Yantra*. Durch die Wiederholung des Mantras einer speziellen Gottheit, eines Heiligen oder Siddha kann man ihre Anwesenheit und ihren Segen herbeiführen.

Das Mantra ist wie eine Kerze in einem dunklen Raum. Es ist wie eine immunisierende Spritze gegen die karmischen Krankheiten. Die Energien, die gewöhnlich durch Sinneswahrnehmungen zerstreut sind, werden gesammelt und erhalten. Auf diese Weise verlieren die Wünsche nach und nach ihre Kraft, was letztlich zu Ausgeglichenheit und Selbstkontrolle führt. In Zeiten des Zweifels, der Angst oder der Zerstreuung beruhigt die Wiederholung des Mantras und sammelt das Bewusstsein.

Um wirksam zu sein, sollten die Mantras nicht für eigennützige Wünsche rezitiert werden. Dies hilft, eine Einstellung inneren Abstandes zu gewinnen, in der das innere Selbst wahrgenommen werden kann. Aus diesem Grund enden die Mantras häufig mit dem Wort Namaha, das bedeutet, sich dem Göttlichen zu ergeben oder es zu grüßen.

Es ist nicht angebracht, Mantras aus Büchern zu lernen oder sie darin aufzuzählen. Sie sollten von jemandem gelehrt werden, der sie selbst erfahren hat und die feinstofflichen Schwingungen, die mit ihnen verbunden sind, kennt und die entsprechenden Bewusstseinsstände vermitteln kann. Mantras sollten in einem *Anthar Kriya Yogam* (einem spirituellen Rahmen) gelernt und gelehrt werden, in dem der Schüler und die Atmosphäre durch die verschiedenen Yoga-Übungen gereinigt wurden.

Kriya Bhakti Yoga

Kriya Bhakti Yoga, der Yoga der Liebe und Hingabe, wird auch der „Turbojet“ zur Selbstverwirklichung“ genannt. Hingebungsvolle Lieder, Gesänge, rituelle Verehrung und Pilgerreisen an heilige Plätze öffnen das Herz und den Geist für die Gegenwart der Liebe. Stufenweise werden alle Aktivitäten von Süße durchtränkt, wenn der „Geliebte" in allem erkannt wird. Gefühle der Liebe und Hingabe sind generell instabil, weil die menschliche Natur für andere Neigungen und Begierden anfällig ist. Darum ist es notwendig, sich den oben genannten Aktivitäten zu widmen, damit sie aufs Neue kultiviert werden. Diejenigen, die sich aufgrund ihrer emotionalen Wesensart zum *Bhakti Yoga* hingezogen fühlen, können erfahren, dass die Emotionen zeitweilig unbändig und negativ sein können. Die anderen Arten des Yoga (*Kriya Hatha Yoga,* Meditation, *Pranayama, Karma Yoga* und *Mantra Yoga*) können helfen, diese zu stabilisieren.

Kriya Karma Yoga

In der *Bhagavad Gita* sagt Krishna zu Arjuna: „Dein Geschäft ist nur mit der Tat, nicht mit ihren Früchten. So lasse nicht die Frucht der Tat dein Motiv sein, doch sei auch nicht der Untätigkeit verbunden. Vollführe deine Tat, oh Dhananjaya, in Einheit mit dem Göttlichen lebend, allen Bindungen entsagend, und ausgeglichen in Erfolg und Versagen: Ausgeglichenheit wird Yoga genannt" (*Bhagavad Gita* II, 47 f.). *Kriya Karma Yoga* ist der „selbstlose Dienst, der bewusst ausgeführt wird". Menschen widmen sich gewöhnlich bestimmten Aktivitäten, weil sie erwarten, etwas dafür zu bekommen. Dies weist auf eine grundlegende Verwirrung bezüglich der Quelle des Glücks hin. Wenn man das Glück in äußeren Dingen und Aktivitäten sucht, ignoriert man die Tatsache, dass Glück immer etwas ist, was in einem selbst erlebt wird. Man macht den Fehler, die Umstände, unter denen man Glück empfindet, mit dem Glück selbst zu verwechseln. Im *Karma Yoga* macht man diesen Fehler nicht. Man handelt nicht, weil es Glück – das bereits eine Eigenschaft des innersten Wesens ist – bringt, sondern weil man sich selbst durch die Ausführung einer Handlung, die uns durch unsere Pflicht in jeder gegebenen Situation auferlegt ist, im Geist des hingebungsvollen Dienens von den Bindungen an die Ergebnisse befreit. Dadurch schafft man kein neues *Karma* und keine von Wünschen motivierten und gebundenen Handlungen und findet so dauerhaften Frieden. Wir vollführen unsere Handlungen zudem mit „Können", da wir es im Geist der Liebe tun. Etwas selbstlos zu tun erlaubt es dem höheren Bewusstsein, durch uns zu wirken, ohne durch den Widerstand des niederen Verlangens des Ego beeinträchtigt zu sein.

Kriya Karma Yoga beginnt damit, dass man mehrere Wochenstunden einer Aktivität widmet, die dem Wohle anderer dient. Man fängt an, zwischen den Vorschlägen des Ego und denen des Göttlichen zu unterscheiden, die uns jeden Tag anleiten, anderen in hundert kleinen Dingen zu helfen. Alles, was man tut, wird mehr und mehr zum *Karma Yoga*, da man erkennt, dass man nicht „der Handelnde", sondern ein Werkzeug des Göttlichen ist, dass man auf der Welt ist, um zu lieben und anderen zu dienen. Man erkennt sich selbst als Welle im Ozean der Schöpfung. So wird jede Tat von göttlicher Liebe bestimmt.

Ein wahrer *Karma Yogi* ist frei von Zorn, Egoismus, Habgier und persönlichen Wünschen. Er hat ein großes Herz und ist immer bereit, zu teilen und anderen zu helfen. Er prüft seine Motivation und handelt ohne selbstsüchtige Motive. Dadurch gewinnt er die Reinheit des Herzens und wird Gott in allen Gesichtern sehen. Er lebt ein einfaches Leben, dem Motto der Siddhas folgend: „Einfaches Leben und anspruchsvolles Denken".

Familienleben und *Tantra*

Im Gegensatz zu vielen spirituellen Traditionen, die den Wunsch nach Sex und Familie als ernsthaftes Hindernis auf dem Weg zur Selbstverwirklichung betrachten, haben die Siddhas Sex in einen Bereich für Yoga-Praktiken und die Annäherung an Gott transformiert. Die Mehrzahl der achtzehn Siddhas praktizierte ein Familienleben und nutzte es als Teil ihres spirituellen *Sadhana. Kriya Tantra Yoga* beinhaltet das Zurückbehalten der Energie, die gewöhnlich bei sexueller Aktivität verschwendet wird, und ihre Beförderung in die höheren Chakren. Es schließt auch ein, seinen Partner als Verkörperung des Göttlichen zu lieben. Man betrachtet die Objekte der Welt nicht länger als Quellen der Versuchung oder Hindernisse, die zu vermeiden sind, will man spirituell werden, sondern als verborgene Göttlichkeit. Durch Liebe erfährt der Liebende auf dem tantrischen Weg seine Einheit mit dem Objekt seiner Hingabe.

Das Familienleben schafft die Möglichkeit, selbstlose Liebe zu entwickeln. Zunächst durch die Erweiterung der Identitätsgefühle auf den Partner und dann auch auf die Kinder. Dies kann sogar zur „universellen Vision der Liebe" führen, in der man Gott in jedem sieht.

Kriya Tantra Yoga schafft auch die seltene Gelegenheit für entwickelte Seelen, in eine Familie geboren zu werden, in der sie schon vom Augenblick der Empfängnis an von den Einflüssen yogischer Praktiken und Orientierung profitieren können.

Kriya Hatha Yoga – Einführung in die Techniken des *Kriya Kundalini Pranayama*, des *Dhyana* und der Mantras

Man sollte mit *Kriya Hatha Yoga* beginnen, um Körper, Geist und Nervensystem auf die feineren Techniken des *Pranayama* und der Meditation vorzubereiten.

Die Schulung in *Kriya Hatha Yoga* kann durch einen erfahrenen Lehrer der vorher beschriebenen achtzehn wichtigsten Haltungen *(Asanas), Bandahs* und *Mudras* erfolgen

Bei Training in den Techniken des *Kriya Kundalini Pranayama,* des *Dhyana* und der Mantras sollte man von jemandem angeleitet werden, den Babaji dazu autorisiert hat. Es umfasst eine Reihe von Einführungsklassen, in denen man eine Anzahl von Techniken lernt und unter Anleitung übt. Die einzige Bedingung dafür, diese Techniken zu lernen, ist ein ernsthafter Wille, sie regelmäßig zu üben, und die Übereinkunft, sie vertraulich zu behandeln. Diese Vertraulichkeit soll bewirken, dass die Techniken nicht von Unbefugten weitergegeben werden. Sie trägt dazu bei, dass die Techniken nicht verändert werden und der Schüler von jemandem mit Erfahrung trainiert wird erhält. Um sich auf dieses Training vorzubereiten, kann man beginnen, morgens und abends fünfzehn Minuten Zeit zu opfern und still über die Worte „Sei still und erkenne, dass ich Gott bin" (Psalm 46,11), nachzudenken. Dabei sollte man alle Gedanken loslassen und sich von nichts ablenken lassen. Wenn man möchte, kann man ebenfalls anfangen, mit Hingabe *Om Kriya Babaji Nama Aum* zu singen und den Richtlinien dieses Kapitels zu folgen.

Der Leser ist herzlich eingeladen, sich mit dem Autor in Verbindung zu setzen, um nähere Informationen über das Training in *Babajis Kriya Yoga* zu erhalten (eine Kontaktadresse findet sich am Ende dieses Kapitels).

Yoga im alltäglichen Leben – die Erfahrung des *Anthar Kriya Yoga*

Nach der Einführung oder dem Training in *Kriya Hatha Yoga, Kriya Kundalini Pranayama* und *Kriya Dhyana Yoga* sollte der Schüler an einem Anthar-Kriya-Yoga-Training in besonderer Umgebung teilnehmen. Dabei lernt man, *Kriya Yoga* in das tägliche Leben zu integrieren.

Einige Minuten am Morgen und einige Minuten am Abend ganz abzuschalten und Yoga zu üben, wird spürbar Erleichterung vom täglichen Stress bringen, doch eine bleibende Veränderung tritt nicht ein. Es ist daher wichtig zu lernen, wie man *Kriya Yoga* in alle Aktivitäten – einschließlich Schlafen, Essen und Arbeiten – integriert.

Anthar Kriya Yoga führt den Schüler auch in eine vollwertige vegetarische Diät und Zeiten des Schweigens ein, in denen man lernt, den Geist zu beruhigen, wie auch in zusätzliche Techniken des *Pranayama* und der Meditation. Dies wird in einer naturnahen Umgebung durchgeführt, angefüllt mit spirituellen Schwingungen und fern von zu Haus und den täglichen Pflichten. In solch einer Umgebung kann man die Wirksamkeit des *Kriya Yoga* hautnah spüren. Der *Anthar Kriya Yoga* zeigt dem Schüler, wie man *Kriya Yoga* intensiv praktiziert und den Prozess der Selbstverwirklichung in das tägliche Leben integriert. Der Höhepunkt des Trainings ist eine lange Feuerzeremonie *(Mantra Yagna)* und die Initiation in die bereits oben erwähnten *Bija Mantras.*

Richtlinien für den Schüler des *Kriya Yoga*

Im zweiten Vers seiner *Sutras* hat Patanjali den Yoga wie folgt definiert: *Yoga Chitta Vritti Nirothahah* (Yoga ist die Reinigung der Abwandlungen des unbewussten Geistes; Ramaiah, 1968, Seite 21).

Die Erfahrung des täglichen Lebens ist von Gedanken, Gefühlen, Vorlieben und Abneigungen des Unbewussten geprägt. Diese Prägung verdeckt die essenzielle Wirklichkeit. Die Integration des Yoga in das tägliche Leben besteht darin, die Dinge als das zu sehen, was sie ohne diese Prägungen sind. Wenn der Schüler alle *Kriyas* übt, entwickelt sich diese neue Sichtweise zunehmend und wie von selbst.

Es wird dem Schüler jedoch helfen, hierbei die folgenden Richtlinien einzuhalten:

Liebe zum Selbst, zum *Sathguru* und zur universellen Vision;
regelmäßige Übung des *Kriya Yoga Sadhana;*
Karma Yoga, der Yoga des selbstlosen Dienstes;
Satsang, Gemeinschaft mit Wahrheitssuchenden;
yogische vegetarische Ernährung;
Transformation des Schlafs in yogische Ruhe;
mentale Reinheit, Geduld, Stille und andere Regeln;
Suche nach Inspiration durch Babaji und die achtzehn Siddhas.

Liebe

„Guru, Gott und Selbst sind Eins“ ist ein bekanntes Motto im Yoga. Es weist außerdem den schnellsten Weg zur Selbstverwirklichung: Hingabe an den *Sathguru.* Das Wort *Guru* bedeutet „einer, der die Dunkelheit vertreibt“. Ein *Sathguru* wie Babaji ist einer, der dem Yoga-Schüler direkt zur Erleuchtung verhelfen kann – durch eine Berührung, ein Wort oder einen Blick. Diesem gehen in der Regel Jahre des indirekten Einflusses voran, in denen der Schüler die Basis für eine solche Erweckung durch regelmäßige Übung der Yoga-Techniken bereitet. Die Hingabe an den *Sathguru* manifestiert sich in dieser regelmäßigen Übung und dem liebenden Dienst an anderen. Stufenweise werden alle Aktivitäten als Verkörperung des Göttlichen erkannt, die Welt wird durch einen selbst kreiert. Die gewöhnliche menschliche Erfahrung, sich von der Welt getrennt zu fühlen, wird nach und nach durch ein Bewusstsein der Einheit mit ihr ersetzt. Liebe beginnt jedoch bei einem selbst. Man sollte jeden Teil des eigenen Wesens lieben und nähren – den physischen, den vitalen, den emotionalen, den mentalen, den intellektuellen und den spirituellen Teil. Man sollte wissen, wie man diese Teile nährt. Sich selbst zu lieben ist die Grundvoraussetzung des Yoga. Dies erst erlaubt einem, andere und letztendlich Gott zu lieben.

Geregeltes *Kriya Yoga Sadhana*

„Die Freude im Leben hängt direkt von der Disziplin ab, die man hat“, ist ein weiteres bekanntes Motto der Siddhas. Das ist so, weil man ohne Selbstkontrolle oder Selbstdisziplin jedem flüchtigen Gedanken, jeder Sinneswahrnehmung und allen Gefühlen ausgesetzt ist, die einem in den Weg kommen. Die meisten Menschen werden leicht von negativen Gedanken und Gefühlen anderer angesteckt, weil sie gewohnheitsmäßig jede dieser Regungen imitieren oder sich mit ihnen identifizieren. Ein anderes Wort für „Disziplin“ ist *Sadhana.* Es beinhaltet alles, was man tut, um sich an die Wahrheit, Gott oder das wahre Selbst zu erinnern, einschließlich der fünf Kategorien der oben aufgeführten Übungen. Dieses „Erinnern“ ersetzt die Ich-Bezogenheit und stärkt unsere Unterscheidungskraft in Bezug auf Gedanken, Gefühle und Sinneswahrnehmungen.

Diese Selbstdisziplin ist jedoch nicht auf die oben genannten Yoga-Praktiken beschränkt. Sie dehnt sich auch auf Arbeit, Ruhezeiten, Familienleben und Ernährung aus. Indem man bestimmte Tageszeiten der Übung der oben beschriebenen Techniken widmet, kann man jedoch tiefer hineintauchen und verborgene Reservoirs der Energie und des Bewusstseins erschließen. Alle Bemühungen um Selbstdisziplin ergänzen sich und haben eine Selbstbemeisterung zum Ziel. Ein Meister ist jemand, der sich selbst in einem oder mehreren Aspekten bemeistert hat. Solche Meisterschaft beginnt mit Techniken und erweitert sich stufenweise auf alle Teile des Lebens. So führt zum Beispiel ein Erfolg in der Disziplinierung des Verlangens nach Nahrung den Lehren der Siddhas zufolge zu außerordentlicher Selbstkontrolle. Der Erfolg, sich selbst auf scheinbar unwichtigen Gebieten zu disziplinieren, bahnt den Weg zur Selbstkontrolle, und das unter allen Umständen.

Satsang

Satsang bedeutet „Gemeinschaft von Wahrheitssuchenden“. Man sollte regelmäßig mit anderen Schülern des *Kriya Yoga* verkehren, um Erlebnisse und Einsichten zu teilen und einander zu unterstützen. Der Weg des *Kriya Yoga* ist lang und hat viele Hindernisse, wie Begierden, Ignoranz, Bequemlichkeit, Ablenkung und Verwirrung, bei deren Überwindung die Mitschüler zu bestimmten Zeiten helfen können. Niemand kann Selbstverwirklichung für einen anderen erreichen; jeder muss sich durch seine eigenen Gewohnheiten und Neigungen hindurcharbeiten. Aber die Mitschüler können oftmals Ermutigungen oder Einsichten beisteuern, die einem helfen, Fortschritte zu machen.

Satsang bringt auch mit sich, dass man sich selbst nicht erlaubt, sich von Personen, die die eigene Wertschätzung für Yoga nicht teilen, verspotten zu lassen. Während man ihren Spott intellektuell von sich weist, kann man ihre Zweifel und Vorurteile unbewusst aufnehmen. Insbesondere sollte man, wie Jesus sagte, „Keine Perlen vor die Säue werfen“, was bedeutet, dass man nicht versuchen sollte, die erhabenen Erlebnisse des Yoga mit denen zu teilen, die sie nur verspotten. Das Teilen mit anderen, selbst jenen, die auf einem ähnlichen Weg gehen, sollte keine Entschuldigung dafür werden, das eigene Ego aufzublähen oder andere zum eigenen Gedankengut bekehren zu wollen.

Kriya-Yoga-Lehrer organisieren zu diesem Zweck regelmäßig Versammlungen für ihre Schüler. Diese Treffen schaffen auch Gelegenheit, die Schriften der Siddhas gemeinsam zu studieren.

Yogische vegetarische Ernährung

In den vergangenen Jahren wurde viel über die Vorteile des Vegetarismus berichtet. Vom Standpunkt des Yoga ist das Wichtigste an einer Ernährung jedoch ihre Wirkung auf das Bewusstsein. Was wir zu uns nehmen, beeinflusst unser Verhalten und Denken. Fleisch und Rauschmittel sollte der Yoga-Schüler meiden, weil sie animalische Neigungen fördern und sich negativ auf das Nervensystem auswirken. Sie neutralisieren viele der förderlichen Wirkungen des Yoga. Nahrung, die das Bewusstsein stabilisiert und leicht verdaulich ist, erlaubt es einem, die eigenen Energien auf den Yoga statt auf die Verdauung zu richten. Natürliche und unraffinierte, energetisch ausgewogene Nahrungsmittel aus der Region sind in jedem Falle vorzuziehen. Sie erlauben uns, vielen der zahlreichen modernen Leiden wie Krebs und Herz-Kreislauf-Erkrankungen vorzubeugen. Bereits in ihrem 1982 erklärte die Nationale Akademie der Wissenschaften in Washington D. C. veröffentlichen Bericht *Diät, Ernährung und Krebs,* dass dreißig bis vierzig Prozent der Krebserkrankungen bei Männern und sechzig Prozent bei Frauen durch falsche Ernährung verursacht werden. Der übermäßige Konsum von gesättigten Fettsäuren, Zucker und raffinierten Nahrungsmitteln ist hierfür verantwortlich (Kushi, 1983, Seite 14). Die rapide Zunahme moderner Zivilisationskrankheiten zeigt, dass sich der zivilisierte Mensch auf einer Abwärtsspirale befindet und innerhalb weniger Generationen vom Aussterben bedroht sein wird, wenn er nicht zu einer einfacheren Ernährung zurückkehrt, an die der Mensch aufgrund seiner Evolution gewöhnt ist (Kushi, 1977; Robbins, 1990).

Verwandlung von Schlaf in yogische Ruhe

Die Praxis des *Yoga Nidra* (yogische Ruhe) kann das Schlafbedürfnis aufheben. Der Yoga lehrt, dass es vier Bewusstseinszustände gibt:

1. das physische oder Alltagsbewusstsein;
2. das Traumbewusstsein;
3. das Bewusstsein im traumlosen Schlaf;
4. das reine Bewusstsein – *Turiya* – der vierte Zustand über den drei anderen, ihre Quelle, ewig, unendlich und uneingeschränkt.

Durch die Praxis des *Yoga Nidra* erreicht man diesen vierten Zustand. Sie verlangt eine Intensivierung der Meditationspraxis sowie die Analyse und Auflösung aller Wünsche, Gefühle und Gedanken, was einen Zustand tiefer Ruhe ermöglicht.

Diese yogische Ruhe unterscheidet sich vom Schlaf, da man voll bewusst bleibt, obschon der Körper schläft. Die Qualität der Erholung ist höher als bei der Meditation. Nur während Meditation und *Yoga Nidra* kann das gesamte Bewusstsein einschließlich des Unbewussten, das ebenfalls Ruhe benötigt, sich ausruhen. Im Schlaf zieht sich die Aufmerksamkeit zurück. *Yoga Nidra* unterscheidet sich von der Meditation dadurch, dass man in der Meditation nicht versucht, die Aufmerksamkeit im Tiefschlaf beizubehalten. Durch die Praxis der yogischen Ruhe kann der Schüler die Grenzen zwischen den oben genannten vier Bewusstseinszuständen studieren.

Mentale Reinheit, Geduld, Ruhe und andere Betrachtungen

Es ist genauso wichtig, den Geist und den Intellekt ausreichend zu ernähren wie den physischen Körper. Der Schüler sollte Sinneswahrnehmungen und Quellen intellektueller Stimulierung suchen, die die yogische Disziplin und Transformation unterstützen. Es ist Selbstsabotage, sich Sinnesbefriedigungen um ihrer selbst willen hinzugeben und die Einhaltung ständiger Aufmerksamkeit zu vernachlässigen. Die mentalen und vitalen Reaktionen können dazu führen, dass man sich von Selbstzweifeln und anderen negativen Gefühlen überwältigt fühlt.

Ernsthaftigkeit ist die wichtigste Qualität auf dem Weg von *Babajis Kriya Yoga.* Ernsthaftigkeit bedeutet, das zu tun, was beabsichtigt ist, und sich über die eigenen Fehler und Motivationen klar zu sein. Sie beinhaltet eine regelmäßige Selbstbefragung und die Berichtigung des eigenen Verhaltens, wann immer man bemerkt, dass man einen Fehler gemacht hat, sowie den Vorsatz, diesen nicht zu wiederholen.

Geduld ist ebenfalls auf dem Weg des Yoga extrem wichtig. Diejenigen, die sie haben, werden letztlich erfolgreich sein, auch nach Millionen Niederlagen. Diejenigen, die sie nicht haben, geben auf und lassen sich auf eine durchschnittliche Existenz ein.

Ruhe bezieht sich auf *Kriya Mowna Yoga*, der mentale Stille und die Vermeidung unnötigen Redens beinhaltet. Seine regelmäßige Einhaltung führt zu Selbstverwirklichung und Aufladung aller fünf Körper mit pranischer Energie. Andere wichtige Praktiken und Einstellungen für den Kriya-Yoga-Schüler, die optimale Bedingungen für die Selbstverwirklichung und die Transformation schaffen, sind: Gewaltlosigkeit, Wahrhaftigkeit, Gleichmut, Mitgefühl, Selbstkontrolle und Mäßigkeit bei Sex, Nahrung und Arbeit. Idealerweise sollte der gleiche Zeitaufwand für die folgenden Bereiche der täglichen Praxis aufgewendet werden: Yoga-Übungen, Arbeit, Ruhe und tägliche Verrichtungen.

Suche nach Inspiration von Babaji und den 18 Siddhas

Babaji und die achtzehn *Yoga Siddhas* sind in dieser Welt, um als Beispiele für göttliche Transformation und als Quellen direkter Führung alle Wahrheitssuchenden zu inspirieren. In den Fortgeschrittenen-Klassen der Kriya-Yoga-Schulung in Meditation lernt der Schüler, wie man Kontakt mit Babaji und den achtzehn Siddhas aufnimmt und von ihnen beim Studium ihrer Verse der Weisheit und bei Problemen des täglichen Lebens inspiriert wird. Jeder Schüler des *Kriya Yoga* sieht sich zahllosen Problemen gegenüber, doch im Gegensatz zu anderen Menschen kann er Führung durch den göttlichen Meister Babaji, das höchste Selbst, erfahren. Eine solche Inspiration kann jederzeit erfolgen. Mit etwas Übung ist die Quelle nicht schwer zu erkennen. Die Siddhas sagen: „Alles, was gut ist, kommt von Gott, was schlecht ist, ist das Werk des Ego." Um beide zu unterscheiden, achte man darauf, in welchem Umfang eine Tat einem selbst oder anderen dient. „Wo Liebe ist, da bin auch ich", sagt Babaji. Möge jeder Babaji suchen, um ein Babaji zu werden und so die universelle Vision der Liebe zu verwirklichen, die zu universellem Frieden führt!

OM SHANTI! SHANTI! SHANTI!
OM KRIYA BABAJI NAMA AUM!

Abbildung 27: *Babaji's Kriya Yoga Ashram*, der in Badrinath/Indien im Himalaya nahe der tibetischen Grenze gebaut wird
© Entwurf: Philip Loskant Architekt Gmbh, Zürich; Vastuplanung: Lutz Thelen, *Vastu Real Estate*, Zug

Weitere Informationen zu Babajis Kriya Yoga

Wenn Sie mit dem Autor Kontakt aufnehmen wollen oder sich für das Training in *Kriya Hatha Yoga* und die Einweihung in die Techniken der Kriya-Kundalini-Pranayama-Atmung, in die Meditations-Kriyas, für Mantra-Einweihungen oder spirituelle Seminare interessieren oder wenn Sie ein Veranstaltungsprogramm oder ein Programm mit Veröffentlichungen, DVDs und CDs erhalten wollen, schicken Sie uns eine E-Mail:

info@babaji.de – www.babaji.de
info@babaji.at – www.babaji.at
info@babaji.ch – www.babaji.ch

Babaji's Kriya Yoga Order of Acharyas, Inc.
196 Mountain Road, P.O. Box 90
Eastman, Quebec – Canada J0E 1P0
www.babajiskriyayoga.net – *info@babajiskriyayoga.net*

Einführungsvorträge, Meditationen und Intensivseminare in *Babajis Kriya Yoga* werden von Zeit zu Zeit in ungefähr zwei Dutzend Großstädten in aller Welt mit Unterstützung der örtlichen Kriya-Yoga-Gruppen organisiert. Sie finden ebenfalls jeden Monat in *Babaji's Kriya Yoga Ashram* statt, der sich in St. Etienne de Bolton, Quebec, Kanada befindet. Er ist heute einer der schönsten Aschrams der Welt und befindet sich abgelegen auf einem vierzig Morgen großen Landsitz mit privatem See und Spazierwegen im Wald. Er liegt auf einem Berg mit wundervollen Blick etwa eine Autostunde von Montreal und dreißig Minuten von Vermont entfernt. Einweihungen werden auch regelmäßig in Montreal abgehalten. Seminare für höhere Einweihungen finden in Kalifornien, Japan, Italien und Deutschland mindestens einmal im Jahr und im Aschram in Quebec achtmal im Jahr statt. Ein acht Tage langes Fortgeschrittenen-Training in den höheren Techniken, einschließlich der *Samadhi Kriyas* aus *Babajis Kriya Yoga*, für qualifizierte Schüler findet wenigstens einmal im Jahr im Aschram von Quebec statt.

Bibliografie

Asangananda, Swami: *Katirgama: the Holy of Holies of Sri Lanka.* The Ramkrishna Mission, Mylapore, Madras/Indien 1935

Aurobindo Ghose, Sri: *The Speeches: 1908–09,* 1922[1]; *The Life Divine,* 1935 a; *The Synthesis of Yoga,* 1935 b; *Poems, Past and Present,* 1946; *The Human Cycle,* 1949; *Savitri,* 1950 a; *The Ideal of the Karmayogin,* 1950 b; *Last Poems,* 1938–40, 1952 a; *Poems, Past and Present,* 1952 b; *The Supramental Manifestation,* 1952 c; *Letters on Yoga, 3.* Serie, erste Auflage 1958; *On Yoga II, Tome One,* 1969 a; *On Yoga H, Tome Two,* 1969 b; *Sri Aurobindo On Himself,* 1972; *Glossary of terms in Sri Aurbindo's writings,* 1978; Sri Aurobindo Ashram Press, Pondicherry/India 60002

Baba Hari Dass: *Hariakhan Baba: Known, Unknown.* Sri Rama Publication, Santa Cruz/Kalifornien 1975

Balaramaiah, V.: *The Greatness of Siddha Medicine.* Swami Dhinadas Siddha Medicine Dispensaries, 3 Pattinathar Kau Street, Madras, Tamil Nadu/India 600019

Besant, Annie (Hrsg.): *The Bhagavad-Gita.* The Theosophical Publishing House, Wheaton/Illinois, 1974[8]

Besant, Annie: *H. P. Blavatsky und die Meister der Weisheit,* Theosophisches Verlagshaus Hugo Vollrath, Leipzig, o. J.

Buck, David: *The Song of Paambatti-Cittar: Dance, snake! Dance!* Writers Workshop, P. Lal Publisher, 162/92 Lake Gardens, Kalkutta/India 700045, 1976

Caycedo, Alfonso: *India of Yogis.* National Publishing House, Chandralok, Jawahar Nagar, Delhi – Indien, 1966

Clothey, Fred W.: *The Many Faces of Murugan: The History and Meaning of a South Indian God.* Mouton Publishers, New York 1978

Da Lieu: *The Tao and Chinese Culture.* Schoken Books, New York 1979

Deng Ming-Dao: *The Wandering Taoist.* HarperCollins, San Francisco 1986

Fonia, K. S.: *Uttarakhand: The Land of Jungles, Temples and Snows.* Lancers Books, Neu Delhi/Indien 1987

Ganapathy, T. N.: The Yoga of Siddha Boganathar. Band 1 und 2. Babaji's

Kriya Yoga and Publications Inc., St. Etienne de Bolton, Quebec, J0E 2E0, 2003 und 2005

Ghurye, G. S.: *Indian Sadhus.* Popular Prakashan, Bombay/Indien, 1964

Govindan, Marshall; Picard, John: *Manifeste on Information Systems Control and Management: A New World Order,* November 1990, McGraw-Hill Ryerson, 300 Water Street, Whitby, Ontario/Kanada, L1N 9B6

Regierung von Tamil Nadu: *Abstracts: International Conference on Traditional Medicine,* 23.–26. Januar 1986, Madras; Sponsoren: The Siddha Medical Board, Arumbakkam, Madras/Indien

Iyengar, K. S. Srinivasa: *Sri Aurobindo, a biography and history.* Ashram Press, Pondicherry/Indien 605002, 1972

Kailasapathy, K.: *Oppiyal Ilakkiyam.* Pari Nilayam, Madras, Seite 197–211; zitiert in Buck, David, *Dance, Snake! Dance! The Song of Pampatti-Cittar* Writers Workshop, 1976, P. Lal, 162/92 Lake Gardens, Kalkutta/Indien 700045, 1969

Kalyanasundararn, M.S.: *Mini-Mahabharata.* J. Padmanabha lyer, Q-2, Adyar Apartments, Katturpuruna, Madras/Indien 100085, 1989

Kukal, Zdenek: *"The Rate of Geological Processes",* in *Earth Sience Review,* Volume 28, Eisevier, New York, 1990

Kushi, Michio: *The Book of Macrobiotics: The Universal Way of Health and Happiness.* Japan Publications, 1977; *The Cancer Prevention Diet.* St. Martin's Press, New York 1983

Lal, Chaman: *Hindu America.* (1966 vom Autor herausgegeben bei) Zodiac Press, Nickolson Road, Delhi – 6/Indien; erhältlich bei Paragon Book Gallery, 14 East 38th St, New York City, N.Y.

Leadbeater, C. W.: *The Masters and the Path.* Theosophical Publishing House, Wheaton/Illinois, 1969

MacKintosh, Charles: *A Rendering into English Verse of the Tao Teh Ching of Lao Tsze.* Theosophical Publishing House, Wheaton/Illinois, 1971

Maheshwaranand, Swami: *Sai Baba and Narayana Gufa Ashram.* (Herausgegeben und übersetzt von B. P. Mishra) Anantapur Printers, Anantapur, Andhra Pradesh/Indien 515134, 1989

Mokashi-Punekar, S., *Avadhoota Gita,* 1979, Munshiram Manoharial Publishers, 54 Rani Jhansi Road, Neu Delhi, Indien 110055.

Natarajan, B. (Hrsg.): *Thirumoolar's Thirumantiram, Holy Hymns.* Tantra l, ITES Publishers, 76 Harrington Road, Madras/Indien 600031, 1979

Neelakantan, V. T.; Ramaiah, S. A. A.: a) *Babaji's Masterkey to All Ills (Kriya),* 1952; b) *The Voice of Babaji and Mysticism Unlocked,* 1952; c) *Babaji's Death of Death,* 1953 (neu veröffentlicht unter dem Titel *The Voice of Babaji: Trilogy on Kriya Yoga*, Babaji's Kriya Yoga and Publications, Quebec/Kanada 2003; in deutscher Sprache unter dem Titel *Die Stimme Babaji's*, Babaj's Kriya Yoga Order of Acharyas, Inc., Quebec/ Kanada 2010)

Orr, Leonard: *Physical Immortality.* Inspiration University, P.O. Box 234, Sierraville/Kalifornien 96126, 1980; *Rebirthing in the New Age,* 1983[2], Celestial Arts, Kalifornien

Pillai, N. Kandasamy: *The History of Siddha Medicine.* Regierung von Tamil Nadu (gedruckt bei Manorama Press, Madras/Indien 600014), 1979

Proceedings of the 5th International Tamil Studies Conference at Madurai. International Institute for Tamil Studies, Adyar, Madras/Indien

Purani, A. B.: *Life of Sri Aurobindo,* 1958; *Evening Talks with Sri Aurobindo,* 1959; Ashram Press, Pondicherry/Indien 605002

Ramakrishna Math, Sri; *Thus Spoke Sri Sankara.* 16 Ramakrishna Math Road, Mylapore, Madras/Indien 600004, 1969

Ramaiah, S.A.A. (Hrsg.): "Kriya", in *Kriya Magazine,* Juni 1953; "In Quest of the Sathguru", in *Kriya Magazine*, Februar 1954; „Brief Annual Report", in *Kriya Magazine,* Februar 1954; "Gauri Shankar Peetam", in *Kriya Magazine,* Mai 1954; *A Blissfull Saint (Paramahansa Omkara Swami),* 1952; *Babaji's Song of the 18 Yoga Siddhas (Kriya),* 1968*; Babaji's Yoga of Boganathar (Kriya),* 1982[3]; *Kriya Hatha Yoga*, 1990[3];

Sundaranandar's Synopsis of Wisdom (unveröffentlichte Übersetzung), Vers 11, Kriya Babaji Yoga Sangam, Madras/Indien

Roy, D. K.: *Sri Aurobindo Came to Me,* Ashram Press, Pondicherry/Indien, 1952,

Sahukar, Mani: *Sai Baba: The Saint of Shirdi.* Somaiya Publications Pvt., Dadar, Bombay/Indien 400014, 1971

Sastri, K.A. Nilakanta: *The History of South India.* Oxford University Press, Madras, 1966[3]

Sathya Sai Baba: *Summer Roses on the Blue Mountain.* Sri Sathya Sai Baba Education & Publication Foundation, Prasanthi Nilayam, Anantapur, Andhra Pradesh/Indien 515134, 1977

Satprem: *The Adventure of Consciousness.* Sri Aurobindo Press, Pondicherry/Indien 605002, 1975

Satyeswarananda, Swami: *Babaji.* 1983; *Lahiri Mahasaya: The Father of Kriya Yoga,* 1984. The Sanskrit Classics, San Diego, Kalifornien

Sekkizaar: *Periya Purunam.* (Englische Version von G. Vanmikanathan) Sri Ramakrishna Math, 16 Ramakrishna Road, Mylapore, Madras/Indien 600004

Sen, H. E.: "Babaji and Shankara", in *Kriya Magazine*, Mai 1954, Kriya Babaji Yoga Sangam, Madras/Indien

Sethna, K. D.: “Was Chandragupta Maurya the Sandrocottus of the Greeks?”, in *Heritage Magazine*, März 1988, Madras, 600026, Seite 55

Sinha, Sureswar: “Because Paris was Vedic”, in *India International Quarterly*, Winter 1989, Seite 29–41

Singh, M.:*Call of Uttrakhand.* Harbhajan Singh & Sons Publishers, Hardwar, U.P./Indien 1979

Sivagnanam, M. P.: *The Universal Vision of Saint Ramalinga.* Annamalai University Publications, Annamalainagar, Indien 608002, 1987

Srinivasan, C.: *An Introduction to the Philosophy of Ramalinga.* Ilakkia Nilayam, 14 Veeraswaram, Tiruchi – 6, Indien 1968; “The Ancestry of the Tamil Land”, 16. Oktober 1986, “Tamil Civilisation”, in *Quarterly Journal of the Tamil University*, in Thanjavur. *Thiruvaashakam.* (Englische Version) J. Padmanabha, lyer, Q-2, Adyar Apartments, Kotturpuruna, Madras, Indien 600085, 1990

Straheler, A., Malynowsky, E.: *Planet Earth: It's Physical Systems Through Geologic Time.* Harper & Row Publishers, New York 1972

Subramaniym, Swami: *Thirumantiram: Fountainhead of Saiva Siddhanta.* Saiva Siddhantha Church, Box 10, Kapaa/Hawaii, 1979

Thiruvalluvar: *Thirukkural with English Couplets.* South India Saiva Siddhanta Works PS, Tinnevelly Ltd, 79 Prakasam Saalai, Madras/Indien 600001, 1968

Thulasiram, T. R.: *Arut Perumjothi* and *Deathless Body.* (2 Bände) University of Madras Press, 1980

Thulasiram, T. R.: *The Supramental Harmony Power Settles in the Ashram.* (Unveröffentlichtes Dokument; Kopien sind beim Autor, einem Bewohner des *Sri Aurobindo Ashram*, erhältlich) Pondicherry, Indien 605002, 1989

Vanmikanathan, G.: *Pathway to God Trod by Saint Ramalingar.* Bharatiya Vidya Bhavan, Bombay/Indien 400007, 1976

Velan, Dr. A. Shanmuga: *Siddhar's Science of Longevity and Kalpa Medicine of India.* Shakti Niliyam, 8 Umayal St. Alagappa Nagar, Madras/Indien 600010

Yogananda, Paramahansa: *Autobiographie.* Hans-Nietsch-Verlag, Freiburg 2007

Zimmer, Heinrich: *Myths and Symbols in Indian Art and Civilisation.* (Hrsg. von Joseph Campbell, Bollingen Series) Princeton University Press, New Jersey 1972

Zvelebil, Kamil: *The Smile of Murugan.* E. J. Brill, Leiden/Niederlande.1973

Glossar

Ajna: „Wissen"; das Chakra oder Energiezentrum hinter der Mitte zwischen den Augenbrauen im Gehirn; Sitz der übersinnlichen Wahrnehmung, der höheren, intuitiven Wahrnehmung und Intelligenz.
Anahatam: „ungeschlagen"; das Chakra oder Energiezentrum auf Herzhöhe in der Wirbelsäule; Sitz kreativer Kraft, bedingungsloser Liebe und des Mitgefühls, der Meisterung der Bestimmung
Arul Perun Jyoti: allerhöchstes Gnadenlicht *(Ramalinga)*
Asana: Haltung, die zur Entspannung führt
Avadhuta: geläuterter Mensch, in der Welt, doch nicht von ihr
Ayurveda: traditionelles System der indischen Medizin
Bandah: Muskelblock, Kontraktion zur Kontrolle des Prana-Flusses
Bhakti: Yoga der Liebe und Hingabe
Bija: Saat-Mantra oder heilige Silbe
Buddhi: Intellekt
Chakra: Energiezentrum, das sich entlang der menschlichen Körperachse auf der vitalen Ebene befindet
Chittam: das Unbewusste; hier liegen alle Erinnerungen,Gewohnheiten und Neigungen
Dhyana: die Kunst und Wissenschaft, den Geist zu bemeistern; Meditation; bewusste Achtsamkeit auf ein bestimmtes Objekt
Diksha: Yoga-Einweihung
Durga: Göttin; Verkörperung der Kundalini-Kraft, wenn sie erweckt und kontrolliert ist und Frieden und Seligkeit bringt
Guru: Bezwinger der Dunkelheit; spiritueller Lehrer; Führer
Einweihung: formelle Einführung in die geheimen Techniken von *Babajis Kriya Yoga*, gelehrt unter Bedingungen, die von Babaji und der Siddha-Tradition vorgeschrieben sind
Heiliger: jemand, der Gott auf der spirituellen Ebene der Existenz verwirklicht hat
Intellektueller Körper: der kausale Verstand
Kali Devi: Form der göttlichen Mutter; Mutter von allem und Zerstörerin von allem; die *Kundalini* oder ursprüngliche Kraft im Menschen, wenn sie ge-

rade erwacht und schwer kontrollierbar ist; sie manifestiert sich auf der Ebene des menschlichen Unbewussten

Karma: Ursache und Wirkung; die Kraft, durch die die fortgesetzte Entwicklung in Wiederholungen bis zu ihrer Auflösung erlebt wird.

Karma Yoga: der Weg des selbstlosen Dienens

Kartikeya: Führer der göttlichen Kräfte in ihrem Sieg über die feindlichen Mächte; Sohn Shivas; auch als Muruga und Kumaraswamy bekannt

Kaya Kalpa: Wissenschaft der tamilischen *Yoga Siddhas*, den physischen Körper durch Pflanzen- und Mineralsalzzubereitungen zu verjüngen

Kriya: praktische Yoga-Technik; eine mit Achtsamkeit ausgeführte Aktivität

Kriya Yoga: die Kunst und Wissenschaft der vollständigen Vereinigung mit Gott oder der Wahrheit, von Babaji als eine Synthese des *Siddhantam*, der Lehren der achtzehn Siddhas, entwickelt

Kriya Yoga Siddhantam: praktische Yoga-Techniken, die zur endgültigen Vervollkommnung in der Verwirklichung und Manifestation Gottes und der Wahrheit führen

Kundalini: die schlafende, ursprüngliche Energie oder Kraft im menschlichen Organismus, die an der Wurzel der Wirbelsäule ruht

Laya: Auflösung der Seele in der Unendlichkeit

Manipuragam: „Stadt der Juwelen"; das Chakra oder Energiezentrum, das auf Nabelhöhe in der Wirbelsäule sitzt; Sitz des dynamischen Willens, von Energie und Aktion

Mantra: mystisches Wort oder heilige Silbe, die das Bewusstsein für eine höhere Ebene öffnen kann und einen von der Bindung an gewohnte Neigungen befreit

Mentaler Körper: der wahrnehmende Verstand

Mowna: Praxis verbaler und mentaler Stille

Muppu: Quecksilbersalz-Pillen, die die Siddhas benutzten, um den menschlichen Körper zu verjüngen

Nadi: Energiekanal im Menschen

Physischer Körper: materieller und sichtbarer Teil des menschlichen Wesens

Prana: Lebensenergie

Pranayama: die Kunst und Wissenschaft, den Atem zu bemeistern

Sadhak: Schüler des *Yoga*; einer, der *Sadhana* übt

Sadhana: Disziplin; alles was man tut, um die Wahrheit, das Selbst oder Gott zu erinnern, einschließlich der fünf Kategorien der Yoga-Praxis

Sahasrara: „eintausend"; das Chakra oder Energiezentrum, das am Scheitel des Kopfes liegt und sich über diesen hinaus erstreckt; Zentrum kosmischen Bewusstseins

Samadhi: atemloser Zustand der Vereinigung mit Gott; yogische Trance; Ruhe, wunschloses Selbst-Bewusstsein und Gleichgewicht; Selbstverwirklichung

Sangam: „Akademie"

Sanmarga: der vollkommene Weg zu Gott, von Thirumoolar und Ramalinga gelehrt

Sannyasin: jemand, der geschworen hat, dem Zölibat, der Entsagung, der Armut und den Regeln eines Mönchs- oder Nonnenordens treu zu folgen

Sathguru: ein Guru, der einem Schüler direkt zur Erleuchtung verhelfen kann, durch eine Berührung, einen Blick oder ein Wort

Satsang: Gemeinschaft mit Wahrheitssuchenden

Shakti: die göttliche Mutter; die große universelle Kraft oder Energie; die große Mutter; Mutter Natur; die Göttin; als Partnerin von Shiva sind sie und er untrennbare Aspekte der einen Realität; Shakti ist das Phänomen, der pulsierende Kern aller Wirklichkeit

Siksha: Wissenschaft der Aussprache; Schulung der Sinne

Shiva: der höchste Gott; Ursprung des *Yoga*; Name für Gott in einem der drei Hauptzweige des Hinduismus, bekannt als Shivaismus; der Gute, der Glück verheißende; der Herr des *Tapas*; in der Hindu-Dreifaltigkeit mit der Kraft der Zerstörung in Verbindung gebracht; die transzendentale Wirklichkeit; die Grundlage des Phänomens; der ewige Geist; vereint mit Shakti das allerhöchste Bewusstsein

Shivaismus: einer der drei Hauptzweige des Hinduismus (neben dem Vishnuismus und Shaktiismus)

Shivalingam: ein oval geformtes Objekt der Anbetung, das die Verschmelzung der Form mit dem Formlosen, Unendlichkeit und Ewigkeit darstellt; ein Symbol Shivas

Shiva Siddhantha: wird in Verbindung gebracht mit Thirmoolar und den dreiundsechzig Saivite-Heiligen Südindiens, die im *Thirumurai* aufgezeichnet sind; eine der sechs Richtungen des Shivaismus, neben dem *Kashmiri Shiva*, dem *Lingayat Shiva* (Mittelindien), *Pasupata* (gegründet von Nakulisa und verbreitet in Gujarat), Siddha Siddhantha (gegründet durch den *Siddha* Goraknath und verbreitet in Nordindien) und *Shiva Advaita* (gegründet von Sri Kanta und verbreitet in Südindien)

Shushumna Nadi: zentraler Energiekanal, der in der Wirbelsäule liegt

Shushupti: yogische Ruhe; Technik zur Realisation des vierten Bewusstseinszustandes, des „Turya"

Siddhas: jene Heiligen, die Meisterschaft über den Geist erlangt haben und seine verborgenen Möglichkeiten durch yogische Wunderkräfte, Siddhis, auf der mentalen, der vitalen und der physischen Ebene manifestieren; ein

Mahasiddha (großer *Siddha*) hat physische Unsterblichkeit und Vollkommenheit erlangt

Siddhantham: die Vervollkommnung des Lebens; die Lehren der achtzehn Siddhas; das Ende der Enden

Siddhi: Vollkommenheit; yogische Wunderkräfte

Soruba Samadhi: „goldener" Zustand der Gott-Verwirklichung, in dem das Göttliche herabsteigt und den spirituellen, den intellektuellen, den mentalen, den vitalen und den physischen Körper transformiert; physische Unsterblichkeit und Vollkommenheit

Spiritueller Körper: das ewige, wahre Wesen oder Selbst des Individuums

Supramental: Wahrheitsbewusstsein, Wahrheit im Besitz ihrer selbst und Erfüllung ihrer selbst aus eigener Kraft

Swadhistanam: „Zuhause"; das Chakra oder Energiezentrum nahe des Steißbeins; Sitz des Unbewussten

Tantra: Yoga-System zur Transformation von sexueller in spirituelle Energie; der Partner wird als Verkörperung des Göttlichen verehrt; die Vereinigung des Liebenden mit dem geliebten Objekt; Form der Verehrung

Tao: Weg; Essenz; Sein; Wahrheit; aus der chinesisch-taoistischen Philosophie; nach Aussagen des Taoismus hat die philosophische Schule ihren Ursprung in Laotse (Boganathar)

Tapas: intensive Yoga-Praxis über einen längeren Zeitraum

Tattwas: Grundprinzipien der Natur

Thirumandiram: „heilige, mystische Worte", Siddha Thirumoolars großes Werk über Yoga und Mystizismus; eins der zwölf Bücher, die den Kanon der *Shiva Siddhantha*, der philosophischen Schule Südindiens, bilden

Thirumurai: heilige Schriften des südindischen *Shiva Siddhantha*, bestehend aus zwölf Büchern, einschließlich der Hymnen der großen Saivite-Heiligen des ersten Jahrtausend nach Christus

Turya: der vierte Bewusstseinszustand, über den Zuständen des körperlichen Bewusstseins, des Traumes und des Tiefschlafes stehend

Vaidya: traditionelles System der indischen Medizin, von den achtzehn Siddhas entwickelt und in Südindien praktiziert

Vedanta: „Ende der *Veden*"; ein System indischer Philosophie, das auf den *Upanishaden*, die am Ende der *Veden* stehen, beruht und das höchste Wissen vom Absoluten lehrt

Veden: die antike indische heilige Literatur: *Rigveda*, *Yajurveda, Samaveda und Arthavaveda*, jeder in zwei Abschnitte unterteilt, einer über Mantras oder Hymnen, der andere, der Brahmana, bestehend aus Regeln für die Anwendung der Mantras, während verschiedener Opferungen und aus Erklärungen des Ursprungs und der Bedeutung der Mantras und vieler alter Legenden

Vishuddi: das Chakra oder Energiezentrum im Nacken gegenüber der Kehle; Sitz der Visualisation, Verständigung, Unterscheidung und Regeneration

Vitaler Körper: das aus Gefühlen und Empfindungen bestehende Wesen

Weiser: jemand, der Gott auf der intellektuellen Ebene verwirklicht hat

Yantra: Symbol oder Instrument der Verehrung und Meditation

Yoga: die Kunst und Wissenschaft der vollkommenen Vereinigung mit Gott oder der Wahrheit; die Vereinigung der individuellen Seele mit dem unendlichen ewigen Wesen, Bewusstsein und Glückseligkeit; eins der sechs Systeme der orthodoxen indischen Philosophie

Yuga: ein Zeitalter; *Krita* (oder *Satya) Yuga* – 1.728.000 Jahre; *Treta Yuga* – 1.296.000 Jahre; *Dvapara Yuga* – 864.000 Jahre; *Kali Yuga* – 432.000 Jahre; ihre Summe ist ein *Mahaayuga*. Das zurzeit herrschende *Kali Yuga* begann 3102 v. Chr. Ein *Kalpa* ist eine Zeit, die 100 *Mahaayugas* oder 432 Millionen Jahren entspricht, was für Brahma, den Schöpfer, ein Tag sein soll. Es gibt sieben *Kaipas* und wir befinden uns jetzt im sechsten.

Babaji's Kriya Yoga™
Deiner Praxis
Tiefe geben
Durga Jan Ahlund und
Marshall Govindan

Erleuchtung
ist anders als du denkst
Marshall Govindan

T.N. Ganapathy
Der Yoga
des Siddha
Boganathar
Babaji's Kriya Yoga
and Publications
Band I
KYP

www.nietsch.de